U0459935

周 宇 著

中国证券投资者
保护机制研究

Zhongguo Zhengquan Touzizhe
Baohu Jizhi Yanjiu

中国社会科学出版社

图书在版编目（CIP）数据

中国证券投资者保护机制研究／周宇著 . —北京：中国社会科学出版社，
2014. 10

ISBN 978 – 7 – 5161 – 4933 – 1

Ⅰ. ①中… Ⅱ. ①周… Ⅲ. ①证券投资—投资者—权益保护—研究—
中国 Ⅳ. ①F832. 51

中国版本图书馆 CIP 数据核字（2014）第 228941 号

出 版 人	赵剑英
责任编辑	王 茵
责任校对	任晓晓
责任印制	王 超

出 版	中国社会科学出版社
社 址	北京鼓楼西大街甲 158 号（邮编 100720）
网 址	http://www. csspw. cn
	中文域名：中国社科网 010 – 64070619
发 行 部	010 – 84083685
门 市 部	010 – 84029450
经 销	新华书店及其他书店

印 刷	北京君升印刷有限公司
装 订	廊坊市广阳区广增装订厂
版 次	2014 年 10 月第 1 版
印 次	2014 年 10 月第 1 次印刷

开 本	710×1000 1/16
印 张	16. 75
插 页	2
字 数	236 千字
定 价	49. 00 元

凡购买中国社会科学出版社图书，如有质量问题请与本社联系调换
电话：010 – 64009791
版权所有 侵权必究

序　言

资本市场是"中国梦"的重要载体。"中国梦"的实现离不开证券市场的健康发展。证券投资者作为证券市场的核心组成部分，其合法权益能否得到保障关系到证券市场的发展与繁荣，更关系着我国经济社会的可持续发展。党的十八届三中全会明确提出："优化上市公司投资者回报机制，保护投资者尤其是中小投资者合法权益。"中国证监会主席肖钢也多次强调，保护中小投资者就是保护资本市场，保护中小投资者就是保护全体投资者。

然而，我国证券市场的发展现状尚难以承载经济转型升级与中国梦实现的历史重担。突出表现为当前股票市场运行矛盾重重、市场表现萎靡不振、市场投融资功能无法有效发挥。从 2001 年到 2013 年，我国年均国内生产总值增速超过 10%，GDP 从 2001 年的 10.9 万亿元增加到 2013 年的 56.9 万亿元，但我国的股票价格指数却没有上涨，股市走势与长期经济基本面完全背离。特别是 2008 年由美国次贷危机引起的国际金融危机爆发以来，我国股市始终震荡下跌，屡创低点，多数投资者亏损严重，投资者的财富梦想一再破灭，市场信心严重受挫，市场投融资功能严重受损。与此形成鲜明对照的是，总体经济面并不十分景气的美国道·琼斯工业指数却连创历史新高，从 2000 点攀升到了 17000 点。作为"经济晴雨表"的股票市场与实体经济严重背离，股市不能正常反映宏观经济增长的实际情况，不仅影响了我国资本市场正常融资功能的发挥，也极大地挫伤了证券投资者的信心，影响了我国证券市场的长远发展。如何更好地保护投资者利益，已成为我国资本市场发展亟须回答和认真解决的重大课题。

为了推进我国资本市场的健康发展，国内外许多专家、学者对证券投资者保护问题进行了研究，但到目前为止，从理论与实践相结合的层面，进行系统、全面、深入研究的成果还不多见。周宇博士所著《中国证券投资者保护机制研究》，则是其中一项很有特色的研究成果。

在内容上，本书分为四个部分：第一部分包括第一、二章，重点阐述了证券投资者保护的理论基础与研究现状，并对契约论、法律论以及证券投资者保护中会计制度、信息披露、投资者保护与经济发展等关系进行了重点剖析，指出了我国证券投资者保护问题研究中存在的不足与问题。第二部分包括第三、四章，在介绍、分析我国证券市场现状的基础上，分析了我国目前的投资者保护现状及投资者利益受损的具体表现，并从宏观环境、企业治理、市场建设、结果表现四个方面设计了中国证券投资者保护评估指标体系，对我国证券投资者保护状况进行了量化研究。第三部分包括第五章，主要是借鉴国外证券投资者保护的经验，对证券投资者权益保护制度做出了原创性设计，提出了构建我国证券投资者保护机制体系的思路框架。第四部分包括第六、七、八、九、十、十一章，分别对我国证券投资者保护的立法与司法保护、行政保护、行业自律保护、社会监督与自我保护、投资者保护基金制度、信息披露制度等进行了具体分析和阐述。

本书的研究特色主要表现在以下几个方面：

一是研究视角区别于以往从法律、公司等单个视角研究的局限，首次从监管者与投资者保护的角度，对证券投资者权益保护运行进行宏观的、系统的研究；进而从投资者权益保护的立法保护和司法保护、行政保护、社会监督与自我保护、投资者保护基金制度、信息披露等方面进行了深入研究，使研究更加系统、全面，对策建议更有可操作性。研究得出的观点，如证券投资者权益保护是一个长期而艰巨的过程，无论是外部法律制度完善，还是公司内部治理机制完善，都不可能一蹴而就，必须长远谋划、持之以恒，逐步形成投资者保护的环境氛围，才能使我国投资者保护的道路走得更加顺畅，投资者的利益得到长久维护，等等，都很客观，具有现实针对性。

二是研究方法采取理论分析与实证分析相结合、定性分析与定量分析相结合。在总结国内外证券投资者权益保护研究状况基础上，以委托—代理理论、社会公共利益理论、信息不对称理论、证券市场风险理论、有效资本理论等为基础，梳理了影响投资者保护安全有效运行的决定性因素及其脉络，为投资者保护研究提供较为系统的理论基础。同时，对我国证券投资者保护发展进行了全面分析评估，确定了宏观环境、公司治理、市场建设、效果表现4个方面37项具体指标的投资者权益保护评价指标体系，并运用面板数据，对近年来我国证券投资者保护状况进行了量化分析。研究得出的结论，如上市企业信息披露对证券投资者保护的边际影响程度很大、上市企业治理中对经理层和董事会制度治理情况落后等，对完善我国证券投资者保护制度均具有十分重要的参考价值。

三是分析尽可能体现新视点，对策建议针对性、实用性强。研究认为造成证券投资者权益保护不力的原因，一方面，与我国证券市场发展的特定阶段有关，因为我国证券市场是一个新兴市场，处在经济转型发展阶段，政府对证券市场定位存在偏差；另一方面，投资者自身素质与保护机能还不能适应千变万化的证券市场变化。研究认为证券投资者保护是一项系统工程，涉及企业、政府、投资者、中介机构等方方面面。我国证券投资者保护制度的设计，既不能照搬西方发达国家的投资者保护制度，也不能沿用传统思维模式下过度依赖政府的投资者保护模式。只有转变传统证券投资者保护的思维模式，从公司与社会两个层面进行制度创新和重构，建立以市场机制、政府监管、法律制度为基础，立法与司法保护、行政监管、社会监督与投资者自我保护、行业自律监管、投资者保护基金制度、公开信息披露共同发力的"六位一体"的投资者保护机制体系，才能从根本上解决我国证券投资者权益保护不足、证券市场持续低迷的问题，这对我国证券投资者权益保护体制机制的完善具有重要借鉴意义。

近年来，周宇博士一直在证券投资者保护部门工作，既了解证券市场运行与投资者利益保护的相关情况，也较为系统、全面地掌握了经济、金融理论。她在中国证券投资者保护基金工作期间，同时在中国社会科学院研究生院财政与贸易经济系从事证券投资者权益保护方面的学习与研究，理论功底扎实，思维开阔，专业素养高，研究认真、努力。本书就是在她博士学位论文的基础上修改完成的。

资本市场是"中国梦"中有关经济制度、经济运行机制和经济建设的重要组成部分，应该而且能够为实现"中国梦"提供源源不断的经济动力。证监会是中小投资者权益保护的排头兵。作为证券投资者合法权益保护工作的实践者，希望周宇博士更加勤奋学习、努力工作，为我国证券投资者保护事业的发展、为我国资本市场的茁壮成长做出新的贡献。让资本市场真正成为承载"中国梦"的重要载体，让每个投资者都能充分享受到证券市场发展带来的成果。

博士生导师　何德旭

2014 年 7 月 14 日于北京

Abstract

This article is mainly focus on the investor protection in China based on the international relative researches and experiences. It develops an evaluation index system towards investor's rights and interest protection status, proposed an original six-in-one investor protection concept and offers recommendation.

It analyzes the current situation and develops an evaluation index systems towards investor's rights and interest protection status. To identify the existing problems, it runs quantitative analysis of investor protection from corporation management, market foundation and macro environment, and then recommend an original six-in-one investor protection concept from the government regulation, the market self-discipline, investors' self-protection, and legislation and market mechanism perspectives. Furthermore, it also analyzes the current investor protection system regards legislation, administration, social supervision, investor protection fund system and information disclosure, then the improvement recommendation.

This article tried to provide readers with a new researching aspect, to analyze with a new perspective and to innovate with new ideas, such as, "to further discuss the protection regards the rights and interests of securities investors systemically", "to establisha new system of improved standards for current condition of protecting securities investors which adapts to the national condition" and "to generate innovative design for securities investors protection mechanism" etc. It does not only devote to make a move of providing advanced, integral, systematical and innovative theoretical exploration but also to possess relatively high practical and theoretical values.

Keywords: Securities investors, the protection mechanism, the evaluation index system

目　　录

第一章

绪　　论

第一节　研究背景与意义

一　研究背景

资本市场是现代市场经济的引擎，证券市场在资本市场有着重要地位，对市场经济发展起到重要作用。但证券产品的特殊性，使证券市场自产生之日起，就隐藏着各种风险。在千变万化、充满各种风险的证券市场中，作为证券市场消费者的普通证券投资者的合法权益如何保障日益受到关注。当前大多数国家和地区的基本共识是：保护投资者利益与投资信心，对于保障证券市场持续健康发展、实现资金有效配置意义重大。

我国证券市场发展 20 多年来，取得了举世瞩目的成就。市场规模不断扩大，产品业务逐渐增多，证券市场正朝着市场化、法制化、规范化、国际化的方向迈进，证券投资者也随着证券市场一同成长，由感性逐步走向理性而愈发成熟。但不可否认的是，由于我国证券市场诞生的历史背景、体制机制、社会文化等多方面的原因，我国证券市场长期重视融资功能、轻视投资回报，对投资者利益保护不足，严重打击了投资者的信心，一度使投资者只能"用脚投票"，一定程度上影响了证券市场的持续、健康和稳定发展。

21 世纪初，受到股市造假、内幕交易、挪用客户资本金等各种违规、非法交易等因素的影响，即从2001年6月到2005年9月，我国证券市场经历了整整4年的熊市，资本市场融资功能严重削弱。为了恢复资本市场融资功能，从2005年开始，我国实施了股权分置改革、修订《证券法》、建立证券投资者保护基金等措施，再造我国证券市场的制度基础。我国证券市场由此迎来了自2006年以来的第一轮"牛市"，上证指数短短两年，一度于2007年10月创下6124.04点的历史高位，最高暴涨6倍，部分股票涨幅达到20—30倍之多，巨大的财富效应吸引了众多中小投资者入市，开户数和股票市值不断刷新纪录。到2007年末，上证指数收盘5261.56点，比2006年年底上涨96.6%，沪、深两市共有上市公司1550家，总市值9.31万亿元，比2006年增加265.9%，股票市值占GDP比重超过130%，比2006年的43%增长202%。沪、深两市投资者账户达到1.39亿户，比2006年增加6033万户，全年股票成交460566.24亿元，日均成交额1903.132亿元，通过A股市场筹资达到7722.99亿元，与同期银行贷款增加额比率为21%，大大高于2002年4.11%的水平。中国人寿、中国石油、中国神华等蓝筹股纷纷回归，中国工商银行、中国银行、建设银行等大型银行股票陆续上市，国内证券市场一派欣欣向荣的景象。然而，牛市的光环并不能掩盖证券投资者权益受侵害的事实，2008年下半年开始，受美国次贷危机逐步扩大蔓延、美国雷曼兄弟倒闭、美国股市暴跌影响，全球迎来了自20世纪30年代以来最严重的一次经济危机，我国证券市场全面杀跌，上证指数一度达到1664.93点的历史低位。2009年，在"四万亿"投资的刺激作用下，市场似乎开始了翻番式的大反弹，上证指数一度达到3478.01点，但之后的事实证明，这不过是证券市场的"回光返照"，证券市场的漫漫熊市才刚刚开始。2010年开始，尽管中国经济的表现十分抢眼，成为拉动全球经济的重要力量，但与经济背道而驰的是我国证券市场，不仅落后于走势趋强的阿根廷、印尼等新兴市场，与稳步攀升的美国、德国等成熟市场相比，也逊色不少。2010年，我国上证指数下跌14.31%，在全球股票指数涨幅排名中列倒数第 3，仅略强于身陷欧债危机的希腊和西班牙。2011 年，上证指数下跌 21.7%，在全球主要市场垫底。2012 年，我国证券市场有所反弹，上证指数全年上涨了 3.17%，但涨幅不仅落后于全球主要股市，也落后于亚太股市涨幅。2013 年，我国沪、深两市却分别下跌 8.6% 和 13.37%，而美国三大股指涨幅均在 25% 以上，日经指数上涨超过 50%，西欧各国指数涨幅均在 10% 以上，A 股再度排名垫底。作为"经济晴雨表"，我国的证券市场表现与实体经济发展之间出现严重背离，A 股无法正常反映宏观经济增长的实际情况，《人民日报》一度发出《经济一片向好 股市为何偏弱》的慨叹，散户直呼股市是绞肉机，面对"跌跌"不休的大盘，令人不得不深刻反思我国证券市场存在多年的制度"顽疾"。

由于证券市场监管过于强调市场的融资作用，忽视投资者利益保护，市场违规操作、侵害投资者利益的事件不断发生，投资者权益难以保障。投资信心的丧失，不仅极大地损害了证券投资者的利益，更极大地阻碍了我国资本市场的健康发展。就在 2013 年 8 月 16 日，发生的光大证券"乌龙指"事件让市场震惊之余，投资者合法权益如何保障再次引起人们的深思。在这样一个我国证券市场发展的关键时期，如何建立一套更加行之有效的证券投资者保护体系？应该有什么样的机制，才能使各项投资者保护的制度更有效地发挥作用？如何更好地维护、保护众多证券投资者合法权益？以上问题对我国证券市场的持续、健康发展具有重大意义。因而研究我国证券投资者保护制度与机制问题是十分紧迫、极其重要的。

二 研究意义

当前，面对我国证券市场持续低迷、市场信心严重受挫的发展形势，从证券投资者保护的角度提出我国证券市场投资者权益的保护制度与机制，具有以下重大意义：

（一）理论意义

一是证券投资者保护问题属中国资本市场领域研究的热点，但研究的理论体系尚不成熟，开展这方面的研究，可进一步推进中国资本市场的对外开放和国际化进程，使资本市场运行更加符合市场化规律，也使本项研究具有更加可深入的理论空间。二是目前国内关于投资者保护系统理论研究还处于刚刚起步阶段，需要抓紧研究并建立起与我国国情、市情相适应的投资者保护理论体系。三是我国证券投资者保护体制机制理论还不够健全，本项研究有助于丰富和完善我国投资者保护体制机制理论，继续强化投资者保护专业机构原有职能，适当拓展投资者保护专业机构新的职能，探索更加积极主动的投资者保护方式，提高投资者保护水平。对于完善和丰富我国投资者保护理论体系，进而促进建立健全证券投资者保护体制机制理论方法的研究具有重要理论意义。

（二）实践意义

其一，完善投资者保护制度和机制是中国资本市场改革、发展与创新过程的必然要求。投资者权益保护与上市公司股权融资有着密切的关系，投资者权益保护得越好，资本市场越公平、公正，企业融资成本越低，能通过市场获得的资金也越多。这主要是因为资本市场是企业直接融资的重要渠道，企业融资的数量、成本取决于资本市场的规模，资本市场的规模又取决于市场对投资者的保护程度，或者说投资者对市场的信心。如果投资者对市场充满信心，企业质地优良，投资者权益得到很好的维护，就能吸引更多投资者入场，资本市场就会更加壮大，企业融资规模扩大，融资成本也相应降低。否则，投资者保护不力，资本市场信心受挫，投资者离场，资本市场融资功能就会逐渐减弱。目前，我国资本市场的发展实质上就面临着这样的困局。

其二，完善投资者保护制度是完善市场经济体系的客观要求。证券市场的基本细胞是投资者，只有维护好投资者权益，我国的证券市场才能根深蒂固，枝繁叶茂。中国证券资本市场是一个新兴市场，法制和监管体系不完善，规范化程度较低。发挥市场主体地位，让市场在经济发展中起到更加重要的作用，必须完善投资者保护制度，完善证券市场法律监管，提高市场主体的守法意识，提高市场规范化运作，依法治理，合规经营，切实保护投资者合法权益。

其三，完善投资者保护制度是培育市场主体的客观需要。行业自律是投资者保护机制的重要组成部分。中国行政管理相对充分，应当进一步强化自律组织管理作用，来实现组织市场和监管市场的职责，保证投资者的知情权和公平交易权，达到保护投资者的目的。因此，构建符合资本市场规律、适合我国国情市情的证券投资者保护机制，实现资本市场与我国经济社会的协调发展，正是本书研究的根本任务和现实意义之所在。

第二节 研究目的与方法

一 研究目的

本项研究的目的，旨在立足本国国情、市情，学习借鉴国际经验，总结我国证券投资者保护制度的现行做法和经验，分析探讨投资者保护制度发展过程中存在的问题和对策，力求揭示我国投资者保护运行规律，为我国投资者保护提供一套科学、有效的理论方法与保护状况分析评估体系，从而提高投资者风险防控水平与投资者合法权益保护能力，确保我国资本市场安全稳定健康运行和国民经济可持续发展。基本目标如下：

首先，深入研究我国投资者保护（制度）的运行原理与生成机制，梳理出影响投资者保护安全有效运行（或投资者合法权益安全顺利实现）的决定性因素及其脉络，为投资者保护研究提供比较系统的理论基础。

其次，提出或设计一套适合我国国情、市情的投资者保护状况评估指标体系，对采样典型证券公司投资者保护状况或整个行业投资者保护状况进行实验性评估研究或实证性评估研究，为领导者宏观决策提供科学量化支持，为投资者保护监管机构提供有力手段和控制框架。

最后，探索适合我国国情、市情的有效保护投资者合法权益的新途径、新机制，建立较为完善的"监测、评价、服务"相结合的常态投资者保护工作机制，真正实现对证券公司风险有效监控和对投资者合法权益实施有效保护。

二　研究方法

本项研究具有很强的理论性、政策性、实践性与可操作性，且富有跨学科综合运用、交叉研究的鲜明学术特性，将运用经济学、管理学、金融工程学、技术经济学、计量经济学、投资学等多学科理论与知识，采用理论与实践、定性与定量、静态与动态相结合的研究方法和典型调查、过程分析、系统分析、统计分析、因素分析、风险分析等多种分析手段，开展深入具体的研究工作。

第一，坚持理论研究与政策研究相结合。利用文献资源数据库，对证券投资者保护国内外研究现状进行系统梳理，并结合我国证券市场政策提出了具体观点。

第二，坚持理论分析与实证分析相结合。对我国证券投资者保护的总体状况以及证券投资者权益的立法保护、行政保护、行业自律保护、社会监督与自我保护和证券投资者保护基金制度、证券投资者信息披露制度进行了分析评价。

第三，坚持定性分析与定量分析相结合。在对我国证券投资者保护总体状况评价基础上，设计了我国证券投资者保护状况评价指标体系，运用定性与定量相结合的方法，对我国证券投资者保护状况进行了全面、系统的分析与研究。

第四，坚持立足国情、市情与借鉴国外研究成果相结合。以我国经济社会发展的特定阶段与资本市场发育现状为基础，借鉴国外不同市场证券投资者保护的成功经验，吸取海外市场的教训，提出了我国证券投资者权益保护的具体建议。

第三节 研究思路与创新

一 研究思路

本项研究从界定证券投资者权益保护内涵入手，在总结国内外证券投资者权益保护研究状况基础上，借鉴国际投资者权益保护经验，分析了我国证券投资者权益保护总体状况，从投资者保护流程、六大投资者保护手段以及政府、法律、市场三者间的关系着手，对投资者权益保护制度做出了原创性设计，提出以政府监督、市场自律、法律制度为基础，构建三足制衡的投资者权益保护体制机制的思路，并从法律保护、行政保护、行业自律保护、社会监督与自我保护、保护基金制度、信息披露制度等方面对我国证券投资者权益保护问题进行了具体研究。最后，探索建立了我国投资者权益保护状况评估指标体系，从宏观环境、企业治理、市场建设、结果表现方面，对我国证券投资者保护的有效性进行了量化分析，验证了研究提出投资者保护评估指标体系的有效性。

二 主要内容

（一）内容结构

本书共 11 章。

第一章，绪论。以当前国内外经济形势分析及我国证券市场持续低迷，引出对证券投资者权益保护问题的思考，进而阐明证券投资者保护研究的理论意义和实践意义，指出了研究的具体思路、内容和拟实现的创新。

第二章，证券投资者保护的基本理论与国内外研究现状。进一步厘清和界定证券投资者权益保护内涵，从委托代理理论、证券市场风险理论等出发，阐述了投资者保护的重要意义。对当前投资者保护的国内外研究现状进行了综合分析，重点剖析了契约论、法律论以及证券投资者保护中会计制度、信息披露、投资者保护与经济发展等关系的研究，提出了目前我国证券投资者研究中存在的不足与问题。

第三章，我国证券市场的发展与投资者保护现状。在对我国证券市场发展历程、当前现状进行分析的基础上，重点分析了我国目前的投资者保护现状及投资者利益受损的具体表现，为我国证券投资者保护的量化分析提供了依据。

第四章，我国证券投资者保护状况的实证分析。从宏观环境、企业治理、市场建设、结果表现四个方面，设计了中国证券投资者保护评估指标体系，并运用面板分析的方法，对我国证券投资者保护状况进行了实证研究。

第五章，我国证券投资者保护机制设计。总结、借鉴国内外投资者保护的经验，对我国证券投资者权益保护制度做出了原创性设计，提出以市场机制、政府监管、法律制度为基础，构筑立法与司法保护、行政监管、社会监督与投资者自我保护、投资者保护基金制度、行业自律监管、公开信息披露共同发力的"六位一体"的投资者保护机制体系。

第六章，证券投资者的立法保护与司法保护。进一步探索了我国证券投资者权益保护的法律制度，借鉴美国的集团诉讼制度，分析了当前我国证券投资者司法保护机制的缺陷，提出完善我国投资者立法、司法保护的思路和举措。

第七章，证券投资者权益的行政保护。着重阐述了证券投资者权益行政保护的含义、产生基础和特点，针对当前国家证券监管机构在市场准入、日常监管、执法处罚、受理诉讼等方面管理缺位的问题进行深入分析，提出了构建证券投资者权益行政保护长效机制，加强和改进证券投资者权益行政保护的具体建议。

第八章，证券投资者权益的行业自律保护。在分析证券行业自律保护理论基础上，围绕如何发挥证券行业自律作用，构建有效的投资者权益行业自律保护机制，进行了深入研究。

第九章，证券投资者保护的社会监督与自我保护。从对证券投资者保护的社会监督和自我保护内涵入手，对其现状与成因进行了归纳、分析，结合我国证券市场现状，对证券投资者保护的社会监督与自我保护机制形成及运用进行了深入研究和探索。

第十章，证券投资者保护基金制度。在分析证券投资者保护基金概念及特性基础上，针对我国证券投资者保护基金制度现状与问题，从理顺关系、开源节流、明确角色等方面，提出了发挥基金事前监督和事后补偿职能，完善我国证券投资者保护基金制度的建议。

第十一章，证券投资者保护信息披露制度。针对我国上市公司信息披露存在不真实、不完整、不及时、不主动等问题，对完善上市公司信息披露法律法规和上市公司信息披露制度具体内容进行了研究。最后对证券投资者的保护做出了总结与展望。

（二）研究框架

根据本书研究的主要内容，列出研究框架。具体见图1—1。

三 创新性成果

本书尽力体现研究具有新角度，分析具有新视点，创新具有新构想，理论探索具有前瞻性、全局性、系统性和创新性，成果具有较高的实践价值和理论价值。具体突出以下几点：

（1）研究视角上，区别于以往从法律、公司等单个视角研究的局限，首次从监管者与投资者保护者的角度，对证券投资者权益保护运行进行宏观的、系统的研究，从投资者权益保护的立法保护和司法保护、行政保护、社会监督与自我保护、投资者保护基金制度、信息披露等方面进行了深入研究，研究更加全面、系统，对策建议更有针对性和可操作性。

（2）研究方法上，采用主成分分析法，利用采集到的面板数据，对我国证券投资者保护发展进行了全面分析评估，指出了我国证券投资者保护中存在的薄弱环节，为投资者保护制度的发展和完善提供了一条现实可行的路径。

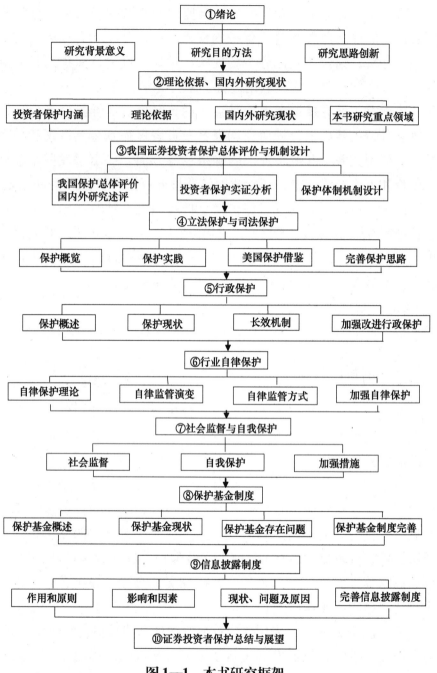

①绪论

研究背景意义　　研究目的方法　　研究思路创新

②理论依据、国内外研究现状

投资者保护内涵　　理论依据　　国内外研究现状　　本书研究重点领域

③我国证券投资者保护总体评价与机制设计

我国保护总体评价国内外研究述评　　投资者保护实证分析　　保护体制机制设计

④立法保护与司法保护

保护概览　　保护实践　　美国保护借鉴　　完善保护思路

⑤行政保护

保护概述　　保护现状　　长效机制　　加强改进行政保护

⑥行业自律保护

自律保护理论　　自律监管演变　　自律监管方式　　加强自律保护

⑦社会监督与自我保护

社会监督　　自我保护　　加强措施

⑧保护基金制度

保护基金概述　　保护基金现状　　保护基金存在问题　　保护基金制度完善

⑨信息披露制度

作用和原则　　影响和因素　　现状、问题及原因　　完善信息披露制度

⑩证券投资者保护总结与展望

图1—1　本书研究框架

（3）提出一套适合我国国情、市情的证券投资者保护状况评估指标体系。从综合视角构建了我国证券投资者保护评估指标体系，确定了宏观环境、公司治理、市场建设、效果表现4个方面37项具体指标的投资者权益保护评价指标体系，为我国证券投资者保护状况评估提供了依据。

（4）对策建议上，提出建立以市场机制、政府监管、法律制度为基础，立法与司法保护、行政监管、社会监督与投资者自我保护、投资者保护基金制度、行业自律监管、公开信息披露共同发力的"六位一体"的投资者保护机制，对我国证券投资者权益保护体制机制完善具有借鉴意义。

第二章

证券投资者保护的基本理论与
国内外研究现状

第一节　证券投资者保护的内涵

一　证券与证券市场

证券从法律和经济意义上的严格定义是指各类记载并代表一定权利的法律凭证，用以证明持有人或第三人有权取得该证券拥有的特定权益，或者证明曾经发生过的行为。证券主要包括凭证证券和有价证券。其中，凭证证券又称为无价证券，是指本身不能使持有人取得一定收入的证券，如保险单、借据等。有价证券则是指标有票面金额，用于证明持有人或证券特定主体对特定财产拥有所有权或债权的凭证，代表了一定的财产权利，持有人能够凭该证券直接取得一定量的商品、货币或者取得利息、股息等收入。现实生活中，有价证券和证券的概念常常是互换使用的。有价证券又有广义和狭义之分，广义的有价证券包括股票、债券、票据、交易凭证、仓单、提单甚至购物券等；狭义的有价证券仅包括股票、债券及其衍生品，如证券投资基金、期货、期权等。

证券市场是指有价证券发行和交易、流通的场所。证券市场即狭义有价证券发行和交易的场所，是社会化大生产和商品经济发展到一定阶段的产物，实质为通过各类证券的发行和交易以募集和融通资金以取得预期收益。在该市场中，财产权利和投资风险直接交换，市场所发挥的效用抑或称为经济功能在于，通过证券价格引导资本的流动而实现资本的合理配置，提高资本使用效率；通过市场流动性使市场投资者能够及时根据所掌握的上市公司财务及经营信息选择售买，而间接给上市公司的经营业绩造成影响，激励企业改善盈利水平，推动社会经济发展；同时，证券市场能够高效传递并集中汇集微观企业和宏观经济的各种信息，降低了买卖双方中间代理和自理监督的成本，增进了市场的交易效率

证券市场按照不同的标准可以分为不同的类型。出于研究的方便，本书中证券市场是指涉及基本证券品种的发行与交易市场，即股票市场与债券市场，交易场所为上海、深圳证券交易所，交易对象为交易所内可供交易的股票和债券，不涉及期货、期权等衍生品市场。

二 证券投资者保护

证券投资者是证券市场资金的供给者，或者说股票、债券等证券的购买者。在《投资者保护法律制度研究》一书中，深圳证券交易所的张育军给出了较为经典的定义，即"证券投资者是证券投资的主体，是指以营利为目的，进行证券交易，行使证券权利，承担证券投资风险和收益的市场主体"。本书沿用这一定义，但将对证券投资者保护的内涵及外延进行界定，即要保护的具体对象是谁？保护的内容是什么？为了研究方便，我们将投资者保护定义为：为维护正常的投资市场秩序，矫正市场失灵，使投资者能够在证券市场中公平地获得相关信息和投资机会，免于受到公司控股股东和内部人证券欺诈行为，使投资者合法权益得以充分落实、权利得到充分行使、利益得到充分保障、投资风险得到有效降低的一系列制度性安排。

具体到证券投资者保护的对象来看，由于证券投资者的类型众

多，对投资者保护具体是指哪些投资者，研究的学者各有不同见解。有的学者认为，法律对所有股东拥有的股票应一视同仁；也有的学者认为，投资者保护主要是保护作为弱势群体的社会公众投资者、中小投资者，或者是相对于经理层或控股股东等内部人而言的外部投资者。在本书中，我们将证券投资者保护的对象界定为证券市场中的社会公众投资者或者说中小投资者。主要原因是：相比较内部控股股东、管理层而言，社会公众投资者或者说中小投资者在市场不对称信息中处于劣势，保护自己权利的能力相对较弱，加上道德风险、机会主义行为等市场失灵问题，其合法权益也更容易受到侵犯。因此，对我国证券投资者保护而言，主要应该是对社会公众投资者或者说众多中小投资者权益的保护。具体而言，本书将侧重研究沪、深两个证券交易所内上市企业的社会公众投资者和中小投资者利益的保护。其中，这里的上市企业包括在沪、深两地主板市场、中小板市场和创业板市场上市的所有企业。

三　证券投资者权益保护

从证券投资者保护的内容看，主要是要保护证券投资者的合法权益，其合法权益不是说保障投资者在证券市场上一定获利，在一个监管有效、透明公开的证券市场上，其获利与否主要取决于投资者的投资能力。这里的投资者权益是投资者因投资证券所产生的权利和行使权利所带来的利益，主要体现在两个方面：一是作为上市公司股东的相关权利；二是作为证券投资者的权利，即平等地参与证券交易的权利，以及公平地获得包括上市公司、证监部门以及其他市场主体可能影响证券价格变化的各种信息的权利和投资机会等，包括股票的持有与处置、知情、免受侵害等等。

具体而言，证券投资者合法权益主要包括：

（1）股东的知情权。股东按照公平、公正、公开原则，获悉公司信息的权利。包括公司股东、控股股东状况、资产负债情况，股权分布、资产重组等事项，管理层情况、管理运行情况等。

（2）管理层任免参与权。股东在公司经营管理层确定中参与、发表意见的权利。参与可以是直接的，也可以是间接的。

（3）重大经营事项参与权。指股东对与公司发展命运有关的重大事项，股东权可以表示自己意见或建议，比如重大资产重组、重大投资决策主营业务转型等。

（4）公司经营监督权。股东对公司的经营管理活动监察、督导的权利。

（5）股份转让权。股东可依法转让公司股权，全部、部分退出公司的权利。

（6）司法救助权。指股东在认为自己的权利基于公司经营管理层违规、违法或管理层渎职造成损害，通过向法院起诉要求获得救助的权利。这是股东对公司事务参与、约束经营者的重要手段。

（7）分红权。是指股东按照股份获得公司经营利润的权利。

（8）其他权利。如优先配股权、优先获得公司发行转债的权利等等。

第二节　证券投资者保护的理论基础

证券投资者权益保护的理论依据散见于契约经济学、制度经济学、产权经济学、信息经济学、金融学、法学、公司治理等多个学科。目前世界各国的投资者权益保护的理论依据主要是沿着两条轨道进行的，一条轨道是外部法律监管，另一条轨道是市场内部约束和激励。"涉及外部法律监管理论有契约论、法律论、政府干预理论、公平平等理论、社会弱势群体保护理论、证券市场风险理论等。涉及市场内部约束和激励理论亦即"……。对证券投资者保护的理论基础主要有公司治理理论的委托代理理论、社会公共利益理论、信息不对称理论、证券市场风险理论等。

一　委托代理理论

投资者保护问题来源于公司治理理论中的"委托—代理"问题，目的是防止内部人（主要是管理层、控股股东）对公众投资者（中小股东、债权人等外部人）利益的掠夺。具体看来，在公司所有权与经营权之间分离的情况下，股东享有所有权，而公司管理层享有控制权，使企业的股东、经营者之间形成了委托—代理关系。由于所有者与经营者的目标函数不完全相同，没有股权的公司管理层与股东之间会存在潜在的利益冲突。在公司股权比较分散的情况下，由于缺乏对职业经理人的有力监督，会导致管理层的机会主义出现管理层经营决策偏离企业经营目标，不是追求资产的保值、增值，而是追求管理层自身利益的最大化，如会出现利用职务谋求高薪酬、高消费、好职业前景等，使投资者即股东权益受到损害。在股权集中于控股股东的情况下，则会出现管理层与控股股东合谋对中小股东权益侵占的情况。由于股权集中程度相对较高，大股东实际上已经绝对或相对控制了董事会。大股东会利用其掌握的对公司的控制权，通过虚假陈述、转移资产、违规担保等手段"掏空"公司，侵害中小投资者权益；或者利用其作为公司内部人掌握公司经营信息的便利，利用内幕信息谋取超额利润，间接对普通投资者权益造成损害。在这样的情况下，需要采取措施监督约束代理人的行为，缓解委托人与代理人之间信息不对称的程度，防止上述两种情况的发生，保护投资者权益。

二　社会公共利益理论

社会公共利益理论是对证券市场进行监管和投资者保护的较为成熟的理论。该理论认为，市场缺陷是市场本身固有的基本属性。在现实经济中，由于自然垄断、外部效应和信息不对称等问题的存在，市场运行不能达到自我出清，会导致经济运行效率低下，并对市场参与主体或者消费者造成利益上的损害。由于自然垄断的存在，垄断者会利用其垄断地位，有意通过限制产量来提高价格，使市场价格高于完全竞争条件下的价格，侵占消费者的利益，导致市场效率丧失。表现在证券市场上，就是由于外部效应存在，证券市场上的经济行为往往存在着私人成本与社会成本之间的差异，以及私人收益与社会收益的差异，加之公司管理层、控股股东等内部人与机构投资者、中小投资者之间信息持有、研判决策能力上的差异，在这样的情况下，必然造成非对称市场的不完全竞争。证券市场的垄断者很容易利用手中的资金操控证券价格，并利用众多投机性散户的趋利性人为造市，抬高价格牟取暴利，给中小投资者造成不公平的损害。同时，使证券市场的价格信号发生扭曲，阻碍要素根据市场信号在部门间的正常流动。如果市场不公平竞争问题长期存在，会造成市场自我修复、自我调节功能的失灵，进而导致内部交易、市场操纵、"隧道行为"等现象泛滥，很容易累积下市场不稳定的风险，并广泛传播到个人、企业、金融乃至整个宏观经济，甚至引发实体经济的动荡。在这样的情况下，为了社会公众利益，必须借助外部的调控手段和制约手段来制约市场垄断者行为，保护公众投资者的权利，促进资源的合理配置，保障证券市场的健康发展和长久发展活力。

三 信息不对称理论

区别于一般产品市场和劳务市场，信息问题是关系证券市场的核心问题。证券市场的基本功能是为社会资本提供一个直接渠道，而这一功能能否正常发挥关键取决于市场价格能否根据相关信息做出变动，且这些信息是能够被充分地披露和均匀分布的，才能帮助投资者对投资行为做出理性决策。但现实中，证券市场信息的发布往往是分散的、不对称的，市场传导中的衰减以及信息发布者公司、中介机构等出于经营考虑，不能够将信息全部提供给投资者，投资者往往会处于信息的弱势地位，从而导致证券市场价格对市场反应不及时、不准确，影响资本市场上资金的流动，导致市场效率丧失。

当证券市场出现一部分投资者（主要是控股股东、管理层相关者等内部人）由于拥有某种特殊信息渠道而处在信息强势地位，即投资者之间信息不对称时，会造成市场的不公平竞争，强势信息拥有者会利用这些信息而获得超额利润，弱势信息拥有者的利益则会受到损失。在这样的情况下，投资者无法区分公司质量的高低，就会对公司股票进行系统性的折价。同时，证券市场的资金流动出现逆向选择，优质公司不能获得资金，股价没有上升，甚至可能出现下降。证券优选机制的丧失将迫使高质量的公司退出市场，市场上将剩下质量最差的公司。非但公众投资者利益不能够得到充分保障，连证券市场的可持续发展和市场经济的正常运行都难以保障。在这样的情况下，需要政府依靠法律、审计、行政等多种手段使证券投资者都能公平、及时、完整地获得信息，使投资者能够区分证券市场上市公司的质量优劣，保护投资者权益，实现证券市场的健康、可持续发展。

四 证券市场风险理论

证券市场是商品经济高度发达的产物，具有高效融资功能和金融高风险的特征。在证券交易中，交易品种、交易机制对参与者的知识、技能要求较高。其波动规律复杂，面对着系统性风险、公司的经营风险、财务风险、信用风险、道德风险、交易风险等多重风险。加之，市场信息不对称、市场失灵、委托—代理等问题的存在，以及投资者自身认识能力、信息获取能力、判断能力等方面的局限，证券市场投资者容易被误导，成为内幕交易、证券操纵等行为的受害者。如果证券市场的投资风险被放大，甚至可能导致整个国家经济的动荡。在这样的情况下，加强对证券市场的监管、加大对投资者的保护力度，防止出现证券市场过热引发的"泡沫"破灭后，市场信心动摇，爆发金融危机，对金融体系乃至整个国民经济运行的负面影响。在这样的情况下，有效解决证券行业外部性的办法是外部效应内部化，即通过一系列制度安排将行业问题放到行业内部进行解决，由行业内部参与者建立风险共担机制。当出现证券公司经营危机时，由保护基金对证券公司的客户债权给以支付，避免个别证券公司的风险传导至整个行业。同时，行业风险内部消化，赔偿资金支付之后需由所有证券公司重新缴费弥补，将促使整个行业不断提升风险控制水平，避免由于证券投资者利益得不到维护，影响实体经济与虚拟经济的良性互动发展。

五　有效资本市场理论

有效资本市场理论是美国经济学家法玛率先提出的，被誉为现代金融经济学的理论基石。以传统资本市场学说为基础，以信息为核心。有效资本市场理论认为，证券价格可以"充分地反映"所有市场中的信息，市场上没有人可以利用掌握的信息来获得利润。据此，法玛将世界上的资本市场分为弱型、半强型和强型市场三类。在强型市场中，股票价格的变化是不可预测的"随机漫步"走向，因为股票价格本身已经包含所有可获得的信息，在任何时间，股票价格都等于其投资价值。一旦市场达到强型，即便是简单的市场套利行为都不可能存在，内幕交易、市场操纵、虚假陈述、欺诈客户等行为更是没有可能，中小投资者的利益不会受到损害。此外，上市公司大股东或者内部人对中小投资者权益的任何损害都将立刻反映在股票价格上，市场将实现对公司内部人的约束，间接实现对中小投资者权益的保护。但是在新兴经济体中，证券市场通常属于弱型市场，中小投资者作为市场中的"弱势群体"，其权益不断受到各种不法行为的损害。

第三节　证券投资者保护国内外研究综述

一　国外文献综述

对投资者权益的保护问题的研究由来已久。进入 20 世纪，证券市场快速发展，虚拟经济对实体经济的影响日益加深，经济学家、法学家对证券投资者保护问题的关注增多。国内外关于上市公司投资者权益保护研究的深度和广度不断拓展，其中一些重要的研究成果对完善我国证券市场投资者保护机制具有重要的参考价值。从目前研究的成果看，国外关于证券投资者保护的研究主要是从证券投资者是否需要专门的法律保护、外部法律制度与证券投资者保护、股权机构与投资者保护等方面逐步拓展。

（一）证券投资者是否需要专门的法律保护

关于是否需要通过法律来干涉证券市场的发展，或者说是否需要采取措施维护投资者利益，一直是个有争议的问题。产权理论的代表人物科斯和施蒂格勒的产权理论首先提出了这一问题。科斯认为，现代公司是一个有效的契约组织，公司治理结构就是为确保公司运营效率最大化而设计的一系列的制衡性制度安排。哈耶克（1954）认为，国家法律不是必要的，只要私人之间制定契约，在所有权得到保护的激励下，市场经济就可以有效运作。施蒂格勒认为，最优秀的政府不是制定任何法律法规的政府，因此无须专门立法来保护投资者的权益。因为证券市场的交易过程中，交易的双方都是完全理性的。为了获得一个较高的股票价格，也为了避免由于误导或欺诈投资者带来的惩罚，股票的发行者会有自动披露正确信息的动机。而作为投资者，也会收集和分析他们需要购买的动机。从这个意义上而言，证券法规是无关紧要的。如 Hart（1983）认为，产品市场竞争将使管理层以利润最大化为目标进行经营，从而降低代理成本。到了 20 世纪 80—90 年代，国外学者 Easterbrook 和 Fischel（1984）、Macey（1994）提出投资者保护的现代契约理论，认为证券法律法规不重要，只要契约是完备的，监督执行契约的司法体系是有效的，那么投资者与公司签订的契约就足以保护投资者利益。他们认为在某些时候法律法规会对证券市场的发展产生阻碍作用。因为法律法规的市场规制作用会在一定程度上提高交易成本，干预市场资源配置的最优化，从而损害交易双方的利益。

但现实的环境很难满足契约论提出的近乎严苛的前提条件。为了克服契约的内在缺陷，一些学者提出可以通过法律以外的方法如政府干预、高度集中的所有权、市场声誉机制等来达到保护投资者的目的。一是政府干预。如 Johnson（2000）认为，即使没有法律的要求，如果公司掠夺股东的利益，政府也可以对公司施加压力或以行政性处罚来要求公司善待投资者。Berglof 和 von Thadden（1999）的研究认为，公司内部人持续侵犯公司外部投资者权益，则可能失去政府给予的税收或其他优惠政策。但 LLSV 的研究认为，政府干预的前提是政府必须有效和廉洁，如果国家腐败程度较高，政府效率偏低，则政府可能倾向保护企业家而不是投资者的权益。二是高度集中的股权结构。Shleifer 和 Vishny（1995）认为较为集中的外部投资者所有权能够有效约束管理层，从而保护投资者。Lin（1999）和 Gorton（1999）分别对一些新型经济体和德国进行了研究，发现股权集中度越高，公司利润越高。但也有研究表明，即使在外部所有权集中的德国，也存在着中小股东权益被侵害的问题。三是市场声誉。一个有良好信誉的公司会增强投资者的信心，更容易获得市场的资金支持。Dimond（1991）认为，公司管理层会为了"声誉"不太可能用自己手中的权力谋取私利，从而约束自己的行为。但"声誉"往往在经济平稳时有较好效果，在经济出现危机或萧条时，其往往会将投资者权益保护置之脑后。1997 年亚洲金融危机和 2008 年全球金融危机中印度、美国公司的表现都证明这一点。此外，还有一些学者认为交叉挂牌可以保护投资者权益的保护效率。

（二）外部法律制度对证券投资者保护的影响

在契约论不能有效保护投资者的困境下，有学者开始提出通过专门的法律来保护投资者。Grssman 和 Hart（1988）等提出，由于环境的不确定性和复杂性以及信息不对称、个人有限理性等因素的存在，使得私人契约并不能保证投资者的权益不受侵害，需要通过设计一系列的机制来保护投资者。Coffee（1984，2000）提出，由于契约并不能使投资者权益免受侵害，因而需要有专门的证券法来保障投资者权益，推动资本市场发展。国际证券监管组织（International-al Organization of Securities Commissions，IOSCO）也把投资者保护作为证券监管的首要目标，认为"投资者应当受到保护，以免被误导、操纵或者被欺骗，包括内幕交易、插队交易、滥用客户资金"。哈佛大学的 LLSV 的研究表明，投资者保护水平的不同是各国证券市场发展程度差异的重要原因之一。他们用 49 个国家的样本研究发现，对中小投资者权益的保护是建立发达国家资本市场的关键因素。投资者保护较差的国家其资本市场发展受到严重限制。还有学者从海外投资中偶然发现，在投资者保护不好的国家，会出现本国投资者投向国外证券而不是投资本国的有价证券。LLSV（2002）的对欧美等地的发达国家研究表明，法律对中小投资者权益能够给予较好的保护，阻止管理层或内部人的侵害，注重保护投资者权益的公司的托宾 Q 值相应较高，有利于公司市场价值的提高。

LLSV 等研究认为，国家法律渊源差异导致了国家间投资者权益保护差异，进而对一国的经济发展和经济增长产生影响。他们通过以司法介入、政府廉洁、会计准则等为指标，比较大陆成文法系与英美判例法系国家投资者保护水平，认为普通法系国家的投资者保护水平最高，大陆法系保护水平则较差，由此他们认为司法规则的改变能够改善市场环境，提高投资者保护的水平。Johnson 和 Robinson（2000）发现，法律的有效执行比法律制度本身对投资者保护的作用更加重要，较高的执法质量和效率能够弥补法律制度本身的缺陷。Enriques 和 Volpin（2007）对法国、意大利等国公司法演进的研究表明，法律制度本身的演进也可以弥补自身的一些缺陷。但也有学者对此提出相反意见，如有学者认为最优的法律设计是不存在的，总会有新问题、新情况出现，因而法庭执法并不能有效阻止侵害投资者权益行为的发生。

（三）公司内部治理与中小投资者权益保护

内部治理是公司层面保护投资者权益、获取公司成长收益的重要机制，其相关研究在近年来得到了快速发展。从公司治理结构和投资者保护的总体关系来看，Leuz（2002）的研究认为，合理的公司治理结构和财务决策机制有助于公众投资者或者说中小投资者权益的保护。LLSV（2000）的研究认为，公司治理结构和投资者保护存在较大相关性，在英美等投资者保护较好的国家，公司内部治理结构往往更为合理、有效，资本在公司间的配置更有效率，投资者保护程度也较高；而大陆法系的国家投资者保护相对较差，股权集中度相对较高，公司绩效较差。Klapper 和 I. love（2001）研究发现，在投资者保护法律体系不完善、保护水平较弱的国家，企业内部控制制度可以一定程度上弥补外部资本市场所处的宏观法律环境的不足。

从股权结构与中小投资者权益保护看，Maury 和 Pajuste（2005）对北欧国家芬兰的研究表明，多个大股东对公司业绩有着重要影响，大股东间股份差异越小，公司绩效越高。LLSV 和 Johnson（1996）研究认为，过于集中的股权结构（如被国家控股、家族控股）的企业，其控股股东存在着损害外部投资者或中小股东权益的倾向和行为。大股东通过各种"隧道"挖空上市公司资产，会使公司对投资者的承诺难以兑现，直接损害到中小股东利益，并将这种控股股东通过各种"隧道"转移资产和利润以提升私人收益的行为叫作"隧道行为"。同时指出，掏空行为可以分为转移资产、转移定价、给管理层高工资或过度职务消费、追求非利润最大化发行证券等。Johnson（2000）研究东南亚金融危机中上市公司表现时发现，控股股东支持的管理层出现了通过转移公司资产来支付个人债务，以及直接向国外账户汇出资金等损害投资者利益的行为。Claessens 等认为，现金所有权和控制权分离是导致大股东侵害行为的重要原因，虽然大股东现金所有权增加有利于公司业绩提升，但其控制权超过现金所有权的时候，"隧道"效应就会越发明显。但 Claessens（2000）在研究中发现，也会出现大股东反向的利益输入行为，即"支撑行为"。主要是由于长期的"隧道"输送会对公司的业绩和声誉产生影响，甚至降低公司的市场价值，最终危及大股东利益，大股东为维持公司业绩也会向公司注入资源。

从董事会对投资者保护来看，Klein（2002）的考察表明，董事会构成的独立性越强，对公司会计过程的监督越有效，经理人机会主义的会计选择行为越相应降低。Beekes（2004）等的研究则表明，董事会构成中外部董事比例越高，公司盈余确认坏消息的速度越快。Beasley（1996）在考察中发现，外部董事比例与公司财务欺诈的可能性负相关，而独立审查机构对财务欺诈的可能性影响并不大。Farber（2005）对美国 87 家样本公司的研究发现，发生财务报告欺诈的公司治理结构更弱。Srinivasan（2005）研究认为，公司董事会或审计委员会具有财务专家的独立董事时，盈利虚高的可能性降低，当经理人属于创始家族时，盈利虚高的可能性提高。

从公司内部控制对投资者的保护看，Kiney（2000）认为，公司内部控制的有效性对财务报告信息的可靠性有直接影响，并影响到对投资者的保护效果。Chan 等（2005）认为，内部控制质量能够通过应计质量推断内部控制是否提高财务报告的准确性。Doyle（2006）认为，内部控制缺陷与较差的应计质量相关，并发现内部控制存在较大缺陷的公司的主管应计绝对值水平更高。Ashbaugh-Skaife（2006）认为，内部控制增强有助于提高应计质量、保护投资者权益，提高市场对公司价值的认可程度，投资者受益后回报给公司的是投资的热情和长久的融资。Beneish 等（2007）认为，内部控制的缺陷会带来更大的信息不确定性，导致投资者利益受损和市场的负面反应。De Franco 等（2005）认为，由于内部控制质量能够影响公司盈余质量，相比而言，中小投资者在内部控制缺陷披露中能够获得财富增加的收益。Ameidar 和 Wolfenzon（2006）则对家族企业的金字塔结构进行了研究，认为在投资者保护较弱的情况下，家族企业采取金字塔式股权结构，不仅是为了获取更多的私人收益，也因为外部市场融资约束的存在，使金字塔结构下的企业集团可以构建内部融资结构。

（四）会计制度、信息披露与投资者保护

信息不对称是造成市场机制失灵和损害投资者权益事件发生的

原因之一。会计信息作为公司信息的主要来源，在缓解信息不对称、帮助投资者确定公司合理的投资价值、约束内部人机会主义行为等方面有着重要作用，对保护投资者权益有重要意义。Francis（2006）等认为，会计制度对证券市场影响是独立的，较高质量的财务会计体系能够提高投资者保护效果，促进证券市场的发展。Rckman和Chung（2003）研究认为，较强的投资者保护机制以及较高的会计制度，有助于缓解证券市场参与者信息不对称问题，提高金融市场的微观流动性。Ahearne（2004）研究认为，会计准则质量较低或交易成本较高国家的公司到美国上市，美国的投资者会认为该公司能够依照高质量的会计准则提供更高质量的财务会计信息，有助于提高投资者对该公司的预期。Govrig（2007）的研究表明，信息环境较差地区的公司资源使用国际会计准则（IAS），对投资者而言意味着提供了更有用的市场信息，因而可以更大程度地吸引境外资本。Bradshaw等（2004）通过实证分析，指出遵循较高会计准则的境外上市公司通常具有更高比例的机构投资者股权。Barton和Waymire（2005）研究认为，1929年美国股市大崩溃期间，能够提供高质量财务报告的上市公司，其投资者遭受的损失要小于其他公司。即高质量的财务报告能够促进投资者保护。信息披露上，Ball和Brown（1965）提出，投资者作为会计信息的主要使用者会根据会计信息的披露程度做出投资决策，并第一次系统证明公司的市场价格是对财务报表信息含量的重要反映。Barton和Waymire（2005）认为，财务报告的质量能够从三个方面影响投资者保护效果：一是传递经理人管理能力高低的信号；二是减少大股东或管理层的"隧道行为"，避免内部人利益侵占；三是消除市场在基本面上的价值噪声。

从信息披露对投资者保护的影响看，Petersen和Plenborg（2006）使用来自丹麦上市公司的数据检验公司自愿性披露与信息不对称之间和关系，表明信息不对称与公司自主信息披露之间呈现较为显著的负相关。Brown和Hillegeist（2007）进一步考察认为，公司出于减少内部人使用私人信息进行交易以及降低投资者发现私人信息进行交易的动机，愿意披露信息。Francis（2006）认为，一旦控制了盈余质量的影响，信息披露质量不再对资本产生增量效应。Cheng 和 Lo（2006）认为，经理人为了获取股票交易利润，会在披露政策中进行机会主义选择，并检验发现经理人计划买进股票时，通过增加披露坏消息降低股票价格。Emanuels（2005）发现，在公司内部控制信息披露前有显著的负向市场反应。Newman（2005）等认为，投资者权益保护依赖于对管理层等内部人利益侵占行为的发现与惩罚。外部审计能够提供发现内部人利益侵占的行为。如果市场对外部审计失败和内部人利益侵占采取更严厉的惩罚，那么投资者权益的保护水平有相应提高。Datar（1991）也认为，选择高质量的审计师有助于帮助投资者在 IPO 中的定价。Lee（2003）的研究发现，预计披露盈利增加的 IPO 公司更愿意聘请高质量的审计师进行审计。同时，Healy 和 Palepu（2001）发现，以证券分析师为代表的信息中介在证券市场中发挥着重要作用。Barth 和 Hutton（2004）的研究认为，证券分析师能够促进财务会计信息的定价作用。但也有研究者认为，证券分析师误导性预测会给投资者带来负面影响。为满足经理人要求，分析师可能会提供过度乐观的利润预测，并从中获利。Franco（2007）的实证研究表明，在时间窗口期，由于分析师误导性公告导致个人投资者的损失是机构投资者损失的 2.5 倍左右，即分析师误导性公告会导致财富从中小投资者转移到机构投资者。

（五）政府市场监管与投资者权益保护

施蒂格勒（1996）认为，尽管市场在短期内会存在一定的市场失灵，但长期看市场本身会解决这些问题。Loss（1988）认为，政府除了强制要求上市公司及时、无保留履行信息披露的义务，不应对证券市场进行进一步的干涉。LLSV 对此并不赞同，他们通过研究发现保护投资者的利益，不仅是由于他们是弱者需被重视，更是因为对投资者利益维护的好坏，直接关系到证券市场是否活跃和繁荣，影响到证券市场的长远发展。因此，他们认为应将投资者的权益放在一种高度予以保护。Pistor 等（2002）认为，在法律不完备且侵害投资者权益的行为导致重大损害时，应该将执法权交给监管者而不是法庭，从而最大限度地保护投资者权益。Hogfeldt（2004）认为，法律保护对资本市场没有显著影响。Claser、Johnson 和 Shleifer（2001）指出，通过政府监管可以实现投资者保护的次优状态。Pistor（2002）认为，证券市场监管可以看作对投资者保护法律制度体系的一种补充。因为当证券投资者保护法律不健全时，让政府对证券市场可能发生的违法行为进行监管是最优的。Daouk 等（2005）发现，在针对证券市场监管的会计信息披露、内部交易法规、卖空限制、遏制腐败等方面执行较好的国家，投资者保护要好于做得不好的国家，因而，应对政府的证券市场监管抱有积极态度。

金融危机后，国际上证券投资者保护改革加快，美英等国证券投资者保护得到强化。其中，美国扩大了证券投资者保护的产品范围，将期权纳入美国证券投资者保护公司保护范围，对违反证券投资者保护法的罚金、证券公司失实陈述的罚金分别提高了 5 倍，达到 25 万美元，同时成立了新的投资者保护机构——消费者金融保护局。英国也在 2011 年发布了《金融监管新方法：改革蓝图》白皮书，提出投资者保护和金融监管的全新的变革措施：成立金融行为监管局（FCA），采取更加严厉的手段保护投资者，监管各类金融机构业务行为；强化投资者投诉处理制度，提出金融企业要完善投诉处理制度，对投资者损失适当补偿，否则将受到 FCA 的严厉处罚；完善金融服务补偿计划（FSCS），提高拓展补偿资金来源，提高补偿基金缴纳基础；建立专门针对系统性、重要性投资公司及其母公司破产的解决机制，减小"大而不倒"机构破产带给投资者的严重损失。① 美英保护证券投资者的新举措值得研究借鉴。

---

① 张学政：《证券投资者保护的国际借鉴》，《中国金融》2014 年第 9 期。

二　国内研究综述

国内对证券投资者保护的研究是伴随着我国证券市场的快速发展而逐渐兴起的。特别是到了 20 世纪，国内对投资者权益保护的研究深度和广度都有了重要进展。从目前所取得的成果看，研究者普遍认为证券市场的活跃离不开投资者，但证券市场的复杂性和多变性带来了诸多投资风险。虽然对进入任何市场的经济主体来讲，获取财富、增加利润都要承担一定的经济风险，即证券投资者必须要承担一定的投资风险，但证券市场的交易实践证明，投资者面临的风险和承受的经济损失往往超过合理的必要限度，通过内幕交易、虚假陈述等手段侵占公众投资者利益的问题屡见不鲜。因而为了维护证券市场的长远发展和投资者的权益，有必要对证券投资者权益进行保护，即国内对投资者权益是否需要保护已经不存在争论。目前投资者保护研究的焦点主要集中在以下几个方面：

（一）外部法律制度对证券投资者权益的保护

国内关于投资者保护方面的研究是在国外研究基础上，结合我国的证券市场特征进行的深度与广度的拓展。LLSV 的杰出成就开创了证券市场发展的全新研究视角，借鉴 LLSV 的理论基础，我国学者针对沪、深两市证券投资者权益保护的法律问题开展了众多研究。胡汝银等（2002）在国内较早介绍了 LLSV 系列指标及其结论，在投资者保护的量化研究与国际比较方面进行了探索。沈艺峰等（2004，2005）按照 LLSV 的思路研究后认为，随着我国法律制度的发展，投资者保护的程度也呈现不同特征。在投资者法律保护较弱的阶段，投资者会因风险较高而希望获得更高的风险溢价。随着投资者法律保护的增强，上市公司的权益成本会出现递减。即法律制度的改善能够提高中小投资者的权益保护程度。陈建梁等（2006）运用 LLSV 理论，验证了我国证券市场中投资者保护法律的发展有利于促进公司的长期业绩增长。张俊生（2005）等认为，法律制度的完善，促进了我国证券市场股票的有效性提升。

（二）公司内部治理对投资者权益保护的影响

从公司治理结构对投资者保护的研究看，较为普遍认为公司治理变革能够改变对投资者权益保护的程度。在股权分置改革前，我国股市以国有控股企业为主，股权结构呈现高度集中的状态。刘芍佳等（2003）的研究发现，中国84％的公司直接或间接地被政府控制着。李学峰（2004）等认为由于上市公司股权结构的特殊性，大股东具备了对中小股东权益侵占的前提。但高雷等（2006）则认为，一股独大未必导致掏空，掏空成本是控股股东决定是否掏空的主要因素。如果信息披露透明程度和投资者保护水平提高，对控股股东的"隧道行为"会产生很大抑制作用。他们认为，在我国特殊的制度环境下，独立董事制度和股权制衡机制都难以抑制控股股东的掏空行为，企业集团控股会加剧大股东的"隧道行为"，国家控股没有加剧股东的"隧道行为"。赵向琴和朱孟楠（2005）认为，分散式的股权结构不利于内部人阻止政府官员对公司的侵害。李新春等（2008）认为，在中国民营上市公司中，广义内部人所有权超过59.98％时，控股股东勾结管理层等对外部持股者的侵占效应减弱，监督作用提升，企业在资本市场的价值提高。贺建刚等（2008）在研究五粮液的案例中，发现公司大股东对董事会控制程度高，监事会在约束大股东权力滥用中缺位，造成中小股东权益被损害。王凤华（2010）在上市企业研究中发现，独立董事履职不力，在大股东存在掏空行为时，出于自利考虑，辞职成为理性选择。

从股权结构和经营业绩的研究看，许小年（1997）研究认为，国有股比例较高，则公司绩效较差。白重恩（2005）等的研究持相反观点，认为第一大股东持股比例增加，托宾值会上升，即公司资产收益率实质上是在提升的，即第一大股东持股比例与公司盈利水平呈现正相关关系。但宾国舒（2003）对深、沪两市企业的面板数据研究发现，公司业绩与股权结构并没有固定的正相关或负相关关系，对于投资者的保护才是制约股市发展的关键所在。罗本德（2006）等研究发现公司治理效率与投资者保护密切相关。在信息不对称的情况下，公司经理将选择治理效率最低的治理结构，造成对中小投资者权益的损害。罗党论等（2005）在比较我国不同省份上市公司的掏空行为后发现，地区资本市场越发达，政府干预市场行为越少，则上市公司发生控股股东掏空行为的概率越小。

从造成投资者权益被侵害研究看，肖滕文（2001）认为，控股股东与中小股东之间的委托—代理关系的不完备，容易导致中小股东利益受损。唐彩虹（2002）认为，我国证券市场对投资者权益保护乏力、法制不完善、监管惩戒力度不够是造成外部投资者权益难以保障的原因。宁向东等（2005）认为，许多关联交易实际上是在家族企业之间进行的，由于企业实际控制人是同一控股股东，造成公司治理过程中容易发生掠夺中小投资者权益的事情。刘少波（2007）认为，控股股东控制权与现金流量的分离是导致控股股东"隧道行为"的一个原因，但控股股东攫取超控制收益才是其深层次动因。石子印（2007）、刘志远（2007）等发现，在股权分置改革中机构投资者并没有起到对中小投资者保护的作用。还有的研究认为，在当前缺乏有效的制度与法律规范的背景下，上市公司的控股股东可能由原来对上市公司的控制变为对上市公司和证券二级市场的双重控制。陈家洪（2012）认为，机构投资者存在不正当、违法违规手段操作市场的行为，造成中小投资者利益受损。

刘峰等（2004）则以我国资本市场典型案例出发，提出我国上市公司利益输送的手段包括直接或间接占用资产、关联交易、自我交易、高分红派现等。高雷（2006）则认为关联担保是最为恶劣的掏空上市公司的行为。黎来芳（2005）认为，质押上市公司股权是控制人掏空上市公司的手段之一。陈亮（2007）指出，在上市公司定向增发过程中，拥有控股权的股东会通过低价增持股份、提前泄露消息、高价套现等方式进行利益输送。张祥建等（2004）认为，占用上市公司资金是我国上市公司控股股东侵占外部投资者利益的最主要方式。唐清泉等（2006）研究发现，在投资者保护制度环境不完善的情况下，上市公司的现金派现过程实质上没有起到保护中

小股东的作用，反而成为控股股东变相掠夺公司盈余的手段。张阳
（2003）、陈信元（2003）以及周县华等（2008）分别对用友软件、
佛山照明、驰宏锌锗等公司的研究发现，大股东在股利分配中并没
有反映普通股东的利益，个别在鼓励分配中存在侵占中小股东利益
的嫌疑。

（三）会计质量、信息披露与投资者保护

我国作为新兴证券市场，在市场信息披露的实效性、完整性、
准确性等方面存在着诸多问题，难以形成相应的证券市场配套机制，
对投资者保护产生了很大的不利影响。国内对第三方审计在保护外
部投资者利益方面的作用进行了较为深入的研究，认为独立审计能
够有效约束控股股东或实际控制人行为，提高会计信息可靠性，从
而保护投资者权益。胡旭阳（2002）研究发现，选择四大会计师事
务所能够显著降低企业首次公开发行的溢价程度。王鹏（2005）、周
黎安（2006）研究发现，独立审计能够对大股东占用上市公司行为
产生明显抑制作用。罗党论（2007）等认为，上市公司占用资金行
为与独立审计意见呈现较大的相关性，控股股东资金占用越严重，
上市公司被出具非标准意见的可能性越大。宋常（2005）等发现，
在会计师事务所对企业审计做出首次保留意见后，在企业年报公布
后的短时期内有显著的负面反应。王艳艳（2006）研究认为，经过
四大注册会计师事务所审计的企业与投资者的市场累计回报呈现正
相关，显示市场对企业选择高质量审计师的识别与认同。江伟
（2006）等认为在我国证券保护法律体系不完善、公司内部治理水平
有限的情况下，会计审计对提高企业信息透明度、可信度有重要帮
助。但也有学者提出质疑，余玉苗（2000）认为国内上市公司的第
三方审计可靠性较差，在改善财务会计信息质量、保护外部证券投
资权益方面不能真正发挥作用。张维迎（2001）认为，一些会计师
事务所违背职业道德和社会良心，存在利益共谋行为，帮助上市公
司做假账，不能发挥第三方中介机构应有的作用。还有研究者如岳
衡等（2006）认为，中小证券投资者对注册会计师的信任程度较低、

投资者专业知识缺乏，导致注册会计师在审计大股东占用资金等违规行为出具非标准意见中，没有引起公司和投资者的足够重视。余宇莹等（2011）研究发现，部分会计师在上市公司审计中对重要客户操纵盈利行为采取默许行为。从投资者自我保护看，陈斌（2002）等在对我国个人投资者行为特征进行研究后，认为我国个人投资存在较为明显的非理性特征，风险意识和自我保护意识不强，在个人权益受侵害时，不知道或不理解，也有的不知道如何维权。李心丹（2002）、时勘（2003）等认为，我国个人投资者处于信息弱势地位，且本身投资理念上存在着认知偏差，主动参与公司治理的积极性不高，

（四）政府监管与投资者权益保护的对策

从治理损害投资者利益的措施看，吴晓求（1999）研究认为，应重点从制度和市场环境角度保护投资者权益，规范企业上市前资产重组与包装行为，提高信息披露质量，防范虚假并购重组、虚假陈述等违规行为。朱戎（2005）认为，在非对称信息条件下，政府的有效监管与良好的投资者保护法律能够保护投资者，也有助于实现投资者保护与证券市场发展的最优状态。滕莉莉（2005）研究认为，政府对证券市场监管的重点是信息披露，要建立信息实时披露制度，确保信息的及时、准确。张亦春（2007）、罗党论（2010）等认为，政府应在保护投资者利益中扮演重要角色，应通过加强外部监管、加大惩罚力度等方面，降低控股股东侵害投资者利益的动机。王琨等（2005）研究认为，加强事中财务信息披露监管，增强财务透明度，可以抑制掏空行为的发生。姜国华（2002）研究认为，第三方审计可以在一定程度上抑制侵害中小投资者权益事件发生，但法治环境的好坏对审计的治理功能发挥有着重要影响。叶康涛等（2007）研究发现，控股股东资金占用发生频率与独立董事数量存在负相关关系，增加独立董事数量能够一定程度抑制控股股东的掏空行为。高永辉（2003）、罗党论（2005）等认为，机构投资者在相对薄弱的法律保护与监管机制中是一种对投资者保护的补充措施，

可以减少投资者受控股股东侵害与利益输送的概率。朱亚芬（2003）研究认为，应实行相对过错推定原则，加强对操纵市场行为惩戒。赵中伟（2009）认为，要加快完善我国的投资者保护法律制度，加大执法力度，提高会计信息披露质量，才能限制控股股东对中小投资者权益的侵害。

通过对国内外证券市场投资者保护的相关文献综述，笔者认为：

第一，研究框架上国内研究缺少系统性的研究框架，还不能有效解答证券投资者保护面临的各种困局。虽然国外对证券投资者权益保护的分析已经形成一个较为完善的研究体系，但国内对投资者权益保护的研究时间不长，对投资者保护的研究主要侧重局部分析，缺少对投资者权益保护的系统性、长远性的研究框架，造成政策的孤立和片面。

第二，借鉴国外经验进行的一般性、经验性研究较多，宏观方向把握的研究较多，但对投资者保护的大量问题的研究数量不多、深度不够。如对投资者保护状况研究缺少量化分析、对我国经济转型背景下投资者权益保护研究不够，等等。

第三，国内对证券投资者保护更多从单一学科角度研究，很少从多学科的角度进行研究。特别是在投资者保护法律制度、上市公司内部治理机制、证券投资者保护基金制度、投资者自我保护与行业保护、证券机构监管等协同作用发挥上缺少研究。

针对目前研究中存在的不足，本书对我国证券市场投资者保护的研究将在借鉴西方证券市场投资者保护成熟理论的基础上，积极把握我国经济与证券市场发展进程的内在联系，从顶层设计的角度，分析外部法律制度保护、上市公司内部治理、投资者保护基金、证券投资者自我保护的内在作用机制，提出建立适合我国证券市场的证券投资者保护体系的建议。

第三章

我国证券市场的发展与投资者保护现状

第一节　我国资本市场的发展历程及现状

资本市场的发展和投资者权益保护是密不可分的两个方面。证券市场是投资者分享我国改革开放发展成果的重要平台。证券投资者是资本市场的核心组成部分。没有投资者，就没有资本市场。完善的投资者保护是成熟证券市场的标志。维护好投资者权益才有我国资本市场的健康发展。同样，我国资本市场的规范、健康发展，也是对投资者合法权益保护的有力促进。

一　我国证券市场发展历程

改革开放以来，中国资本市场经历了从无到有、从小到大的成长过程。从 20 世纪 80 年代开始恢复国债发行，到 90 年代初沪、深两个证券交易所相继开业。中国资本市场在发展规模、发展速度以及市场发育成熟度等方面都有了明显进步，资本市场已成为中国市场经济体系中的重要组成部分，在中国市场经济体系完善、多种所有制经济发展、资源优化配置等方面发挥了重要作用。[①]

随着中国经济的快速发展和综合国力的不断提升，以及促进经

---

① 周宇：《中国资本市场发展经验与启示》，《河北学刊》2012 年第 11 期。

济健康快速发展与经济结构调整等方面，资本市场都做出了重要贡献。中国资本市场的发展历程，即改革开放开启了中国经济体制的大变革，也直接促使了中国资本市场的大发展。随着中国经济由计划经济体制逐步向市场经济体制转型，资本市场也应运而生。中国的资本市场经历了从萌芽到试点推广、从起步到快速发展、从不成熟到逐步完善的发展过程，大致经历了四个阶段：[1]

（一）改革开放至 1992 年：萌芽阶段

改革开放以后，随着中国经济金融体制改革的不断深入，政府和企业融资逐渐呈现多元化发展趋势。1981 年中国国债发行开始恢复；1981 年，深圳宝安联合投资公司宣告成立，中国第一家股份制企业正式诞生；1983 年，金融债券和企业债券也应运而生，随着经济发展以及国债股票发行规模的扩大，一些国债和股票持有者产生了转让变现的需求，民间私下交易开始活跃，直接催生了一批证券兼营机构和早期的证券公司；1985 年，上海市率先开办了股票上市转让业务，此后，深圳市也开始进行股票转让业务。到了 20 世纪 90 年代初，上海证券交易所和深圳证券交易所正式成立，奠定了中国资本证券市场发展的基础。在沪深交易所成立初期，上市交易的证券规模很小，且主要交易品种是债券。数据显示，1990 年底，上海证券交易所共有 30 种上市证券，其中 22 种是债券，股票仅 8 种。在这个阶段，中国资本市场还处于尝试探索的萌芽阶段，市场规模小，主要以分隔性的区域试点为主，同时带有很大的自发性和非正式性，中央政府对市场发展的控制和参与较少，缺乏全国统一的证券市场法律规则监管目标和监管机构。[2]

（二）1992 至 1998 年：初步探索阶段

沪深证券交易所成立之后，我国资本市场开始从早期的区域性市场迅速走向全国性统一市场。1992 年 12 月，国务院发布《关于

---

① 周宇：《中国资本市场发展经验与启示》，《河北学刊》2012 年第 11 期。

② 同上。

进一步加强证券市场宏观管理的通知》，确立了中央政府对证券市场统一管理的体制。1992 年国务院证券委员会和中国证监会分别成立；1993 年，国家正式颁布实施股票发行与交易管理暂行条例，证券市场股票发行审批制正式确立。股票发行采取了额度指标管理审批制度，证券中介机构数量增多、规模扩大。期货市场得到初步发展。同时，中国的证券交易从分散的柜台交易逐步转变为有组织集中的场内交易资本市场。1993—1997 年国家陆续颁布《股票发行与交易管理暂行条例》、《禁止证券欺诈行为暂行办法》、《公开发行股票公司信息披露实施细则》、《关于严禁操纵证券市场行为的通知》、《证券投资基金管理暂行办法》等，使资本市场的发展走上规范化轨道。一系列相关法律法规制度的出台，使我国资本市场进入一个较为快速的发展时期。在资本市场局部探索取得阶段性成果的基础上，国家允许各省可以选择试点企业在沪深交易所上市发行，标志着中国资本市场建设向全国全面铺开。截至 1998 年，中国大陆 31 个省（市、自治区）都拥有自己的上市公司。上市公司数量的增加有力地促进了沪深证券交易所从地方性向全国性转变，同时随着各地上市热情的高涨，中国证券业的品种也不断丰富，A 股、B 股以及 H 股、N 股的出现丰富了中国企业上市融资的渠道。证券交易额呈现大幅持续上升趋势，且上市证券的品种也明显增多，股票市场价值规模明显提升。[1]

（三）1998 至 2004 年：加速改革阶段

2004 年，以国务院颁布《关于推进资本市场改革开放和稳定发展的若干意见》为标志，中国资本市场进入了一个新的历史阶段。该文件首次对中国资本市场的发展做了全面规划，提出将大力发展资本市场作为改革的重要任务，并着力推进股票分置改革、上市公司清欠以及证券公司综合治理，促进中国资本市场的健康发展。为贯彻执行国务院精神，2005 年，证监会正式启动了上市公司股权分

---

① 周宇：《中国资本市场发展经验与启示》，《河北学刊》2012 年第 6 期。

置改革，选择了三一重工、清华同方等公司作为首批股权分置改革试点。2006 年，以三一重工成功股改为标志，中国资本市场进入了股权分置改革的密集期。通过股权分置的实施，多数上市公司的治理结构得到改善，极大地提高了投资者的信心。同时，中国对《公司法》和《证券法》做了全面修订，对不利于资本市场深化改革的限制性规定做了调整。资本市场监管方面，证券监管部门对上市公司质量、法人治理等也出台了政策，在保障上市公司质量以及上市公司业绩稳定性方面起到了重要作用。伴随股权分置改革的完成，上海证券交易所上证综指首次突破 6000 点大关，沪深股市指数双双创出新高。与此同时，工商银行、建设银行等国有银行以及中国建筑等一批大型国有企业成功上市，资本市场股票发行数量和筹资额度达到前所未有的高度。①

（四）2008 年至今：全面深化改革阶段

2008 年开始受国际金融危机的影响，中国证券市场价值逐步回归，改革开始向纵深方向延伸。为促进知识产权市场价值的实现，提升民间资本投资科技型创业型企业的积极性，2009 年创业板市场在深圳证券交易所推出，首批 28 家创业板上市公司实现上市交易。众多高科技企业有了创业板这一全新的融资渠道。至此，中国已形成主板、中小板、创业板相互补充、多层次的融资体系。2010 年，中国股票市场单一看涨的股票投资方式得以改变，首批 6 家证券公司进入沪、深两市融资融券业务试点，减小股市风险的股市卖空机制开始发轫。2010 年，金融衍生产品交易正式纳入中国资本市场，沪深股指期货上市交易，中国资本市场与国际接轨的步伐日益加快。

二 我国证券市场的发展现状

从 1990 年沪深证券交易所成立，我国证券市场从零起步，取得

---

① 周宇：《中国资本市场发展经验与启示》，《河北学刊》2012 年第 6 期。

令人瞩目的发展成就（见表3—1）。

表3—1　　　　　　1992—2013年股票市场发展情况

年份	上市公司数量（A、B股）	投资者有效账户数（万户）	股票市价总值（亿元）	股票成交金额（亿元）	境内市场筹资合计（亿元）	证券投资基金账户
1990	10					
1992	53	216.65	1048.2	683.0		
1995	323	1294.19	3474.3	4036.5		
2000	1088	6123.24	48091.0	60826.7	1527.5	34
2005	1381	7336.07	32430.3	31664.8	339.0	218
2006	1434	7854	89403.9	90468.9	2379.1	307
2007	1550	13886.18	327141.0	460556.2	7898.1	346
2008	1625	10449.69	121366.4	267112.7	3596.2	439
2009	1718	12037.69	243939.1	535987.0	4609.5	557
2010	2063	13391.04	265423.0	545633.5	10275.2	704
2011	2342	14050.37	214758.1	421649.7	6780.5	914
2012	2494	14045.91	230357	314667.4	5850.3	1173
2013	2489	13274.1	239077.5	468728.6	6885	1552

（一）市场上市企业数量、规模明显提升

证券市场建立的20多年中，我国证券市场取得了举世瞩目的成就。1991年末，我国上市公司只有14家，到2013年末沪、深两市证券交易所上市公司数量达到2489家，22年间增长了176倍。到2013年末，我国沪、深两市上市公司总市值达到股票总市值239077.54亿元，总市值占当年国民生产总值的44.26%，股票市值总额居世界第二位，仅次于美国。2013年，国内债券市场共发行各类债券（含央票）87016.27亿元，债券市场总托管量达到29.4万亿元，债券发行规模居世界前列。期货市场方面，产品结构日益丰富，

2012 年，我国期货市场成交金额达到 171.13 亿元，期货交易品种达到 31 个，形成了除原油之外覆盖国际多数主要商品以及一个金融期货的期货市场。截至 2012 年底，沪深 300 指数市盈率为 11.76 倍，低于新兴市场的巴西圣保罗证交所指数 21 倍和印度孟买 SENSEX30 指数 16.35 倍的市盈率，与发达国家主要股指估值水平基本相当。（见图 3—1、3—2）

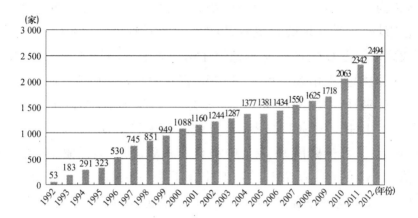

图 3—1　1992—2012 年我国境内上市公司数量变化

数据来源：中国证监会网站。

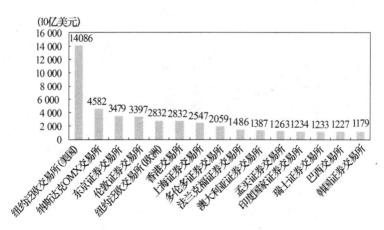

图 3—2　世界各主要交易所股票市值情况

资料来源：世界交易所联合会。

（二）多层次证券市场初步形成

目前我国资本市场的投资产品已经从市场成立之初的股票、国债等少数品种，发展成为包括股票、公司债、可转债、证券期货、股指期货等在内的一系列产品体系，市场体系也由单一的主板市场发展为包括主板、创业板、中小企业板、股份代办股份转让系统（被称为"三板市场"）、全国中小企业股份转让系统（被称为"新三板市场"）等在内的有机联系的多层次资本市场。2012年底，我国股票市值占 GDP 比重基本稳定在45%左右（见图3—3）。2012年末，在沪深主板市场上市公司1438家，中小板701家，创业板355家。在交易所中债券市场现货交易品种1170只，比2011年底增加530只，其中，国债122只，地方政府债3只，企业债54只，公司债365只，可分离债16只，中小企业私募债87只，债券现货托管市值11882亿元。据2013年12月份证券市场概况统计显示，比较2012年末，境内外增减持股和股票市价总值大体接近（见表3—2）。

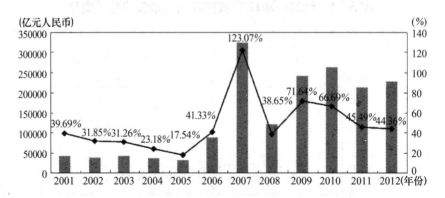

图3—3   2001—2012 年我国股票市值及其占 GDP
比重的变化情况

数据来源：中国证监会网站。

表3—2　　　　　2013年12月份证券市场概况统计

	2012 年底	2013 年 12 月	比 2012 年底
境内上市公司数（A、B 股）（家）	2494	2489	-0.20%
境内上市外资股（B 股）（家）	107	106	-0.93%
境外上市公司数（H 股）（家）	179	185	3.35%
股票总发行股本（A、B、H 股）（亿股）	38395.00	40569.08	5.66%
其中：流通股本（亿股）	31339.60	36744.16	17.25%
股票市价总值（A、B 股）（亿元）	230357.62	230977.19	0.27%
其中：股票流通市值（亿元）	181658.26	199579.54	9.87%
股票成交金额（亿元）	314667.41	39672.04	—
日均股票成交金额（亿元）	1294.93	1803.27	
上证综合指数（收盘）	2269.13	2115.98	-6.75%
深证综合指数（收盘）	881.17	1057.67	20.03%
股票有效账户数（万户）	14045.91	13247.15	-5.69%
平均市盈率（静态）			
上海	12.30	10.99	-10.65%
深圳	22.01	27.76	26.12%
证券投资基金只数（只）	1173	1552	32.31%
交易所上市证券投资基金成交金额（亿元）	8667.36	1024.87	—

（三）证券投资者主体日渐多元

经过20多年的发展，我国证券市场初步形成了个人投资者、证券投资基金为主导，社保基金、保险资金、企业年金、合格境外机构投资者（QFII）、证券公司资金等内外资机构投资者共同发展的局面。到2012年底，全国基金投资者开户数达到22717万户，其中机构开户数达到40.68万户，个人开户数22676.74万户。全国共有基金管理公司77家，管理证券投资基金1173只，基金资产净值达到2.87万亿元，证券投资基金持股市值达到1.35亿元，占沪深流通市值的7.59%；有207家境外机构获得QFII资格，获批投资额度

374.43 亿美元，QFII 总资产 3305 亿元，其中证券资产 3011.2 亿元，QFII 持股市值占国内 A 股流通市值的 1.4%。但与西方发达国家资本市场发展相比，目前我国资本市场投资者结构不合理，中小投资者数量多，机构投资者数量规模仍然偏小。到 2012 年末，我国证券投资者基金、保险机构、QFII 等各类专业机构投资者所持 A 股市值占比为 17.4%，自然人投资者持股占比 25.33%，企业等一般机构持股 57.28%。自然人持股比例虽已经大幅下降，但自然投资者占全市场交易金额的比重仍达到 80.93%，各类机构投资者交易金额仅占 15.19%。其中，深市开户者中，个人投资者持有流通市值达到 42.8%，个人投资者交易金额占比达到 85.6%，证券市场机构参与者比重偏低，投资行为散户化、短期化问题仍然比较明显。（见图 3—4）

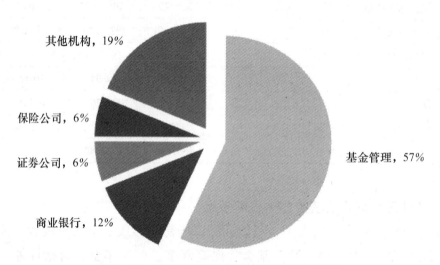

其他机构，19%

保险公司，6%

证券公司，6%

商业银行，12%

基金管理，57%

图 3—4　我国不同性质的 QFII 机构分类

数据来源：中国证监会网站。

（四）证券市场对经济发展的促进作用不断增强

证券市场的发展拓宽了普通群众的投资渠道，也为企业拓宽了外部融资渠道，将更多的社会剩余资金通过证券市场流入企业，为我国经济发展、结构优化升级打下了基础。到 2012 年 6 月末，我国股市累计筹资规模达 4.7 万亿元。其中，近 4 年我国公司信用类债券年均新发达到 1.57 万亿元，银行贷款占社会融资中的比重持续下降。尤其我国 A 股市场筹资额增速快、增幅大（见图 3—5）。同时，证券市场加速了资源向优势企业集中，2006—2011 年，我国共有 143 家上市公司实施了行业整合类的重大资产重组，交易金额 7570 亿元，增强了企业核心竞争力，推动了一批企业的壮大，并促进了机械制造、金融、电子、能源、钢铁、化工等行业的发展。作为中小企业和高新产业的重要融资渠道，中小板和创业板促进了科技资源、金融资源及其他创新要素的集成，一批信息技术、新能源、生物、高端装备制造、新材料、节能环保、新能源汽车等战略新兴产业公司纷纷上市，在引领我国经济创新驱动、绿色崛起方面起到了重要作用。

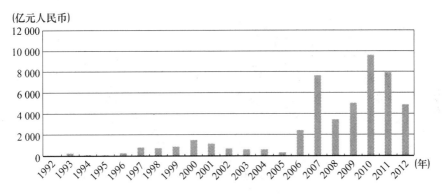

图 3—5　1992—2012 年我国 A 股市场历年筹资额

注：筹资包括通过 IPO、增发（公开增发、定向增发、资产认购）、配股、权证行权等发行 A 股筹集资金。

数据来源：中国证监会。

（五）证券中介服务机构日益增多

随着中国改革开放的深入和资本市场经济的快速发展，我国市场中介机构得到快速发展，证券公司、会计师事务所等中介机构实

力与经营水平明显提高。到 2012 年末，我国境内共有证券公司 114
家，总资产 17159 亿元，当年累计营业收入达到 1295 亿元，净利润
329 亿元。共有期货公司 161 家，总资产 505.53 亿元，当年实现利
润 35.74 亿元。在证券服务方面，形成了投资咨询机构、财务顾问
机构、资信评级机构、会计师事务所、律师事务所、资产评估机构
等证券中介服务机构，中介服务水平和质量明显提高，保障了我国
证券市场的顺利运行。到 2012 年末，全国境内共有证券投资咨询机
构 89 家，证券评级机构 6 家。当然，比较世界主要证券交易所和其
它证券中介服务机构，无论在机构实力和经营水平上，我国证券中
介服务还有较大差距，仍需增强实力和提升经营水平（见图 3—6）。

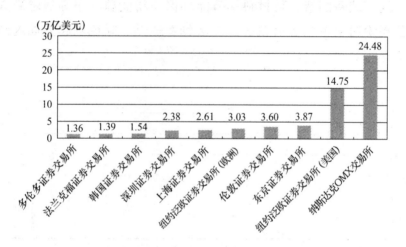

图 3—6　2012 年世界主要证券交易所股票交易额

数据来源：世界交易所联合会。

三　近年来我国股市低迷的主要原因

近年来，我国股市低迷，证券市场走势与宏观经济形势严重背
离，原因主要有以下几个方面：

（一）市场基础和产业发展是基础因素

与国外资本市场相比，我国证券市场还处在发展的初级阶段，

证券市场的上市企业、中介组织、市场参与者都还处于成长阶段，市场发展的基础本身存在很大局限。特别是投资主体仍然以个人投资者为主，在获取信息、分析处理问题等方面存在很多问题。投资者自身的素质不高、对资本市场的知识技能偏低，造成投资者缺乏独立思考决策的能力。加上我国证券市场是一个典型的炒作市场，投资者容易跟风，炒作断线，造成证券价格扭曲，投机气氛浓厚。再者，我国证券市场上市公司自身治理结构存在问题，内幕交易、虚假信息等问题层出不穷，融资抽血功能突出，大量股民盲目追高杀跌，市场信心受挫，证券价格脱离经济运行的实际情况。从产业发展看，我国还处于从工业化中期向发达国家过渡的阶段，上市企业主要以能源、矿产、建材、房地产、纺织、机械、食品、银行、商贸等传统产业为主，新能源、电子信息、新材料、物联网等战略性新兴产业占比较低，企业创新动力不足，未来增长预期不佳，也是造成我国股市低迷的重要原因。

（二）经济形势和宏观政策变化是其独特因素

2003 年以来，我国经济高速增长主要得益于两个方面的变化：一是住房和汽车消费需求的爆发性增长，带动国内能源、原材料、机械、电子产业获得巨大增长；二是全球化的发展引导中国出口产品结构升级，使出口成为带动国内经济增长的重要动力。然而，金融危机的爆发中断和延缓了经济全球化的进程，也使我国经济退出了原有的增长轨道，人民币升值、人口红利结束期提早、原材料成本提升等因素，使我国原有大进大出的贸易模式难以持续，原有的增长动力正在消失。

从国内看，传统粗放式的经济增长方式正面临资源环境压力加大、发展成本增加、科技创新能力不足、经济内生增长动力不足等因素制约。全面深化改革背景下，改革进入深水区面临的困难增多：户籍制度如何破除，部门利益如何打破，城乡差距、区域差距如何缩小，科技创新能力如何提升等，都将直接考验决策者的智慧。改革必然带来阵痛，经济增速放缓将成为定局，都使得未来我国经济走势的不确定性增加，也影响到人们对未来股市走势的判断。

（三）制度设计方面的缺陷是其关键因素

证券投资者保护制度是资本市场健康发展的基石。国际经验和我国资本市场发展的实践证明，投资者的认可和积极参与是资本市场发展的根本动力，只有对投资者的利益提供合理有效的保护，才能增强投资者对资本市场发展的信心。当前我国证券市场制度尚不完善，存在着股权结构失衡、政府干预过多、信息披露不透明、监管力量薄弱、法制建设滞后等诸多问题，直接影响到投资者的信心和市场的公平交易。

虽然中国的投资者保护制度一直处于不断探索和发展之中，但是受多种原因限制，投资者利益被侵害的事件时有发生。受到融资渠道狭窄的影响，政府往往将股市当作融资的重要渠道，忽视了对股票市场的长期培育，大量、无度的天量融资造成股市严重失血，也对资本市场发展产生了诸多负面影响，使得证券市场信心不足，市场持续低迷。

第二节　我国证券投资者保护的现状和问题

一　我国证券投资者保护的发展历程

我国证券投资者权益保护是随着我国资本市场的规范与发展逐渐建立与完善起来的，其发展大致经历了五个阶段：

第一阶段，以地方和各部委法规为主，对投资者的基本权利（如表决权和转让权等）做出暂行规定。国务院证券委和中国证监会成立后，先后发布了《股票发行与交易管理暂行条例》、《禁止证券欺诈行为暂行办法》等一批重要法规，使我国投资者保护得到明显改善。其特点是行政色彩较为浓厚。

第二阶段，以《公司法》颁布实施为标志，初步形成以信息披露为主导形式的投资者保护体系。1994 年 7 月 1 日生效的《公司法》将初级阶段的各地方和部委关于中小投资者保护的行政法规以完整的全国性立法形式确定下来，标志着我国投资者保护进入新阶段。此间，中国证监会制定了《证券市场禁入暂行规定》，旨在打击证券欺诈行为。

第三阶段，以《证券法》颁布实施为标志，投资者保护法律体系相对完善。1999 年 7 月 1 日实施的《证券法》，对证券发行、上市、交易、上市公司收购环节以及中介机构和监管机构行为过程中如何保护投资者利益进行了较为系统的法律规定，同时明确了违反上述规定的法律责任。之后，《上市公司股东大会规范意见》、《关于在上市公司建立独立董事制度的指导意见》、《上市公司治理准则》等相关规章陆续出台，进一步从公司治理角度确保了中小投资者的合法权益得到有效保护。

第四阶段，以国务院《关于推进资本市场改革开放和稳定发展的若干意见》的发布为标志，我国投资者保护进入了全面推进阶段。国务院《关于推进资本市场改革开放和稳定发展的若干意见》颁布实施以来，投资者保护意识大大加强，市场环境得到改善，投资者权益保护措施不断推出。2004 年 6 月 1 日正式实施的《证券投资基金法》和中国证监会制定的《关于加强社会公众股股东权益保护的若干规定》都将"投资者权益保护"作为指导思想和重要内容。

第五阶段，以 2005 年《证券法》和《公司法》的修订为标志，我国投资者保护迈入了新的历史阶段。"两法"修订突出强调了对中小投资者权益的保护。新修订的《公司法》加大了对中小股东权益的保护力度，确立了关联股东回避表决制度、股东代位诉讼制度，扩大了知情权，细化了股东大会召集权、提案权和累积投票制度。新《证券法》则确立了股东代表诉讼制度，明确对上市公司董事、监事、高级管理人员违法短线交易认定，明确了承担的民事法律责任，提出和建立了证券投资者保护基金制度，完善了客户交易结算保护制度。

二　我国证券市场投资者保护的现状

我国已初步形成多层次投资者保护体系。1998年颁布的《证券法》明确了中国证券监管的最终目标，即保护投资者合法权益，维护社会经济秩序，促进市场经济发展。中国证监会从成立至今不遗余力地保护投资者的合法权益。经过不断实践，我国已基本形成由国家法律法规和行政保护、投资者自我保护、市场自律保护与社会监督保护相结合的多层次投资者保护体系。

一是立法保护。我国《宪法》2004年修正案明确提出公民合法的私有财产不受侵犯。其后的《刑法》修正案（六）、（七）对虚假陈述、内幕交易等证券犯罪进行了明确规定，有力地保护了投资者的权益。2005年修订后的《公司法》、《证券法》进一步加强了投资者保护力度，明确了股东权利和公司控股股东、实际控制人的赔偿责任，确立了投资者保护的创新机制——证券投资者保护基金制度，为投资者保护提供了基本的法律依据和机制保障。

二是行政保护。近年来，我国证券监督管理部门不断强化信息披露制度、加强日常监管、严格行政执法和处罚，开展了股权分置改革、清理大股东清欠等一系列活动，有力地保护了投资者。

三是司法保护。近年来，我国的民事立法政策和司法政策逐步出现了转变，开始探求在法院的介入下通过民事诉讼机制解决证券侵权所导致的群体性纠纷，保证投资者权益。尤其是《关于受理证券市场因虚假陈述引发的民事侵权纠纷案件有关问题的通知》、《关于审理证券市场因虚假陈述引发的民事赔偿案件的若干规定》等的相继实施，为投资者保护民事司法救济机制的运行提供了进一步的操作性规范。以1996年安徽投资者刘中民诉渤海集团虚假陈述证券民事赔偿案为起点，东方电子、大庆联谊等一批重大民事赔偿诉讼案件的审理和执行，为法院审理证券民事赔偿诉讼案件积累了司法实践经验，保护了投资者权益。

四是行业自律保护。行业自律已是投资者保护机制的重要组成部分。自律组织包括证券业协会、交易所、独立董事协会等。以交易所为例，通过制定章程、上市规则、交易规则、会员规则等来实现组织市场和监管市场的职责，保证投资者的知情权和公平交易权，达到保护投资者的目的。

五是投资者自我保护。近年来，我国建立了投资者教育体系，开展了投资者教育与服务巡讲等一系列富有特色、注重实效的投资者教育活动，投资者教育的针对性、适用性逐步提高，投资者风险意识和自我保护意识明显增强，投资者自我保护机制日益完善。自2008年起，证券投资者保护基金公司开始有针对性地开展公益性投资者教育，启动了"五个一"投资者教育工程，帮助投资者树立正确的投资理念、建立投资的风险意识、解决投资者实际问题。

六是社会监督。随着信息传播手段的快速发展，市场日益透明，社会监督在投资者保护方面起到了越来越重要的作用。

三　我国证券投资者权益被损害的具体表现

（一）市场操纵对投资者权益的损害

我国证券市场，中小证券投资者占绝大多数，部分上市公司的大股东或者一些所谓的"庄家"，会利用资金、持股、信息的优势大量吸纳股票进行"坐庄"，通过联合或连续交易，造成某证券交投活跃的虚假表象，或者与证券中介组织如证券分析机构、新闻媒体记者等勾结，在"坐庄"的同时放出利好或者利空消息，趁机高价卖出或低价吸纳股票，对证券市场上的股票进行炒作。而以中小证券投资者为主的公众投资者在资金、信息等方面均处于劣势和被动地位，加上个人投资者的非理性投资行为的存在，往往成为控股股东或者"庄家"获取暴利的资金来源以及市场风险的承担者。一旦"庄家"资金链断裂，或操纵行为被曝光，原先节节上升的股票价格就会在短期内连续下跌，一些不明就里的投资者还在买进，成为"庄家"的受害者，或者出现连续跌停，普通投资者根本没有办法出逃，成为"替罪羊"，普通投资者的利益被严重损害。

（二）内幕交易行为对投资者权益的损害

内幕交易是指"内幕知情人员和以不正当手段获取内幕信息的其他人员违反法律、法规的规定，根据内幕信息买卖证券或者向他人提出买卖证券建议的行为"。根据证券守恒定律，内部人利用内幕消息增持或减持股票，相应会有其他投资者股票减少或增加，这些收益应是由一般投资者平均获取的，实质上是内部人对公众投资者的变相剥夺。内幕交易行为对投资者知情权的侵害是明显的。内幕交易侵害了投资者的利益，破坏了市场建立起来的信用规制和运行秩序，挫伤了投资者对证券市场的信心。我国证券市场中大量存在着内幕交易行为。在延边公路内幕交易案件中，从 2006 年 2—5 月，广发证券总裁董正青懂法却故意将借壳延边公路上市信息透露给董德伟，指使其买卖该股。董德伟于 2006 年 2 月开始，通过股票资金账户买入 7000 余万元延边公路股票，达到 1457 万股，获利 5000 多万元，并全部提现合计 1 亿多元。

（三）中介市场诚信缺少对投资者权益的损害

1. 证券中介机构帮助公司虚假上市、高价发行

我国证券市场中中介公司的公正性一直受到广泛质疑。为达到上市的目的，一些拟上市公司会通过许诺高额利益，收买、串通证券中介机构，如会计师事务所、律师事务所、证券公司、资产评估机构等进行造假，提供虚假的证明文件、虚构经营业绩，将一些本不具备上市条件的公司推上股市，或者通过虚构经营业绩、虚报资产数量、虚假出资等谋取 IPO 过程的高价发行。部分证券中介机构在利益的诱惑下沆瀣一气、弄虚作假，让投资者以明显不合理价格投资劣质资产，上市以后出现业绩立即"变脸"，营业收入、利润水平均出现大幅下滑，有的甚至出现连年亏损。投资者的利益被严重侵害，投资者对证券市场的信心被严重打击。

2. 证券咨询机构和咨询人员误导投资者

证券投资的专业性强，投资者往往求助于机构。机构各种研究报告、投资建议对投资者的影响广泛。有些股评人士为了利益，往

往信口开河，虚假制造利好或利空消息，误导投资者购买股票。个别咨询机构不遵守职业操守，为达到自身目的随意发表投资建议，误导投资者，损害投资者利益。

3. 会计师事务所虚假陈述

会计师事务所是审核公司会计信息真实性，保护投资者的重要屏障。但在现实中，投资者利益与公司要求冲突时，会计师事务所通常选择后者的决定。表现为有的事务所出具的报告具有重大遗漏；还有的出具虚假、误导性陈述报告，为自己及合谋集团牟取利益，上述行为给投资者造成极大的误导，严重挫伤了投资者和市场对会计师事务所等中介机构的信心。

（四）控股股东对公众投资者的损害

1. 上市公司的不正当关联交易

不正当关联交易是指上市公司、关联人所进行的交易违背公平诚实的法律准则且其结果造成对上市公司、股东及其他利益相关人的权利或利益的侵害的交易。不正当关联交易表现为为了某些特定目的，故意偏离正常交易价格、交易条件进行的交易，包括为关联方违规提供担保、挪用资金、主动放弃股权、债权等。这些转移上市公司利益的做法，都会损害少数股东和其他利益相关者的利益。

2. 上市公司不分配红利股利

股息、红利是投资者获得投资回报的重要方式之一。虽然2000年底，中国证监会提出把现金分红派息作为上市公司筹集资金的必要条件，使得这种侵权行为减少许多，2012年，证监会再次要求所有上市公司完善分红政策及其决策机制，提升对股东的回报。但上市公司中不分配股利的现象仍然在很大范围内存在。统计显示，在沪、深两市，上市公司中有80多家自上市以来就没有进行过现金分红，只是偶尔送转股来应付股民，其中，中润资源、旭飞投资、光华控股、中原环保等公司则是连续20年不分红，国风塑业、美菱电器等超过10年没有分红。缺少回报的我国市场只剩下"圈"钱的概念了。同时，多数上市公司的股利分配政策不稳定、连续性较差，投资者预期难以保障。

（五）信息披露中对投资者的损害

从信息披露上，对于季度报告、半年度报告、年度报告等定期报告不按期披露。普通诉讼、小额关联交易等可能影响上市公司股价的信息不及时披露。对股权质押、大合同、对外担保、改变资金用途等影响公司股价的重大信息故意隐瞒。还有如给投资者造成巨大损失的国嘉实业、银广夏等公司控股股东、管理层与会计师事务所联合财务造假、虚构业绩以获取利益。

大股东信息披露不及时助长内幕交易和市场操纵。市场对资产注入存在正面预期。大股东通过调控资产注入协商谈判信息、内容、时间、注入程序等手段，通过提前买入股票、操作市场等手段获取暴利。如2007年3月，三普药业（600869）股价三日内涨幅超过20%。但三普药业的控股股东刻意隐瞒资产注入的重大消息，指出没有应披露而未披露的重大信息。此后股价再现三个涨停，此时远东控股方才披露，将旗下远东电缆、新远东及远东复合技术等资产注入三普药业，并申请因重大事项而停牌。这样刻意隐瞒消息、不及时披露消息的行为无疑助长了内幕交易和市场操纵行为的发生。

四　我国投资者权益受损的原因分析

（一）证券市场融资为主的目的取向

我国证券市场一开始就承载着为国企改革服务、为企业发展筹措资金的行政使命。虽然证券市场历经了3个阶段的发展，但其功能定位始终围绕着融资这个中心。片面地强调证券市场的融资功能，不注重证券市场的长远发展谋划，导致投资者利益没有放在政府证券监管的首位，长期抽血性股市中，投资者利益很难保障。同时，我国证券市场受到国家政策走势影响很大，市场对国家政策和消息的反应十分敏感。在证券市场低迷阶段，国家为了融资的需要，往往开始政策救市，当股指快速上升，国家又开始出台政策或放出信号"降温"，导致我国股市始终处于一种政策性色彩浓重的局面，投资者进行证券投资不是长期收益，而是热衷于非理性的投注机会、盲目从众，在这样的背景下，市场消息面或者政策面对投资者的影响远远大于投资者自身独立判断分析的能力，直接导致投资者投资的盲目性，也加大了投资者投资的风险。

（二）股权制度不合理加大了投资者风险

在我国证券市场的上市企业，特别是 2008 年前上市的企业，都或多或少带有国有企业或者集体企业的背景，历史形成的国有股份一支独大造成上市公司治理结构存在缺陷。加之我国公司治理结构的不完善，很多董事会、监事会中独立股东、监事在公司决策中不能发挥应有作用，导致公司大股东很容易利用其控股权通过挪用公司资金向控股股东及其关联方提供贷款或担保，采取"短期合并"、"恶意兼并"等手段转移公司资产，或者采取内幕交易、操作股价等手段掠夺中小股东财富。

（三）证券市场参与者结构不合理

从我国证券市场投资者构成看，我国证券投资者是以中小投资者为主体的市场，而国外证券市场则是以机构投资者为主。由于散户在信息获得、知识经验等方面的局限，我国证券市场投机氛围较浓，投资行为散户化、短期化问题仍然比较明显。数据显示，2012年，深市开户者中，个人投资者持有流通市值达到 42.8%，个人投资者交易金额占比达到 85.6%。从证券市场中介看，我国市场经济发展还不健全，诚信意识不强，内部约束惩罚机制不健全，导致上市公司、中介机构甚至机构投资者在信息披露中存在不及时、不准确、不全面等问题，有的甚至发布虚假消息，或者利用自己掌握的消息实施内幕交易、操纵股价，在中小投资者缺乏独立思考和判断的情况下，很容易被侵害合法权益。

（四）中小投资者自身的投资缺陷

中小投资者是证券市场的重要参与者。我国证券投资者中 99%以上是个人投资者。受到自身专业知识、认知判断能力等因素影响，中小投资者投资往往带有很强的非理性色彩，短期性投机、"搭便车"思想严重，投资跟着感觉走，盲目听信"股评专家"、"分析师"，缺少自己独立的判断，羊群效应明显，很容易成为机构、大股东以及"庄家"利用的对象。深交所的数据显示，我国个人投资者平均持股期限仅为 39.1 天，远低于机构投资者的 190.3 天。中小投资者偏好持有和交易投机性较强的高市盈率股、低价股和 ST 股，爱追捧波动性强、交易活跃的股票，往往更容易造成"低卖高买"、越卖越亏。

（五）司法保障"救而不济"使民事赔偿功能难以发挥

司法是投资者保护的最后防线。长期以来，我国中小投资者面临权益受损索赔无门的尴尬。法院对于由股民提出的证券民事赔偿案通常不予受理或暂不受理。我国修订的《公司法》和《证券法》，引入股东派生诉讼制度旨在为维护证券市场投资者权益，尤其是维护中小投资者权利提供强有力的法律保障。但由于两项法律出台较早，对证券侵权该承担什么责任规定得十分笼统和零散，司法实践中可操作性差。虽然理论上证券市场由于内幕交易、市场操纵等造成投资者损失的，投资者可以通过向法院提起民事赔偿诉讼来获得赔偿，但最高法院《关于审理证券市场因虚假陈述引发的民事赔偿案件的若干规定》等规定要求相关违法行为必须已有行政处罚决定或者刑事裁判文书做出认定，否则不予受理。这一证券侵权民事赔偿案件的前置程序，极大增加了投资者受损失的案件被受理的难度。加之侵权案件通常具有很强的隐蔽性和专业性，发现难、取证难，中小投资者维权取证可能性小，真正获得民事赔偿的投资者寥寥无几。

第四章

我国证券投资者保护状况的实证分析

第一节　证券投资者保护评估的理论与方法

一　证券投资者权益保护评估的基本含义

证券投资者是证券市场的资金提供者，主要指以获取利息、股息或资本收益为目的而买入证券的机构和个人，主要的投资形式是在公开或非公开的证券市场上买卖证券产品，这些机构和个人通过短期或长期的证券投资行为，达到获取一定股息和利息的目的。证券投资者的投资活动受到国家法律法规的合理引导与严格监控，要求证券投资行为必须在法定场所、法定投资品种、法定投资规则、法定投资形式等条件下进行。证券投资者保护评估，是指保护证券投资者的合法权益，包括对股东所拥有的各项权益和债权人所拥有的各项权益，如知情权、公平交易权、资产所有权、投资收益权、管理参与权等状况进行综合评价分析。[①] 证券投资者保护评估是证券市场健康发展的基石，是国际证监会组织（IOSCO）的三大监管目标之一，更是主权国家金融安全网的重要组成部分，故此类评估关系整个金融系统的稳定和安全。

证券投资者保护评估涉及主体可分为机构投资者和个人投资

---

① 刘蓓：《证券投资者保护的几点思考》，《江西社会科学》2006 年第 11 期。

者，前者主要包括证券公司、共同基金等金融机构和企业、事业单位、社会团体等；后者是指以个人名义进行投资的人。随着证券市场现代化发展，证券市场逐渐向国际市场进行开放，不仅本国的个人和机构可以成为证券投资者，一些外国投资者也能够在法律规定的范围内，以法定的投资形式在中国的证券市场上进行投资，因而我国证券投资者的组成中还包括一定数量和比例的外国投资者。

二 证券投资者保护评估的基本理论

综合分析诸多研究文献，目前较为成熟的投资者保护理论主要有契约论和法律论两种。

（一）契约论

契约论学者认为，只要契约是完善的，执行契约的司法体系（法庭）是有效的，那么投资者与公司签订契约就可达到保护自己利益的目的，法律并不重要。支持契约论的学者认为，不必依靠法律，通过政府强制干预、高度集中的外部投资者所有权、公司维护自身声誉、签订国际契约等多种机制就能达到理想的投资者保护水平。需要指出的是，契约论中投资者保护的实现是以完备契约、完全理性和有效执法为前提，事实上随着公司权利主体的增加和交易的日益复杂，人为制造的信息不对称，投资者由于专业和精力所限无法签订完备契约、法庭执法无激励等因素造成了不完全契约，这在一定程度削弱了契约理论的说服力。[①]

（二）法律论

法律论主要以 La Porta、Lopez-de-Silanes、Shleifer 和 Vishny（以下简称 LLSV）为代表，其主要观点是，法律在投资者保护方面至关

---

① 胡汝银、司徒大年：《投资者保护理论与实践综述》，上海证券交易所《投资者保护系列研究报告》，上海证券交易所，2002 年。

重要，是决定投资者保护水平差异的最重要因素。① LLSV（1998）
分析了 49 个国家投资者保护水平情况，发现法系差异决定了投资者
保护水平差异，认为必须完善投资者保护的相关法律框架，建立强
有力的监管机构。他们进一步指出普通法系的国家较之民法系的国
家能提供更强有力的投资者保护。法律理论为研究投资者保护提供
了一种新的视角，也因其具有的解释力而一度成为国际上研究投资
者保护的主流观点和视角。但需要指出的是，法律论研究视角侧重
强调法律的作用而轻视了契约的作用。同时由于 LLSV 在实证分析过
程中多采取名义指标值，忽视了虽有法律约束但未能有效实施的情
况。此外，法律还存在短时间内难以改变以及难以起到事前保护和
主动保护作用等问题，以上因素都使得法律理论在解释投资者保护
问题上存在一定的缺陷。基于此，在 LLSV 提出证券投资者法律保护
的基本测度指标后，陆续有学者根据各自评估需要，从多个方面对
法律理论进行了完善与补充。

（三）实现契约论与法律论的配合

取各自之长，补各自之短。结合实际，用以指导我国证券投资
者权益保护状况的评价分析。

三　证券投资者权益保护评估的实证研究

投资者保护理论研究的最终目的是服务于中小投资者权益保护，
因此首先需要对投资者保护程度进行准确测度，合理设定投资者保
护评价指标是其中的关键。

投资者保护评价指标发展的一大起源是 LLSV（1998）从法律角
度构建的经典指标，它度量了不同法律制度下各国投资者保护的程
度，被广泛运用于国家层面的实证研究中。该指标包括法律渊源、
股东保护立法、债权人保护立法和法律实施 4 个方面。根据这些投
资者保护指标和法系，LLSV 搜集整理了 49 个国家的法律和证券市

---

① 丁妍、李琦等：《投资者保护文献综述》，《经济纵横》2012 年第 6 期。

场发展的数据，根据法律体系的起源和特点予以分类，通过不同法系对投资者权利的规定来反映投资者保护状况。[1] 在此基础上，Pistor（2000）又设计了发言权、退出权、对抗管理层权利、对抗控股股东权利等指标加以补充。[2] Djankov 等（2008）创设了更为直接的抗谋私交易指数，用于衡量少数股东抵制控股股东自我交易的法律保障程度。[3] LLSV 对投资者保护的理解反映出其坚持"法律论"的基本立场，即立法对投资者的保护至关重要。他们主要关注公司治理中投资者对公司控股股东、董事会和高层管理者的对抗，较少考虑证券交易中投资者的权利和自盈利行为。此外，LLSV（1998）投资者保护指标主要用于不同国家之间的对比研究，对在同一国家内的不同公司之间的研究是不适用的。

由于国外学者制定的国家层面以及公司层面的指标体系不可能完全适合我国，近年来，越来越多的国内学者着手制定符合我国国情的投资者保护指标，形成了一些具有代表性的评价指标与评价方法。沈艺峰等（2004）根据 LLSV（1998）的思路，结合我国法律环境、证券市场特点以及上市公司发展现状，从股东权利制度、信息披露制度等方面设立了 16 项中小投资者法律保护指标及加减分原则，并得出了符合我国国情的较完整的中小投资者法律保护分值。[4] 但该指标体系的不足之处在于其只对法律制定情况即立法方面进行了量化处理，而对法律的实际执行效果这一重要的法律领域未做量化，指标体系构建存在缺失。姜付秀等（2008）利用德尔菲法，采用专家打分的方法，确定了投资者保护指数的内容和各指标所占权

① La Porta R., Lopez-de-Silanes F., Shleifer A., et al., "Lawand finance", *The Journal of Political Economy*, Vol. 106, No. 6, 1998.

② Pistor K., "Patterns of legal change: shareholderand creditor rights in transition economies", *European Business Organization Law Review*, Vol. 1, No. 1, 2000.

③ Djankov S., La Porta R., Lopez-de-Silanes F., et al., "The law and economics of sel-f dealing", *Journal of Financial Economics*, Vol. 88, No. 3, 2008.

④ 沈艺峰、许年行、杨熠：《我国中小投资者法律保护历史实践的实证检验》，《经济研究》2004 年第 9 期。

重，其设计的指标主要包括知情权、股东对公司利益的平等享有权、股东财富最大化、投资回报、上市公司诚信 5 个方面，具体涉及公司财务报告质量、关联交易、大股东占款等 11 项指标。[1] 该保护指数立足于衡量上市公司全体投资者保护程度，涵盖面较为宽泛，但作为一个典型的宏观分析其选择的评价指标偏少，难以全面涵盖投资者权益保护的事前、事中及事后全过程，指标体系同样存在一定程度的缺失。沈艺峰等（2009）从同一国家不同公司层面采用微观数据结构构建了我国上市公司投资者保护执行指数。他们根据我国《上市公司自查报告和整改计划》的调查结果，主要从对抗董事权、信息披露和投资者保护实施三个方面设定与投资者保护执行情况相关的问题，依据上市公司的答复，构建了我国上市公司投资者保护执行指数。[2] 该套指标利用上市公司微观样本，重点研究了投资者保护执行情况，针对性较强，但是该研究重点追求某一领域分析，仍无法给出投资者保护的复合指标与宏观测度。

除去上述代表性研究文献外，事实上近年来一些专业科研机构、证券管理机构都开展了投资者保护的综合评估。中国证券投资者保护基金有限责任公司发布的《中国上市公司投资者保护状况评价报告》，从客观评价与主观评价两方面对上市公司投资者保护情况进行整体评价。其中，客观评价部分以《公司法》、《证券法》、《上市公司治理准则》等法律法规的要求为依据，重点从治理结构、信息披露和经营活动三个方面考评上市公司对投资者三项基本权利的保护状况。主观评价依托保护基金公司建立并管理的全国个人投资者固定样本库，要求受访投资者对上市公司投资者知情权保护状况、决策参与权保护状况、投资收益权保护状况以及上市公司投资者保护总体状况的满意度及改善度进行打分，经对调查结果的统计分析形

---

[1] 姜付秀、支晓强、张敏：《投资者利益保护与股权融资成本——以中国上市公司为例的研究》，《管理世界》2008 年第 2 期。

[2] 沈艺峰、肖珉、林涛：《投资者保护视角与上市公司资本结构》，《经济研究》2009 年第 7 期。

成主观评价结果。① 中国投资者保护研究中心发布的《中国上市公司会计投资者保护指数》从会计信息质量、内部控制质量、外部审计质量、财务运行质量四个方面，运用专家调查问卷形式的层次分析法，侧重从会计管理制度角度，对我国投资者保护质量进行了整体评价。② 中国社科院等发布的《中国上市公司 100 强公司治理评价报告》根据股东权利、平等对待股东、利益相关者的作用、信息披露和透明度、董事会职责、监事会职责等公司治理的六大构成要素，建立评价指标系，重点对上市公司 100 强企业的公司治理水平进行了系统评价。③ 迪博企业风险管理技术有限公司发布的《中国上市公司内部控制白皮书》以上市公司数据为样本，依据《企业内部控制基本规范》和《企业内部控制配套指引》，制定了包括内部环境、风险评估、控制活动、信息沟通和内部监督在内的五大一级指标以及下设 65 个二级指标，重点对纳入监测的上市公司的内部控制水平进行了系统评价。④ 南开大学公司治理研究中心发布的《中国公司治理评价报告》从股东治理、董事会治理、监事会治理、经理层治理、信息披露、利益相关者治理六个方面构建了指标体系，对上市公司治理评价总指数进行了系统评价与分析。⑤ 应当说，上述五个综合评估报告依托上市公司微观数据，从不同侧面对投资者保护状况进行了总体评价与系统分析，评估各有侧重，互为参考、互为补充，各自在相应领域具备一定的权威性。

综合国内外评估分析研究成果，本书认为，当前对投资者保护程

① 中国证券投资者保护基金有限责任公司：《中国上市公司投资者保护状况评价报告（2011 年度）》，2012 年。

② 谢志华：《中国上市公司会计投资者保护评价报告（2011）》，经济科学出版社 2012 年版。

③ 甫瀚咨询、中国社会科学院：《2012 年中国上市公司 100 强公司治理评价》，2012 年。

④ 迪博企业风险管理技术有限公司：《中国上市公司 2012 年内部控制白皮书》，2012 年。

⑤ 李维安：《中国公司治理与发展报告 2012》，北京大学出版社 2012 年版。

度的量化研究正在从宏观层面转向微观层面，从制度制定层面扩展到制度执行层面，从单一分析层面转向系统分析层面。随着研究阶段的逐步深入，投资者保护评价指标面临普适性与细致性、全面性与代表性的基本矛盾。如何在国内外既有研究的基础上系统分析和整理提升，构建一套简便、系统、操作性强、代表性强的评价指标体系，并运用相对简化和明晰的评价方法，对我国证券投资者保护状况做出总体评价，应当是一项具有集成创新和开拓创新的有益研究和探索。

四　证券投资者保护综合评价分析方法

在对既有理论与实证研究进行认真梳理后，本书认为对于证券投资者保护水平的评价，可以在微观数据分析与汇总基础上，借助公开发布的面上统计资料和既有的较为成熟评价结果，构建证券投资者保护的综合评价体系。综合评价系统是指运用多个指标对多个参评单位进行评价的综合指标体系，在综合评价过程中，一般要根据指标的重要性进行加权处理，评价结果不再是具有具体含义的统计指标，而是以指数或分值表示参评单位"综合状况"的排序。综合评价系统一般包含指标选择、数据标准化处理、权重确定、综合分析四个方面。

（一）评估指标选取的一般原则

运用一套统计指标或统计指标体系对客观世界的某个方面进行测度、评估和分析，是统计科学的一项基本方法。在具体指标的选取阶段，存在着一些一般性的要求与规律。

首先，要明确评价行为的目的。统计综合分析是具体性工作，必须在开始就确定研究目的，明确需要解决什么问题，然后才能根据研究目的的需要搜集相关资料、确定评价指标和选择分析方法等，以提高统计综合分析的效益和质量。要做到这一点，就必须在前期就自己所要研究的对象进行深入的理论分析和系统把握，以为后面的工作提供逻辑支撑。

其次，具体指标的选取要遵循一些科学准则。这些准则包括以下方面。一是相关性，即我们选取的指标要和我们评价的问题在逻辑上具有较强的相关性，不能选取那些无意义的指标。二是客观性，即评价指标要能反映被研究现象的本质特征，尽可能减少主观臆测。三是全面性，即指标体系要能涵盖评估对象的各个层次和各个方面，以得出较为系统的评价结果。四是代表性，即我们确定的指标对于描述对象要能反应敏感、切中肯綮，这样一方面能够提高评估的准确性、降低失真度，另一方面也能最大限度地减小评价指标之间的线性相关程度。五是评价指标具有可比性。评价指标的可比性是指评价指标要意义明确、计量口径一致，并能达到纵向可比和横向可比。六是可操作性，这是指选择的评价指标要考虑到收集资料的可能，评价方法也要简便、易操作和易计算，并能为社会各方面接受。

（二）评价指标权重选择

多目标综合评价中指标权重的确定方法较多，一般根据样本量、指标特征及评价目标确定赋权方法。常用的赋权方法主要有德尔菲法、层次分析法、熵值法、变异系数法、主成分分析法等，其中德尔菲法与层次分析法属主观赋权方法，熵值法、变异系数法和主成分分析法属客观赋权方法。

德尔菲法是依据多个专家的知识、经验和个人价值观对指标体系进行分析、判断并主观赋权的一种多次调查方法。当专家意见分歧程度在5%—10%时则停止调查。该方法适用范围广，不受样本是否有数据的限制。缺点是受专家知识、经验等主观因素影响，过程烦琐，适用于不易直接量化的一些模糊性指标。

层析分析法的基本原理是根据问题的性质和目标，按照因素之间的相互影响和隶属关系分层聚类组合，由专家对模型各层次因素的相对重要性给出定量标度，确定层次中全部因素相对重要性的权值，得出重要性次序的组合权值。层次分析法判断矩阵的一致性问题是制约其应用的关键。在实践中，由于客观事物的复杂性，用准确的数据来描述相对重要性不甚现实。

熵值法（entropy method）是一种根据各项指标观测值所提供的信息量的大小来确定指标权重的方法。1948 年美国数学家申农

（Shannon）把信息熵概念引入信息论中作为随机事件不确定的量度，它独立于热力学熵的概念，即当一个事件的随机性越强，相应的熵值越大；反之，若事件为必然事件，则熵值为零。熵值反映了指标信息效用价值，因此，在计算指标权重时，若某个指标中的各个数值之间变化不大，则该指标在综合分析中起的作用小，即权重小，相反则权重大。熵值法赋权对于异常数据十分敏感，实际应用中有时某些非重要指标经此法计算得出的客观权重过大，导致综合权重不切实际。

变异系数法（Coefficient of variation method）是直接利用各项指标所包含的信息，通过计算得到指标的权重。此方法的基本做法是：在评价指标体系中，用各项指标的平均值除以其标准差得出变异系数，再根据各项指标变异系数大小确定每个指标的权重。变异系数法受数据变动影响较为明显，某一指标如果出现异常变动将会被赋予较大的权重，从而影响赋权的客观性与科学性。

主成分分析法通过因子矩阵的旋转得到因子变量和原变量的关系，然后根据 m 个主成分的方差贡献率作为权重，给出一个综合评价值。其思想就是从简化方差和协方差的结构来考虑降维，即在一定的约束条件下，把代表各原变量的坐标通过旋转得到一组具有某种良好的方差性质的新变量，再从中选取前几个变量来代替原变量。主成分分析法一般适用于评价指标较多且具有较强相关度的情况。

（三）数据标准化处理

数据分析前，需要将数据标准化和指数化。数据标准化处理主要包括数据同趋化处理和无量纲化处理。数据同趋化处理解决的是不同性质数据问题，原因是不同性质指标直接加总，不能正确反映不同作用力的综合结果，要先考虑改变逆指标数据性质，使所有指标对测评方案的作用力同趋化，然后加总得到正确结果。无量纲化主要解决数据的可比性，常用的方法有 Z-score 标准化、最小—最大标准化、按小数定标标准化等。经过标准化处理，原始数据将转换为无量纲化指标测评值，各指标值都处于同一个数量级别上，便于综合测评。

（四）评价结果的综合分析

选择合适的同度量处理方法进行数据处理后，要在得出各单项目评价结果基础上，根据被评价事物性质和研究目的，运用综合评价法求出综合评价结果，实现对评价对象的排序分析，找出被评价的单位之间的优劣、差距或不足，分析研究产生差距的原因。综合评价常用方法有平均指数综合评价法、加权几何综合评价法、加权算术综合评价法等。

第二节　我国证券投资者保护状况评估指标体系设计

一　评估所需面向的范围与内容

根据统计综合分析在指标选择方面的基本原则，结合前两节对中国证券投资者保护评估指标体系相关理论和已有研究的分析和总结，笔者认为，对中国证券投资者保护状况的评价和评估，其改进和优化的途径应当重点放在指标体系的科学性和系统性上。

（一）评估的类型和范围

证券投资者，是指通过购买证券而进行投资的各类机构法人和自然人，他们是证券市场的资金供给者。从证券投资的细分类型来看，其可供购买的证券种类多种多样，最基础的如股票和债券，以及作为资产证券化的基金及各种衍生品，还有商品期货和金融期货等等。因此，对中国证券投资者保护状况的评估和评价，其面向范围也必须包括股票投资（者）、债券投资（者）、基金及衍生品投资（者）、期货投资（者）四大方面。若不如此，或仅涉及其中某些方面，这样的评估显然会存在缺陷，也不能形成对我国证券投资保护状况的全面考察和客观评价。

（二）评估的层次和内容

从所涉及和分析的逻辑层次来看，笔者认为至少应涉及宏观环境、企业治理、市场建设、自我组织、结果表现五大方面指标①，进而包含法规制定及其执行、体制监管及其效率、股东治理、董事会治理、监事会治理、经理层治理、利益相关者治理、市场准入与竞争、市场中介与服务、自组织规模、自组织质量、决策权、知情权、收益权、救济权等15个项目（项目指标）。

"宏观环境"，描述的是证券投资的宏观和外部环境条件，主要包括法治环境，主要是对证券投资进行保护的相关法律颁布及其法制执行效率或腐败程度以及政府治理环境，如对证券投资的监管机构设置情况和监管处罚执行情况等。

"企业治理"，描述的是以上市公司为主的证券市场中诸多经营企业的内部公司治理的优化情况。它决定着证券市场上的企业这一重要主体在制度进而行为上对投资者利益的重视和保护程度。这个方面指标我们主要关注企业治理制度层面，具体来说包含股东治理、董事会治理、监事会治理、经理层治理、利益相关者治理等项目指标。

"市场建设"，描述的是我国证券市场的发育和成熟情况。证券市场作为保护证券投资者利益和权利的一种重要外部条件，在促进规范交易、惩罚不良行为等方面发挥着重要作用。在这个层次，主要涉及市场准入与竞争、市场中介与服务两个项目指标。纳入前者的原因是，市场进入和退出的渠道越畅通、证券供给者的数量和种类越多、竞争越充分，投资者可选择的余地也就会越多、可享受服务的成本也就越低；纳入后者的原因是，证券市场服务中介的发展壮大和素质提高，对促进证券市场的规范化发展和低成本运行具有关键性的作用，对投资者利益及权利的维护和保护也会发挥极其重要的帮扶作用。

"自我组织"，关注的则是证券投资者自己组织起来共同维护自

---

① 在本书中，"方面指标"以及后面的"项目指标"、"基础指标"等概念，也可称为一级指标、二级指标和三级指标。

已投资利益的行为、方式和程度。它可以用自组织规模和自组织质量等项目指标来衡量。

"结果表现",是从最直接的角度对证券投资者的诸多权益保护状况进行评价的方面指标,其具体衡量项目有证券投资者的决策权、知情权、收益权、救济权四个方面。证券投资者的保护程度,主要由上面提到的"宏观环境"、"企业治理"、"市场建设"和"自我组织"四个方面指标来决定;"结果表现"这一方面指标除了对综合评估的直接意义之外,也能涵盖和体现除了上述四个方面指标之外其他保护因素的影响状况。

二　具体指标或基础指标的理想设计

综合考虑我国证券投资者保护评估的类型和范围、层次和内容,笔者认为,理想的具体指标或基础指标体系应至少包含以下 37 个指标。

"相关主要法律存量指数",用来衡量证券投资相关法律的数量和完善程度。

"法治透明度指数",用来衡量证券投资法律执行效率和公正性程度。

"监管机构设立指数",用来衡量证券市场监管机构的完善和执行效率。

"上市公司违规处罚数",用来衡量证券投资市场监管处罚状况。

"股东治理综合指数",用来衡量上市公司内部股东治理制度综合完善程度。

"董事会治理综合指数",用来衡量上市公司内部董事会制度综合完善程度。

"监事会治理综合指数",用来衡量上市公司内部监事会制度综合完善程度。

"经理层治理综合指数",用来衡量上市公司内部经理层制度综合完善程度。

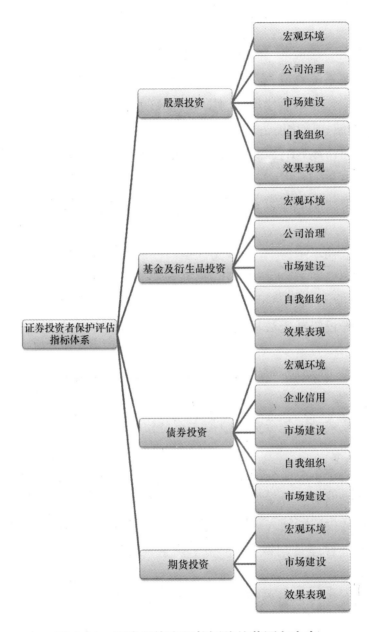

图4—1　证券投资者保护评估的范围和内容

"利益相关者治理综合指数"，用来衡量上市公司关于利益相关者制度的综合完善程度。

"上司公司数量",用来衡量股票市场上市公司的参与程度和竞争程度。

"上市股票数",用来衡量股票市场上的股票只数和竞争程度。

"股票市值总值",用来衡量股票市场资本价值总额和竞争程度。

"股票流通市值比率",用来衡量可流通股票市值比例,从而对股票市场结构优化度进行评估。

"股票市场 ST 公司比例",用来衡量股票市场股票质量的结构优化度。

"债券年末上市数目",用来衡量每年新增债券数量和债券市场竞争程度。

"债券期末余额",用来衡量债券市场存量和市场竞争程度。

"非国债期末余额比例",用来衡量非国债债券比例和债券市场结构优化度。

"证券投资基金数量",用来衡量证券投资基金市场准入程度和竞争程度。

"证券投资基金规模",用来衡量证券投资基金价值规模和投资者可选程度。

"开放式投资基金资产净值占百分比",用来衡量证券投资基金结构优化度。

"期货全年总成交额量",用来衡量期货市场总规模和竞争程度。

"金融期货总成交额占比",用来衡量期货市场结构优化度。

"证券投资顾问人数",用来衡量证券市场投资咨询业发展程度。

"基金管理公司数量",用来衡量证券投资基金管理服务完善程度。

"基金托管银行数量",用来衡量证券投资基金托管服务完善程度。

"证券公司数量",用来衡量证券市场中证券公司的发展和完善程度。

"证券营业部数量",用来衡量证券营业网点扩展和服务完善程度。

"证券投资者自组织数量"：用来衡量证券投资者自我利益维护能力的规模。

"证券投资者自组织平均单位人数"：用来衡量证券投资者自我权益维护能力的质量。

"平均股东大会次数"：用来衡量证券投资者参与决策权的公平度和参与度。

"上市企业信息披露综合指数"，用来衡量证券投资者信息知情权保护程度。

"每股净资产"，用来衡量股票投资者资产收益保护状况。

"每股平均收益"，用来衡量股票投资者红利收益保护状况。

"基金投资效率"，用来衡量基金投资者长远投资收益保护状况。其计算公式为：基金投资效率＝基金分红金额/基金年度费用（管理费和托管费）。

"单位基金分红额"，用来衡量基金投资者分红收益保护状况（单位基金分红额＝基金全年分红金额/基金数量）。

"上市公司净资产收益率"，用来衡量上市公司长远盈利和投资者利益保护状况。

"对投资者利益损害的诉讼帮扶和救济的年度事件比例"，用来衡量对证券投资者权益损害进行补偿的状况与程度。

三　具体衡量指标的最终设定

综合分析，再结合数据的可得性和客观性等原则（考虑到"法治透明度指数"、"监管机构设立指数"、"自我组织"相关指数、"决策权"与"救济权"的相关指数的不可得性，我们不得不将其删去），本书最终将中国证券投资者保护评估指标体系设定如下（见表4—1）。

表 4—1　　　　　中国证券投资者保护评估指标体系

一级指标（方面指标）	二级指标(分项指标)	三级指标（基础指标）
宏观环境	法规制定及其执行	A1 相关主要法律存量指数（分）
	体制监管及其效率	A2 上市公司违规处罚数（次）
公司治理	股东治理	B1 股东治理综合指数（分）
	董事会治理	B2 董事会治理综合指数（分）
	监事会治理	B3 监事会治理综合指数（分）
	经理层治理	B4 经理层治理综合指数（分）
	利益相关者治理	B5 利益相关者治理综合指数（分）
市场建设	市场准入与竞争	C1 上市公司数（A、B 股）（家）
		C2 上市股票数（只）
		C3 股票市值总值（亿元）
		C4 股票流通市值比率（%）
		C5 A、B 股市场 ST 公司比例（%）
		C6 债券年末上市数目（只）
		C7 债券期末余额（亿元）
		C8 非国债期末余额比例（%）
		C9 证券投资基金数量（只）
		C10 证券投资基金规模（亿元）
		C11 开放式投资基金资产净值占比（%）
		C12 期货全年总成交额量（亿元）
		C13 金融期货总成交额占比（%）
	市场中介与服务	C14 证券投资顾问数量（人）
		C15 基金管理公司数量（家）
		C16 基金托管银行数量（家）
		C17 证券公司数量（家）
		C18 证券营业部数量（家）
效果表现	知情权	D1 上市企业信息披露综合指数（分）
	收益权	D2 每股净资产（元）
		D3 每股平均收益（元）
		D4 基金投资效率（%）
		D5 单位基金分红额（亿元/只）
		D6 上市公司净资产收益率（%）

（表格左侧纵向标题）中国证券投资者保护评估指标体系

第三节　数据选择和统计处理

一　数据选择和获取

要保证某项实际综合统计评估项目的顺利、客观进行，选择合适的数据来源、获取足量和客观的数据信息是一项最基础的工作之一，当然有时也是最艰难和最复杂、最辛苦的过程之一。对于本书而言，由于时间、财力、渠道、精力等各方面的限制，除了对某些指标依据原始数据库（如国泰安金融数据库）进行自己的归纳总结以外，对于所需数据的获取大多采取了间接的方式，即尽可能多地去寻找他人或机构已经有的尽可能真实和可信的资料和数据。因为显而易见，证券投资者保护这一评估项目所涉及的信息复杂而难以获取，再加上笔者自身各方面条件的限制，这时候去利用他人已被证明是较为可观可取的数据资源，也是一种可行和高效率的方式。

首先，具体来说，关于公司治理诸项指标和上市企业信息披露综合指数，本书主要借鉴了南开大学公司治理研究中心的中国上市公司治理指数的研究成果。该治理指数由长江学者、我国著名管理学家李维安教授领导建立，从 2003 年至今每年发布一次，已形成了较为系统和连续的对我国上市公司之公司治理情况的分析和评估成果，被誉为反映上市公司治理状况的"晴雨表"，其围绕公司治理评价指数形成的应用成果也曾被国家发展与改革委员会、国务院国资委、中国银监会、中国保监会等机构采纳。

其次，对于"市场建设"方面指标和"收益权"分项指标的各个子指标，主要参考的是较为权威的、已公开出版的相应年份的《中国证券期货统计年鉴》和《中国证券投资基金年鉴》（在两者存在数据冲突的地方以前者为主）；对于"上市公司违规处罚数"指标，主要使用的是在目前国内学术界尤其是金融研究领域得到普遍参考应用的国泰安金融数据库里的数据，然后进行了总结性归纳和统计；此外，对"证券投资顾问数量（人）"指标的相关数据，这里主要参考的是中国证券业协会发布的近两年的《中国证券业发展报告》（2012 年和 2013 年）。

此外，关于"相关主要法律存量指数"指标的数据，本书则是主要依靠笔者自己利用《中国资本市场发展报告》以及网络和研究论文检索等进行独立的归纳总结。其给分原则是，人大会颁布的相关法律，加 4 分；最高法院和国务院颁布的法规和法律解释，加 3 分；证监会颁布的相关规定、办法、条例、意见等，加 2 分；证券市场、证券公司颁布的自律规则，加 1 分。依照上述原则，确定每年我国证券市场法律增量分数，然后再按照累加原则，以 2003 年为基期，确定以后每年的相关法律存量分数。

最后，在样本容量方面，根据"就短不就长"原则，本书最终将样本时限定位在 2003—2011 年，已在尽最大可能扩大样本容量的同时保证样本信息的完整性。

各指标的原始数据参看表 4—2。

二　数据的标准化和评估指标的权重求解

（一）数据标准化

下面进入实际评估过程。首先由于原始数据的不同数据单位问题，使之不能直接进行评估加分，因此必须先进行量纲统一化处理。前面已经说过，统一量纲有很多种方法，为了便于应用 SPSS 软件，这里选择使用标准化方法，其公式为：

标准化新数据 =（原数据－均值）/标准差

标准化后变量值围绕 0 上下波动，大于 0 说明高于平均水平，小于 0 说明低于平均水平。

标准化后的数据见表 4—3（SPSS 具体操作过程略）。

表4—2

中国证券投资者保护评估指标原始数据

评估指标	2003年	2004年	2005年	2006年	2007年	2008年	2009年	2010年	2011年
A1 相关主要法律存量指数（分）	10	42	59	92	118	139	144	150	165
A2 上市公司违规处罚数（次）	403	640	676	622	474	507	451	484	387
B1 股东治理综合指数（分）	53.7	56.47	56.1	56.57	57.32	58.06	59.23	59.81	64.56
B2 董事会治理综合指数（分）	43.4	52.6	53.15	55.35	55.67	57.43	57.88	60.33	60.81
B3 监事会治理综合指数（分）	48.64	50.48	51.75	50.93	52.98	54.84	55.97	56.17	57.17
B4 经理层治理综合指数（分）	47.44	54.6	54.8	55.22	57.88	57.4	55.53	57.21	57.81
B5 利益相关者治理综合指数（分）	47.22	51.12	50.95	52.61	53.08	53.43	52.94	54.83	56.47
C1 上市公司数（A、B股）（家）	1287	1377	1381	1434	1550	1625	1718	2063	2342
C2 上市股票数（只）	1372	1463	1467	1520	1636	1711	1804	2149	2428
C3 股票市值总值（亿元）	42457.72	37055.57	32430.28	89403.89	327140.9	121366.4	243939.1	265422.6	214758.1
C4 股票流通市值比率（%）	31	32	33	28	28	37	62	73	77
C5 A、B股市场ST公司比例（%）	8	10	8	10	10	9	8	70	60
C6 债券年末上市数目（只）	115	155	245	289	299	356	648	822	1014

续表

评估指标	2003年	2004年	2005年	2006年	2007年	2008年	2009年	2010年	2011年
C7 债券期末余额(亿元)	34253.6	40657.6	48477.1	57178.29	89767.3	99304.45	128213.1	156361.2	188145
C8 非国债期末余额比例(%)	34	37	41	45	46	50	55	57	61
C9 证券投资基金数量(只)	95	161	218	307	346	439	557	704	915
C10 证券投资基金规模(亿元)	1614.67	3308.79	4714.18	6220.67	22339.8	25741.79	26767.05	24228.35	26510.37
C11 开放式投资基金资产净值占比(%)	49.76	73.38	81.07	79.4	88.36	92.44	90.13	88.83	87.42
C12 期货全年总成交额量(亿元)	108396.6	146935.3	134463.4	210063.4	409740.8	719173.3	1305143	1540296	1375162
C13 金融期货总成交额占比(%)	0	0	0	0	0	0	0	36	47
C14 证券投资顾问数量(人)	0	0	0	0	0	0	0	3882	18231
C15 基金管理公司数量(家)	34	45	53	58	59	61	60	62	65
C16 基金托管银行数量(家)	8	10	12	12	12	14	17	18	18
C17 证券公司数量(家)	133	133	116	104	106	107	106	106	109
C18 证券营业部数量(家)	3020	3075	3090	3105	3060	3170	3956	4644	5008

续表

评估指标	2003 年	2004 年	2005 年	2006 年	2007 年	2008 年	2009 年	2010 年	2011 年
D1 上市企业信息披露综合指数（分）	58.44	62.21	62.47	62.78	61.66	62.36	61.85	63.43	63.02
D2 每股净资产（元）	2.39	2.71	2.74	2.25	3.31	2.85	2.96	3.44	3.78
D3 每股平均收益（元）	0.19	0.25	0.22	0.23	0.37	0.37	0.38	0.49	0.53
D4 基金投资效率（%）	81	187	154	492	1076	490	151	324	253
D5 单位基金分红额（%）	0.17	0.48	0.35	1.08	10.31	4.04	0.91	1.64	0.55
D6 上市公司净资产收益率（%）	7.37	9.12	8.19	10.18	14.7	11.35	12.97	14.42	14.08

表4—3　　　　中国证券投资者保护评估指标标准化数据

评估指标	2003年	2004年	2005年	2006年	2007年	2008年	2009年	2010年	2011年
A1 相关主要法律存量指数(分)	-1.69	-1.1	-0.79	-0.19	0.29	0.68	0.77	0.88	1.16
A2 上市公司违规处罚数(次)	-1.07	1.18	1.52	1.01	-0.4	-0.09	-0.62	-0.3	-1.22
B1 股东治理综合指数(分)	-1.4	-0.49	-0.61	-0.46	-0.22	0.03	0.41	0.6	2.15
B2 董事会治理综合指数(分)	-2.24	-0.49	-0.39	0.03	0.09	0.43	0.51	0.98	1.07
B3 监事会治理综合指数(分)	-1.54	-0.92	-0.49	-0.77	-0.08	0.55	0.93	1	1.33
B4 经理层治理综合指数(分)	-2.44	-0.22	-0.16	-0.03	0.79	0.64	0.06	0.58	0.77
B5 利益相关者治理综合指数(分)	-2.02	-0.53	-0.6	0.04	0.22	0.35	0.16	0.88	1.51
C1 上市公司数(A,B股)(家)	-1.01	-0.75	-0.74	-0.59	-0.26	-0.05	0.22	1.2	1.99
C2 上市股票数(只)	-1.01	-0.75	-0.74	-0.59	-0.26	-0.05	0.22	1.2	1.99
C3 股票市值总值(亿元)	-0.98	-1.03	-1.07	-0.56	1.56	-0.28	0.82	1.01	0.55
C4 股票流通市值比率(%)	-0.67	-0.65	-0.58	-0.82	-0.8	-0.36	0.87	1.41	1.61
C5 A,B股市场ST公司比例(%)	-0.57	0.97	-0.1	0.89	1.07	0.69	-0.28	-0.77	-1.91
C6 债券年末上市数目(只)	-1.03	-0.9	-0.61	-0.47	-0.44	-0.26	0.67	1.22	1.83
C7 债券期末余额(亿元)	-1.09	-0.97	-0.83	-0.67	-0.07	0.1	0.63	1.15	1.73
C8 非国债期末余额比例(%)	-1.43	-1.15	-0.71	-0.23	-0.15	0.3	0.84	1.04	1.48
C9 证券投资基金数量(只)	-1.2	-0.95	-0.74	-0.41	-0.26	0.09	0.53	1.07	1.86

续表

评估指标	2003 年	2004 年	2005 年	2006 年	2007 年	2008 年	2009 年	2010 年	2011 年
C10 证券投资基金规模（亿元）	-1.25	-1.1	-0.97	-0.84	0.59	0.89	0.98	0.75	0.96
C11 开放式投资基金资产净值占比（%）	-2.37	-0.59	-0.01	-0.14	0.54	0.85	0.67	0.58	0.47
C12 期货全年总成交额量（亿元）	-0.93	-0.87	-0.89	-0.76	-0.42	0.1	1.09	1.48	1.2
C13 金融期货总成交额占比（%）	-0.5	-0.5	-0.5	-0.5	-0.5	-0.5	-0.5	1.47	2.03
C14 证券投资顾问数量（人）	-0.41	-0.41	-0.41	-0.41	-0.41	-0.41	-0.41	0.24	2.61
C15 基金管理公司数量（家）	-2.15	-1.04	-0.23	0.28	0.38	0.59	0.48	0.69	0.99
C16 基金托管银行数量（家）	-1.52	-0.96	-0.4	-0.4	-0.4	0.16	0.99	1.27	1.27
C17 证券公司数量（家）	1.69	1.69	0.23	-0.8	-0.63	-0.54	-0.63	-0.63	-0.37
C18 证券营业部数量（家）	-0.71	-0.64	-0.62	-0.6	-0.66	-0.52	0.5	1.39	1.86
D1 上市企业信息披露综合指数（分）	-2.47	0.13	0.31	0.52	-0.25	0.23	-0.12	0.97	0.69
D2 每股净资产（元）	-1.1	-0.46	-0.4	-1.38	0.76	-0.18	0.05	1.02	1.7
D3 每股平均收益（元）	-1.2	-0.73	-0.92	-0.88	0.25	0.27	0.35	1.28	1.59
D4 基金投资效率（%）	-0.9	-0.55	-0.66	0.44	2.34	0.44	-0.67	-0.11	-0.34
D5 单位基金分红额（亿元/只）	-0.61	-0.52	-0.56	-0.33	2.49	0.57	-0.38	-0.16	-0.5
D6 上市公司净资产收益率（%）	-1.43	-0.8	-1.14	-0.43	1.19	-0.01	0.57	1.09	0.96

（二）求解各分量指标的权重

在综合统计分析过程中，求解各分量指标的权重是一个关键性的步骤。这不仅是因为其技术含量较高，更因为只有确定了各个指标变量的权重大小，才能利用其原始数据值来最后加总综合统计评估值，从而最终得到评估结果，实现我们的研究目的。

前面已经说过，求解分量指标的权重值有很多种方法，主观方法如德尔菲法、层次分析法等，客观方法如熵值法、灰色关联度法、主成分分析法、简单算术平均法、变异系数法等，以及综合性的组合赋权法等等。本书在这里将主要使用主成分分析法来求解权重。为了保证评估的全面性、科学性，这里设计的中国证券投资者保护评估指标体系有多达31个基础统计指标，它们之间应当会存在一定程度的线性相关性（由于指标量较大，它们之间的相关系数表这里从略）；而主成分分析法其主要原理是对原始指标和数据进行降维处理，从而得出少量几个互不相关但同时也能最大限度拥有原始变量信息的新指标变量来对目标事务进行评估和解释，因而运用此方法在此基础上计算出来的各个统计指标权重，其科学性在很大程度上应该是能够得到保障的。这也是主成分分析法在统计指标求权重时非常流行的重要原因之一。

这里使用的统计软件主要是 SPSS。其主要分析过程和结果如下。

首先，运用软件对相关数据进行因子分析。主要相关的分析结果见表4—4和表4—5。

表4—4

解释的总方差

成份	初始特征值			提取平方和载入			旋转平方和载入		
	合计	方差的 %	累计 %	合计	方差的 %	累计 %	合计	方差的 %	累计 %
1	21.700	70.000	70.000	21.700	70.000	70.000	12.273	39.591	39.591
2	4.847	15.636	85.636	4.847	15.636	85.636	11.122	35.878	75.469
3	2.285	7.372	93.008	2.285	7.372	93.008	3.377	10.892	86.361
4	1.061	3.424	96.432	1.061	3.424	96.432	3.122	10.071	96.432
5	.467	1.506	97.938						
6	.345	1.114	99.051						
7	.183	.592	99.643						
8	.111	.357	100.000						
9	6.961E-016	2.246E-015	100.000						
10	5.210E-016	1.681E-015	100.000						
11	4.698E-016	1.515E-015	100.000						
12	4.465E-016	1.440E-015	100.000						
13	3.467E-016	1.118E-015	100.000						
14	2.680E-016	8.646E-016	100.000						
15	1.915E-016	6.177E-016	100.000						

续表

成份	初始特征值			提取平方和载入			旋转平方和载入		
	合计	方差的 %	累计 %	合计	方差的 %	累计 %	合计	方差的 %	累计 %
16	1.730E−016	5.582E−016	100.000						
17	1.411E−016	4.550E−016	100.000						
18	1.247E−016	4.022E−016	100.000						
19	4.137E−017	1.335E−016	100.000						
20	−1.340E−017	−4.323E−017	100.000						
21	−6.051E−017	−1.952E−016	100.000						
22	−1.911E−016	−6.165E−016	100.000						
23	−2.238E−016	−7.219E−016	100.000						
24	−2.456E−016	−7.923E−016	100.000						
25	−2.982E−016	−9.621E−016	100.000						
26	−3.316E−016	−1.070E−015	100.000						
27	−3.556E−016	−1.147E−015	100.000						
28	−4.903E−016	−1.582E−015	100.000						
29	−5.517E−016	−1.780E−015	100.000						
30	−6.967E−016	−2.247E−015	100.000						
31	−1.062E−015	−3.425E−015	100.000						

提取方法：主成分分析法。

表4—5 成分矩阵 a

	成分			
	1	2	3	4
A1 相关主要法律存量指数（分）	.947	.250	.001	−.155
A2 上市公司违规处罚数（次）	−.469	.369	.758	.157
B1 股东治理综合指数（分）	.945	−.153	.092	.163
B2 董事会治理综合指数（分）	.904	.303	.293	−.005
B3 监事会治理综合指数（分）	.966	.044	.040	−.178
B4 经理层治理综合指数（分）	.756	.567	.241	.180
B5 利益相关者治理综合指数（分）	.937	.221	.190	.158
C1 上市公司数（A、B股）（家）	.959	−.249	−.021	.121
C2 上市股票数（只）	.959	−.248	−.020	.121
C3 股票市值总值（亿元）	.748	.340	−.484	−.077
C4 股票流通市值比率（％）	.872	−.440	.028	−.144
C5 A、B股市场ST公司比例（％）	−.544	.786	.083	−.007
C6 债券年末上市数目（只）	.955	−.275	.032	−.037
C7 债券期末余额（亿元）	.985	−.142	−.092	−.041
C8 非国债期末余额比例（％）	.981	.004	.043	−.157
C9 证券投资基金数量（只）	.983	−.158	.015	−.001
C10 证券投资基金规模（亿元）	.884	.231	−.248	−.240
C11 开放式投资基金资产净值占比（％）	.760	.560	.253	−.108
C12 期货全年总成交额量（亿元）	.922	−.194	−.056	−.283
C13 金融期货总成交额占比（％）	.793	−.453	.014	.328
C14 证券投资顾问数量（人）	.704	−.475	−.006	.447
C15 基金管理公司数量（家）	.864	.417	.217	−.044
C16 基金托管银行数量（家）	.959	−.043	.155	−.222
C17 证券公司数量（家）	−.698	−.524	−.082	.240
C18 证券营业部数量（家）	.888	−.434	.029	.020
D1 上市企业信息披露综合指数（分）	.653	.342	.638	.174
D2 每股净资产（元）	.872	−.043	−.231	.292

续表

	成分			
	1	2	3	4
D3 每股平均收益（元）	.974	-.036	-.148	.058
D4 基金投资效率（%）	.159	.828	-.410	.296
D5 单位基金分红额（亿元/只）	.125	.780	-.568	.202
D6 上市公司净资产收益率（%）	.880	.318	-.291	.027

提取方法：主成分分析法。a. 已提取了 4 个成分。

根据主成分分析原理，主成分个数提取原则为主成分对应的特征值大于 1 且主成分累计贡献率≥85%的前 m 个主成分。从表 4—4 可以看出，应当提取 4 个主成分，而且这 4 个主成分能够解释的总方差达到了 96.432%，应该说这是比较足够和良好的。然后，根据表 4—4 中的特征根值和表 4—5 中的各个荷载值，可以进一步计算出 4 个主成分中每个指标所对应的系数（计算方法为主成分各原始指标荷载值除以主成分相对应的特征根开根）。计算结果见表 4—6。

表4—6　　　　　　　　主成分方程中各基础指标系数值

评估指标	第 1 主成分方程的各变量系数	第 2 主成分方程的各变量系数	第 3 主成分方程的各变量系数	第 4 主成分方程的各变量系数
A1 相关主要法律存量指数（分）	.203	.114	.001	-.150
A2 上市公司违规处罚数（次）	-.101	.168	.502	.152
B1 股东治理综合指数（分）	.203	-.069	.061	.158

续表

评估指标	第 1 主成分方程的各变量系数	第 2 主成分方程的各变量系数	第 3 主成分方程的各变量系数	第 4 主成分方程的各变量系数
B2 董事会治理综合指数（分）	.194	.138	.194	−.005
B3 监事会治理综合指数（分）	.207	.020	.026	−.173
B4 经理层治理综合指数（分）	.162	.258	.159	.175
B5 利益相关者治理综合指数（分）	.201	.100	.126	.153
C1 上市公司数（A、B 股）（家）	.206	−.113	−.014	.117
C2 上市股票数（只）	.206	−.113	−.013	.117
C3 股票市值总值（亿元）	.161	.154	−.320	−.075
C4 股票流通市值比率（%）	.187	−.200	.018	−.140
C5 A、B 股市场 ST 公司比例（%）	−.117	.357	.055	−.007
C6 债券年末上市数目（只）	.205	−.125	.021	−.036
C7 债券期末余额（亿元）	.211	−.064	−.061	−.040
C8 非国债期末余额比例（%）	.211	.002	.029	−.153

评估指标	第1主成分方程的各变量系数	第2主成分方程的各变量系数	第3主成分方程的各变量系数	第4主成分方程的各变量系数
C9 证券投资基金数量（只）	.211	−.072	.010	−.001
C10 证券投资基金规模（亿元）	.190	.105	−.164	−.233
C11 开放式投资基金资产净值占比（％）	.163	.254	.168	−.105
C12 期货全年总成交额量（亿元）	.198	−.088	−.037	−.275
C13 金融期货总成交额占比（％）	.170	−.206	.009	.318
C14 证券投资顾问数量（人）	.151	−.216	−.004	.434
C15 基金管理公司数量（家）	.186	.189	.144	−.043
C16 基金托管银行数量（家）	.206	−.020	.103	−.215
C17 证券公司数量（家）	−.150	−.238	−.054	.233
C18 证券营业部数量（家）	.191	−.197	.019	.019
D1 上市企业信息披露综合指数（分）	.140	.155	.422	.169
D2 每股净资产（元）	.187	−.019	−.153	.283

续表

评估指标	第 1 主成分方程的各变量系数	第 2 主成分方程的各变量系数	第 3 主成分方程的各变量系数	第 4 主成分方程的各变量系数
D3 每股平均收益（元）	.209	− .016	− .098	.056
D4 基金投资效率（%）	.034	.376	− .271	.287
D5 单位基金分红额（亿元/只）	.027	.354	− .376	.196
D6 上市公司净资产收益率（%）	.189	.144	− .193	.027

最后，我们利用表4—6中4个主成分方程的系数矩阵数据，结合表4—4中各主成分的方差解释率，得出综合评估模型中各指标变量的系数矩阵，并在此基础上，通过对之进行归一化处理，从而最终得出各评估指标变量的权重系数。（见表4—7）

表4—7 综合评估方程中各变量系数的原始值和归一化值

评估指标	综合评估方程中的各变量系数	归一化以后综合评估方程中的各变量系数
A1 相关主要法律存量指数（分）	0.161	0.041
A2 上市公司违规处罚数（次）	− 0.002	− 0.001
B1 股东治理综合指数（分）	0.146	0.037
B2 董事会治理综合指数（分）	0.178	0.045
B3 监事会治理综合指数（分）	0.15	0.038
B4 经理层治理综合指数（分）	0.178	0.045
B5 利益相关者治理综合指数（分）	0.177	0.045

续表

评估指标	综合评估方程中的各变量系数	归一化以后综合评估方程中的各变量系数
C1 上市公司（AB股）（家）	0.134	0.034
C2 上市股票数（只）	0.134	0.034
C3 股票市值总值（亿元）	0.114	0.029
C4 股票流通市值比率（%）	0.1	0.025
C5 A、B股市场ST公司比例（%）	-0.023	-0.006
C6 债券年末上市数目（只）	0.129	0.033
C7 债券期末余额（亿元）	0.137	0.035
C8 非国债期末余额比例（%）	0.15	0.038
C9 证券投资基金数量（只）	0.142	0.036
C10 证券投资基金规模（亿元）	0.134	0.034
C11 开放式投资基金资产净值占比（%）	0.169	0.043
C12 期货全年总成交额量（亿元）	0.117	0.03
C13 金融期货总成交额占比（%）	0.102	0.026
C14 证券投资顾问数量（人）	0.09	0.023
C15 基金管理公司数量（家）	0.175	0.044
C16 基金托管银行数量（家）	0.146	0.037
C17 证券公司数量（家）	-0.143	-0.036
C18 证券营业部数量（家）	0.109	0.027
D1 上市企业信息披露综合指数（分）	0.165	0.042
D2 每股净资产（元）	0.131	0.033
D3 每股平均收益（元）	0.144	0.036
D4 基金投资效率（%）	0.075	0.019
D5 单位基金分红额（亿元/只）	0.055	0.014
D6 上市公司净资产收益率（%）	0.147	0.037

第四节　我国证券投资者保护状况实证评估与分析

一　我国证券投资者保护状况的总体分析

利用表4—7中的归一化系数将其作为权重，结合标准化后的各指标数值进行加权计算，可以给出对我国证券投资者保护状况的总体评价。其相应得分如表4—8所示（保留小数点后两位）。

表4—8　　　　　中国证券投资者保护状况的综合评价得分

评估指标	2003年	2004年	2005年	2006年	2007年	2008年	2009年	2010年	2011年
宏观环境	−0.07	−0.05	−0.03	−0.01	0.01	0.03	0.03	0.04	0.05
企业治理	−0.41	−0.11	−0.09	−0.04	0.04	0.09	0.08	0.17	0.28
市场建设	−0.71	−0.52	−0.33	−0.21	−0.02	0.07	0.32	0.59	0.8
效果表现	−0.26	−0.08	−0.1	−0.07	0.14	0.03	0.01	0.16	0.16
综合得分	−1.45	−0.76	−0.55	−0.33	0.17	0.22	0.44	0.96	1.29

首先，从表4—8中可以看出，我国证券投资者保护的综合状况从总体来看呈现一个不断改善的趋势，综合得分从2003年的 −1.45 增长到了2011年的1.29（有负号是因为本书在对原始数据进行标准化时采用了依据均值和标准差的标准化方法；负号的含义代表此时得分比这9年得分平均值要小；因为关注的主要是相对变化趋势问题，因此这里的正负号差异并不能影响本书的分析），年均增长约0.31分。

其次，从4大方面指标的情况来看，9年时间里，宏观环境得分

从 - 0.07 增长到 0.05，年均约增加 0.01 分；企业综合治理得分从 - 0.41增长到 0.28，年均约增加 0.08 分；市场建设得分从 - 0.71 增长到 0.8，年均约增加 0.17 分；效果表现得分从 - 0.26 增长到 0.16，年均约增加 0.05 分。可以看出，2003—2011 年，相对来讲，我国证券市场建设这几年取得的进展最大，发展最为迅速；企业治理制度建设发展稍快；证券投资者能够直接感受到的受保护表现改善速度排第三位；对证券投资者进行保护的宏观上的法制和监管完善进程发展最慢。这说明，从改革的意义上来说，我国证券行业的发展，市场化建设进程最快，企业改制和治理次之，宏观上的法制和监管的发展进程最慢。

此外，从各方面指标得分对综合指标得分的贡献度来看，在多数情况下，市场建设对综合指标得分的贡献度最大，企业治理和效果表现依次次之，宏观环境的贡献度最低。这在一定程度上表明，在我国近期综合发展条件下，市场建设对我国证券投资者保护所起的作用最大，宏观法制和监管条件起的作用最小。其含义是，当前我国"市场建设"这一方面指标的综合发展程度较高，而且其对促进我国证券投资者保护的影响系数（权重）也较大。这些结果对我国制定促进证券投资者保护的相关政策来说，有着重要的参考价值。（见图4—2）

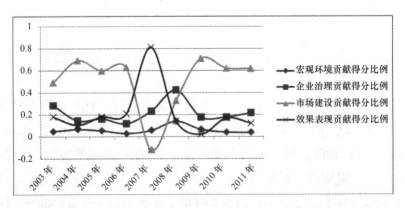

图4—2　各方面指标对我国证券投资者保护的相对贡献比例

二 我国证券投资者保护状况的分类考察

(一) 宏观环境方面

首先，从"宏观环境"这一方面指标的权重来看，其内部的两个基础指标"相关主要法律存量指数"和"上市公司违规处罚数"的权重分别是 0.041 和 -0.001。这表明前者对我国证券投资者保护的效应或影响是正向的，它增长一单位，保护指数边际增加 0.041 个单位。而后者的影响则是负向的，即它增长一个单位，保护指数要下降 0.001 个单位；如果这一指标的统计指标数据没有问题的话（上市公司违规处罚数呈递减的趋势），它或者说明我们这几年对证券市场的监管处罚力度在下降，但也可能表明它的威慑力在增强，即证券市场运行的规范性在提高。

其次，从评估得分情况来看，相关主要法律存量的贡献率也普遍高于上市公司违规处罚数这一指标。这说明这段时期法律建设对于我国证券投资者保护的作用要更大一些。（见表4—9）

表4—9　宏观环境各基础指标的权重及其评估得分

评估指标及权重	2003年	2004年	2005年	2006年	2007年	2008年	2009年	2010年	2011年
A1 相关主要法律存量指数（分）0.041	-0.06929	-0.0451	-0.03239	-0.00779	0.01189	0.02788	0.03157	0.03608	0.04756
A2 上市公司违规处罚数（次）-0.001	-0.00107	-0.00118	-0.00152	-0.00101	0.0004	0.00009	0.00062	0.0003	0.00122

表4—10　企业治理各分项指标的权重及其评估得分

评估指标及权重	2003年	2004年	2005年	2006年	2007年	2008年	2009年	2010年	2011年
B1 股东治理综合指数（分）0.037	-0.052	-0.018	-0.023	-0.017	-0.008	0.001	0.015	0.022	0.08
B2 董事会治理综合指数（分）0.045	-0.101	-0.022	-0.018	0.001	0.004	0.019	0.023	0.044	0.048
B3 监事会治理综合指数（分）0.038	-0.059	-0.035	-0.019	-0.029	-0.003	0.021	0.035	0.038	0.051
B4 经理层治理综合指数（分）0.045	-0.11	-0.01	-0.007	-0.001	0.036	0.029	0.003	0.026	0.035
B5 利益相关者治理综合指数（分）0.045	-0.091	-0.024	-0.027	0.002	0.01	0.016	0.007	0.04	0.068

（二）企业治理方面

首先，从"企业治理"这一方面的各基础指标来看，其下面5个分项指标或基础指标的权重较为平均。其中，董事会治理综合指数、经理层治理综合指数、利益相关者治理综合指数的权重稍大一些，均为0.045；股东治理综合指数和监事会治理综合指数的权重稍小，分别为0.037和0.038。这个情况表明，在这段时期董事会治理、经理层治理和利益相关者治理对我国证券投资者保护状况的影响要稍大一些。

其次，从内部各分项指标的具体得分情况来看，股东治理综合指数共增长了0.132分，董事会治理综合指数共增长了0.149分，监事会治理综合指数共增长了0.11分，经理层治理综合指数共增长了0.145分，利益相关者治理综合指数共增长了0.159分，改善速度排序依次为利益相关者治理、董事会治理、经理层治理、股东治理、监事会治理。从绝对评价水平来看，以2011年为例，排列顺序则为：股东治理、利益相关者治理、监事会治理、董事会治理、经理层治理，这表明在我国上市企业治理中，对经理层和董事会制度的治理情况现在还相对落后，还需要在日后着重加强。（见表4—10）

（三）市场建设方面

首先，从各基础指标的权重情况来看，市场建设方面的各基础指标的权重值大部分比较接近，均在0.03左右，相对来说处于中等水平。但也有一些特殊情况，有三个指标比较特殊，一个是"A、B股市场ST公司比例"（－0.006），另两个是"开放式投资基金资产净值占比"（0.043）和"基金管理公司数量"（0.044）。"A、B股市场ST公司比例"的权重值为－0.006，它是一个负值，并且绝对值非常小，这一方面表明这一指标对我国证券投资者保护的影响是负的——这也符合逻辑，因为ST公司一般是经营不善的公司；另一方面也表明它对我国证券投资者保护的影响并不像人们原来预想的那么大，这可能是因为信息公示的原因，人们在进行证券投资时对此类企业都比较警惕和理性。另两个指标"开放式投资基金资产净值占百分比"和"基金管理公司数量",其特殊性在于其权重值都比较大,分别为 0.043 和 0.044,均超过了 0.04,这表明它们对证券投资者保护的实际边际影响和逻辑意义是较大的,我们以后可以着重从这两个指标来重点着力促进我国证券投资者保护状况的改善。

其次,从内部得分情况来看,纵向来看,有几个指标发展速度较快,年均边际增长均超过 0.01 分,它们分别为"基金管理公司数量"、"开放式投资基金资产净值占百分比"、"非国债期末余额比例"、"证券投资基金数量"、"基金托管银行数量"、"A、B 股上市公司家数"、"上市股票只数"、"债券期末余额"、"债券年末上市数目",它们 9 年分别增长了 0.139 分、0.122 分、0.11 分、0.11 分、0.103 分、0.102 分、0.102 分、0.099 分和 0.094 分。相比较而言,其他变量的发展速度要稍慢些。而如果从分项指标的发展情况来看,"市场准入与竞争"指标的综合得分从 2003 年到 2010 年增加了 1.06 分,而"市场中介与服务"指标的综合得分从 2003 年到 2010 年则只增加了 0.45 分,表明我国证券市场的发展中,中介服务的发展进程还是相对太慢了,以后需着重努力。此外,从横向得分情况来看,"市场准入与竞争"指标的综合得分在基期的 2003 年为 -0.465 分,要低于"市场中介与服务"的 -0.240 分;但在 2011 年,前者的得分(0.589 分)要高于后者(0.214 分),这一情况也同样表明近年来我国证券市场中介的发展速度是过于慢了。(见表 4—11)

(四) 效果表现指标

首先,从各基础指标的权重情况来看,"上市企业信息披露综合指数"的权重最大,达到了 0.042,这在全部评估指标体系中也算是较高的,表明它对我国证券投资者保护的边际影响程度是很大的,是一个重要的影响变量。"每股净资产"、"每股平均收益"、"上市公司净资产收益率"这三个指标的权重也较大,都超过 0.03。"基金投资效率"和"单位基金分红额"的权重较小,分别只有 0.019 和 0.014。

其次,从得分情况来看,"上市企业信息披露综合指数"和股票

"每股平均收益"指标进展速度较快，9 年时间分别增加了 0.133 分和 0.1 分，其他指标评分的增加均在 0.1 分之下。值得指出的是，从绝对水平来说，"基金投资效率"指标在基期的 2003 年为 - 0.017 分，"单位基金分红额"指标在基期的 2003 年为 - 0.009 分，分别排在第二和第一位；但在 2011 年，它们的得分却只有 - 0.006 分和 - 0.007 分，分别排在倒数第一位和第二位，不能不说这两个指标在这几年中的改善程度实在太慢，这也从一定程度上再一次证明了我国基金投资市场的不成熟，以及其在投资效率和投资分红方面的严重滞后局面。而从股票投资来说，"每股平均收益"和"每股净资产"这几年改善明显，在 2011 年得分分别排在第一和第二位，分别为 0.057 分和 0.056 分。（见表 4—12）综合以上分析，一个似乎可以得出的结论是，在我国，股票投资比基金投资对证券投资者来说似乎更保险。

三　其他说明

以上，本书在既有研究的基础上，从一个综合视角构建了我国证券投资者保护评估指标体系，并主要运用主成分分析法对其进行了统计分析。这是本书在对我国证券投资者保护评估研究方面所做出的主要创新和贡献所在。

表4—11　市场建设各分项指标的权重及其评估得分

分项指标	基础指标及权重	2003年	2004年	2005年	2006年	2007年	2008年	2009年	2010年	2011年
市场准入与竞争	C1 上市公司数（A,B股）（家）0.034	-0.034	-0.026	-0.025	-0.02	-0.009	-0.002	0.007	0.041	0.068
	C2 上市股票数（只）0.034	-0.034	-0.026	-0.025	-0.02	-0.009	-0.002	0.007	0.041	0.068
	C3 股票市值总值（亿元）0.029	-0.028	-0.03	-0.031	-0.016	0.045	-0.008	0.024	0.029	0.016
	C4 股票流通市值比率（%）0.025	-0.017	-0.016	-0.015	-0.021	-0.02	-0.009	0.022	0.035	0.04
	C5 A,B股市场ST公司比例（%）0.006	0.003	-0.006	0.001	-0.005	-0.006	-0.004	0.002	0.005	0.011
	C6 债券年末上市数目（只）0.033	-0.034	-0.03	-0.02	-0.016	-0.015	-0.009	0.022	0.04	0.06
	C7 债券期末余额（亿元）0.035	-0.038	-0.034	-0.029	-0.023	-0.002	0.004	0.022	0.04	0.061
	C8 非国债期末余额比例（%）0.038	-0.054	-0.044	-0.027	-0.009	-0.006	0.011	0.032	0.04	0.056
	C9 证券投资基金数量（只）0.036	-0.043	-0.034	-0.027	-0.015	-0.009	0.003	0.019	0.039	0.067
	C10 证券投资基金规模（亿元）0.034	-0.043	-0.037	-0.033	-0.029	0.02	0.03	0.033	0.026	0.033
	C11 开放式投资基金资产净值占比（%）0.043	-0.102	-0.025	0	-0.006	0.023	0.037	0.029	0.025	0.02
	C12 期货全年总成交额量（亿元）0.03	-0.028	-0.026	-0.027	-0.023	-0.013	0.003	0.033	0.044	0.036
	C13 金融期货总成交额占比（%）0.026	-0.013	-0.013	-0.013	-0.013	-0.013	-0.013	-0.013	0.038	0.053

续表

分项指标	基础指标及权重	2003 年	2004 年	2005 年	2006 年	2007 年	2008 年	2009 年	2010 年	2011 年
市场中介与服务	C14 证券投资顾问人数（人）0.023	-0.009	-0.009	-0.009	-0.009	-0.009	-0.009	-0.009	0.006	0.06
	C15 基金管理公司数量（家）0.044	-0.095	-0.046	-0.01	0.012	0.017	0.026	0.021	0.03	0.044
	C16 基金托管银行数量（家）0.037	-0.056	-0.036	-0.015	-0.015	-0.015	0.006	0.037	0.047	0.047
	C17 证券公司数量（家）-0.036	-0.061	-0.061	-0.008	0.029	0.023	0.019	0.023	0.023	0.013
	C18 证券营业部数量（家）0.027	-0.019	-0.017	-0.017	-0.016	-0.018	-0.014	0.014	0.038	0.05

表 4—12　效果表现各分项指标的权重及其评估得分

评估指标及权重	2003 年	2004 年	2005 年	2006 年	2007 年	2008 年	2009 年	2010 年	2011 年
D1 上市企业信息披露综合指数（分）0.042	-0.104	0.005	0.013	0.022	-0.011	0.01	-0.005	0.041	0.029
D2 每股净资产（元）0.033	-0.036	-0.015	-0.013	-0.046	0.025	-0.006	0.002	0.034	0.056
D3 每股平均收益（元）0.036	-0.043	-0.026	-0.033	-0.032	0.009	0.01	0.013	0.046	0.057
D4 基金投资效率（%）0.019	-0.017	-0.01	-0.013	0.008	0.044	0.008	-0.013	-0.002	-0.006
D5 单位基金分红额（亿元/只）0.014	-0.009	-0.007	-0.008	-0.005	0.035	0.008	-0.005	-0.002	-0.007
D6 上市公司净资产收益率（%）0.037	-0.053	-0.03	-0.042	-0.016	0.035	0	0.021	0.04	0.036

　　同时，不得不说的是，面对纷繁复杂的客观世界，任何一项科学研究都是一种缺憾的艺术，都存在着被证实和证伪的可能性。我们的任务都是在现存条件的基础上，将我们的工作做到最优。此外，为了坚持科学的态度，在本章内容的最后，还有必要对以上的工作中可能存在的缺憾进行说明，以阐明本书所得结论的条件性和局限性。首先，正如开始时已经说明的，我们构建的评估指标体系内部各指标之间可能存在着较为强烈的相关性（尽管已经使用方法尽可能进行了处理）；而且在实际评估过程中，由于资料的限制，最终排除了"法律执行效率"、"监管机构设立"、"自组织数量"、"自组织质量"、"投资者决策权"、"投资者救济权"等指标，这些可能都会对最终的评价结果产生一定的不良影响。其次，从研究方法上来看，本书主要使用了主成分分析法，尽管它在综合统计分析中是一种非常常用、较为科学的方法，但和其他方法一样，它的准确性会较强烈地受到统计指标数量的影响。以上问题的存在，阐明了本书方法与结论可能存在的不足和缺憾，其可作为后来者努力改进的方向。

第五章

我国证券投资者保护机制设计

第一节　世界主要国家证券投资者保护经验

投资者保护作为证券市场监管的核心与主要目标，旨在保障证券市场健康、稳定发展。国际证监会组织（IOSCO）曾在一份名为《证券监管的目标与原则》的文件中，明确提出了证券监管的三大目标：一是保持证券市场的透明、公正和效率；二是减少系统性风险；三是保护投资者，其中前两大目标的实现最终也将服务于投资者的保护。通过防止市场操纵、内部人交易等措施保证投资者公平、及时获得进入市场的渠道和交易前后的信息，促进市场交易正常运行，同时，监管者通过内部控制和风险管理等措施降低系统性风险，并尽可能减少由此造成的损失，以实现保护投资者的目标。

一　美国证券投资者保护的经验

美国的证券市场是当今世界上最发达、最繁荣的证券市场，它对美国经济增长产生着巨大的促进作用，已经成为名副其实的宏观经济的"晴雨表"，这在很大程度上得益于美国拥有世界上最完整的证券市场监管体系。其中政府设立的具有独立性和司法性质的证券交易监管机构——证券交易委员会（SEC）就在很大程度上有效地保证了证券市场的稳定和活力。1929 年股市崩盘引发了美国国会对投资者保护的深入思考，美国国会认为由于大部分投资者对股市缺乏信心，使得美国股市持续萧条，同样1997年的股票价格暴跌没有导致市场的崩溃，很大程度上就是投资者的信心仍在维持，投资者没有承担过多的风险。从美国资本市场的发展历史中得出结论，投资者保护必须成为证券监管的首要目标。

美国的证券交易委员会是为了保护投资者，确保证券市场的公平、有序和高效运行，便利资本形成。证券监管的目的是寻求最大的投资者保护和最小的股票市场干预，设法建立一个投资者信息系统，一方面促成投资者做出正确的投资选择，一方面利用市场投资选择把发行质量低、超过市场资金供给承受能力的股票驱逐出整个股票流通领域。随着越来越多的投资者通过资本市场来确保其未来能够供房、供子女上大学，投资者保护成为比其他目标更引人注目的使命。美国《证券法》也将向投资者提供有关证券公开发行的实质性信息和禁止证券发售过程中的误导、虚假和其他欺诈行为作为其两个基本目标。(见图5—1)

二　其他国家或地区证券投资者保护经验

(一)　英国投资者保护的经验

英国证券市场曾经并无一个专业的管理机构，这使得政策难以整合从而徒增市场的行政成本。1939年颁布、1944年生效的《防止欺诈(投资)法》是英国历史上第一个保护投资者个人权益的法律。1983年，工贸部发布了《证券商(许可证)条例》，对证券商从业许可证办法程序做了新的规定，同时还发布了《新证券从业行为准则》，体现了投资者保护的监管理念。根据1986年《金融服务法》第114条规定，成立了公司制的非政府机构——证券投资局（SIB），此外，为保障投资人的权益，伦敦证券交易所合并成立了一个自律机构——国际证券交易管理机构（International Securities Regulatory，ISRO）。后英国为提高监管效率，适应金融发展的需要，实行了单一的金融监管机构体制，在合并原来10家金融监管机构的基础上，

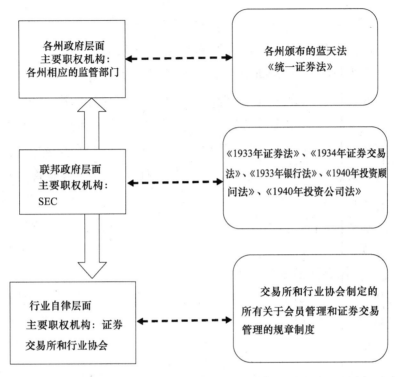

图 5—1　美国证券投资者法律保护的基本框架

成立了单一的金融监管机构——英国金融服务监管局（FSA）。根据《2000 年金融服务和市场法》，FSA 的监管目标有四个：一是维护对英国金融体系的信心；二是促进社会公众对金融体系的理解；三是确保对投资者的保护处于适当的水平，同时明确投资者自己的责任；四是减少金融犯罪。四项目标中，两项涉及投资者，即促进公众金融体系的理解和确保对投资者的保护处于适当的水平。

（二）韩国投资者保护的经验

1997 年金融危机后，韩国先后出台了一系列的法律规定。1997 年 12 月颁布《金融监管组织设立法》，主要目的是将金融监管权集中，并设立金融监督委员会（The Financial Supervisory Commission，FSC），同时设立金融监督院（The Financial Supervisory Services，FSS）作为其执行机构。在金融监督委员会下设有证券与期货委员会

（The Securities & Futures Commission，SFC），具体负责证券与期货市场的监管事务。金融监督委员会确立了健全的信用秩序和公正的金融交易惯例，保护存款者和投资者等金融需求者，并以贡献于国民经济发展为目的。证券期货委员会的首要职责是调查证券期货市场中的内幕交易、操纵市场等欺骗行为，并监管会计标准的执行，以及对审计结果进行检查，处理与证券期货市场相关的、可能被送交金融监督委员会的一些初级问题。金融监督院在金融监督委员会和证券期货委员会的直接领导下，负有加强韩国金融机构监管的责任，主要涉及6个业务领域：监管、检查不公平的金融交易、考试、会计及稽查系统、消费者保护和监管普通事件。由此可见，韩国金融监管机构也将投资者保护作为主要的战略目标之一。

（三）巴西投资者保护的经验

1976年，巴西通过了《关于证券市场管理和创建证券交易委员会6385号法案》（即《证券市场法》），提出设立巴西证券交易委员会，由其负责监管有关证券市场的活动及其参与者。巴西证券交易委员会的建立，是巴西金融监管发展史上的一个里程碑。《证券市场法》赋予巴西证券交易委员会（CVM）的主要职责为规范和监督证券交易，其目标为确保交易市场与场外交易市场的正常运行；保护投资者不受公司经营者、控股股东和共同基金经理的违法行为和欺诈信息的侵害；避免和阻止市场的任何形式的欺诈和操纵市场的虚假价格信息；确保公众获得所有关于证券买卖和公司披露的重要信息；确保市场参与者平等参与证券买卖；促进储蓄和证券投资的形成；提高证券市场效率、扩大证券市场规模，提高公众公司的资本化率。在上述七条目标中，有四条涉及投资者权益保护的事项，将投资者保护工作作为监管机构的重要内容之一。

（四）香港投资者保护的经验借鉴

以香港联合交易所的成立为标志，香港证券市场进入了全新的发展时期。1989年，香港证券暨期货实务监察委员会（SFC）成立，在促进市场成熟、稳定和规范发展方面做了大量的卓有成效的工作。

根据《证券及期货事务监察委员会条例》，香港证监会（SFC）的法定目标是：使市场有足够的流通量，维持和促进证券期货业的公平性、效率、竞争力、透明度及秩序；提高公众对证券期货业的运作及功能的了解；向投资于或持有金融产品的公众提供保障；尽量减少在证券期货业内的犯罪行为及失当行为；减低在证券期货业内的系统风险，避免市场失灵和适当的管理风险，以确保一个市场的危机不至影响其他的金融范畴；采取与证券期货业内有关的适当步骤，以协助财政司司长维持香港金融方面的稳定性；促进有利于投资和经济增长的经济环境的设立。香港证监会的目标中对投资者的权益保护的内容也占据了1/3多，明确了投资者的知情权，为其权益的实现提供了保障。

（五）台湾金交所

2004年7月1日以前，台湾是以"财政部"为主导的分业监管体系。证券及期货管理委员会是台湾证券市场和证券机构的监管机构。根据台湾《证券交易法》的规定"主管机关为有价证券募集或发行之核准，因保护公益或投资人利益……"赋予了主管机关一定的监管权。2004年7月1日以后，台湾实行由金融监督管理委员会执行统一的混业监管，其保护投资者利益的宗旨非但没有发生变化，反而有所加强。台湾还于2003年实施了《证券投资人及期货交易人保护法》，由"证券及期货交易委员会"作为法令的主管机关。该法设立了投资人保护机构——"财团法人证券暨期货市场发展基金会"，专责投资人保护工作，并成立"投资人服务与保护中心"负责查处违规行为。此外，台湾还设置了保护基金，由保护机构保管和运用；设置调处委员会，办理证券及期货交易争议案件的调处，监理团体诉讼、仲裁制度。由此可见，台湾金监会将投资者保护作为重要的监管目标。

由此可见，大多数国家或地区的监管机构都将投资者保护作为其主要目标之一，并通过一些现实的制度安排来保证投资者合法权益的真正实现。在发行环节上，设立市场准入标准，建立严格的信息披露制度；对上市公司的监管方面，积极提高上市公司质量，加强日常监管；对中介机构要求其规范执业，促使其做大做强，并将投资者的利益保护作为红线一以贯之。同时，还建立了完善的侵害投资者利益的问责机制，对侵害投资者利益的行为追究严格的民事、刑事、行政等责任，通过严格执法与采取行政处罚等措施及时制止侵害投资者权益的行为。此外，还积极营造保护投资者的外部环境，诸如加强资本市场诚信文化建设、构建有效的投资者保护诉讼制度、开展形式多样的投资者保护教育活动等。

第二节 证券投资者保护机制的总体构想

一 基于公司—社会层面的投资者保护机制

投资者保护需要一系列制度安排。投资者保护制度的核心是要通过一整套正式的、非正式的规则，包括广泛接受的各种有关做法，建立一套涉及关键"行为人"的激励与约束机制，使他们的利益与投资者一致。下面，我们就循着上文投资者保护理论依据的思路，分别从社会和公司即外部法律监管和市场内部约束、激励两个层面探讨投资者保护制度设计。（见图5—2）

从制度安排来看，投资者保护制度具体涵盖公司、社会两个层面。公司层面的制度安排，主要涉及董事会与管理层责、权边界划分，完善公司内部治理机制，建立公司内控机制等方面，具体有股东投票权、参与权、话语权、董事会职责、禁止内幕交易、股东派生诉讼制度、集体诉讼制度等等。社会层面的制度安排，核心是构建公开、公平、公正的市场环境，科学、合理的证券市场监管体系，高效的证券市场监管制度，从而最大限度地保护股东的合法利益。

（一）公司层面

在公司层面，相关制度安排要使代理成本最低，使代理人只有按照股东或公司最佳利益行事，才能实现最大限度的个人利益（货币收益与非货币收益）。公司层面的制度安排，主要涉及完善公司内部治理，清晰界定管理层和董事会的责、权、利，建立公司内部的控制与监督机制，具体包括：

股东投票权和投票程序，包括诸如累积投票权和其他所谓的反对董事权力（anti-director rights），这些对保护相对于控股股东和相对于管理层的少数股东的权利来说极为重要。

包括董事会和单个董事在内的公司董事的职责、权力和责任，如"独立"董事的界定，关于董事会构成以及审计、董事提名、董事及管理层报酬等董事会委员会的构成的要求等。

对公司内部人的自我交易的禁止，不管自我交易是借助关联交易，还是通过"管道输送"或采取内幕交易的形式。

公司收购规则，即在发生公司购并和公司私有化（公司不再挂牌）时对小股东进行保护。

通过派生诉讼和集体诉讼，股东拥有对管理者和董事的法律求偿权。

（二）社会层面

从整个社会的角度来看，要在公司以外的相关层面建立相关制度，使这些层面的"行为人"只有按照股东或公司最佳利益行事，才能使个人利益最大化。

政治层面，要清晰界定政商关系，政府应避免既是"裁判员"又是"运动者"的利益冲突。

法律层面，要建立保护投资者权益的完善的法律体系，包括公司法、破产法、收购兼并法和证券法等。要制定关于公司股票与债券发行和交易的法规，包括关于证券发行人和诸如证券公司、会计师事务所、投资顾问等市场中介机构的职责和责任的法律。

司法层面，要有足够的政治独立性、足够的司法权、足够而不会导致过度延误的法律实施资源、能做出信息充分而又公正的判决的司法体系。

执法层面，建立依照证券法运用监督手段和法律实施手段而对公司证券的发行和交易进行监管的政府机构（"证监会"）。

自律层面，如证券交易所的上市规则，即公司证券容许在交易所挂牌和交易而必须达到的条件，证券交易所对上市公司的信息披露要求，投资者协会对投资者的保护等。其中信息披露尤为重要。美国、波兰和德国市场的成功经验表明，证券发行者必须有大量强制性的财务信息披露。信息的准确性，即使在股东无权据此采取诸如集体诉讼行动时，也对股东保护至为关键。关于信息披露的制度涉及公司财务报告所依据的会计标准及其规定；外部审计及相应的审计机构的选择；以清晰、及时的方式公开披露各种有关信息，包括财务报表（分部的和合并的报表，董事和高层管理人员的报酬水平和奖励手段等）、关联交易、公司治理准则和其他有关的准则、法律、规章和自己公布的公司价值与目标的实施情况或未能实施的理由。

市场层面，如约束和激励管理层的公司控制权市场、经理人才市场和产品市场。

证券中介机构层面，主要是投资基金和大机构投资者的分析师和会计师事务所和律师事务所的自律。股票分析师对公司客观价值进行持续性分析，会计师事务所对上市公司财务的审计，起到了监管上市公司和保护投资者的作用。为使中介机构充分发挥监督作用，还应在市场中引入卖空机制，为分析师和媒体监督公司提供一种激励机制，也即卖空机制存在可以使分析师通过追查企业欺诈行为，卖空股票获利。此外还要建立通过成员资格授予、信息共享、同业压力等界定并维持本行业执业标准的专业协会，如会计师协会、证券经纪商协会、公司董事协会等。

媒体层面，主要指媒体对公司可能的欺诈和侵害投资者的行为独立地进行分析、报道和揭露。

概言之，投资者保护制度，无论是在公司层面还是社会层面，主要涉及公司的监督和控制、信息披露和公司透明度这两大类，这些制度的着眼点在于最大限度地降低信息不对称程度和道德风险，实现激励相容，保证代理人利益与委托人利益尽可能地一致，保护投资者利益。

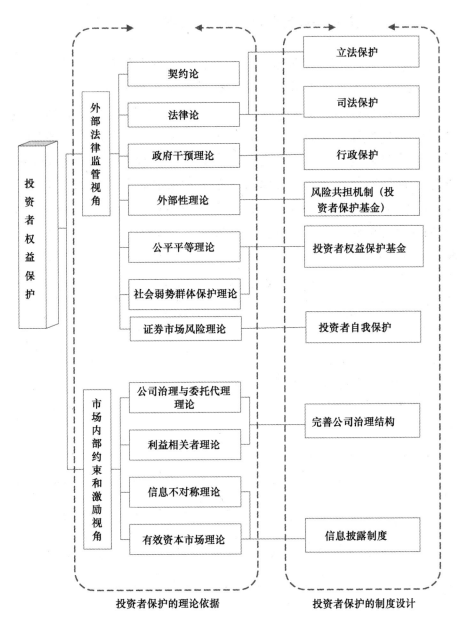

图5—2　从投资者权益保护的理论依据看投资者保护的制度设计

二　基于流程的证券投资者保护机制的构建

完整意义上的投资者保护制度从过程上看，首先是一系列的包括公司法、证券法以及投资者保护法等在内的旨在保护投资者利益法律体系的建设和完善，然后是在此基础上的制度和政策安排，这其中通常包括公司治理制度、信息披露制度、会计准则以及相应的金融监管政策和手段。如果把法律和制度的建设看作是保护投资者利益的事前防范措施，把完善公司治理和强化金融监管看作是事中控制，则投资者补偿制度的建设和投资者保护基金的设立是一个完整的投资者保护制度中的事后处理机制和过程。（见表5—1）

表5—1　　　　　　　　　　　投资者权益保护过程

保护手段	事前防范		事中监管	事后保护
立法保护	公司法、证券法以及投资者保护法等法律体系的建设和完善			派生诉讼
				集体诉讼制度
	股东表决权制度			
	新股发行的优先认购权			
行政监管	制度建设	投资者教育制度	针对证券公司的风险监控	投资者补偿制度
		公司治理制度	针对上市公司：完善公司治理、信息披露等	投资者保护基金
		信息披露制度	针对市场参与主体监管	风险处置
		会计准则		

续表

保护手段	事前防范	事中监管	事后保护
自律保护	证券交易所：制定上市规则	证券交易所：对上市公司信息披露要求	
		中介机构：会计师事务所对上市公司财务的审计	
		投资者分析师对公司价值的分析	
社会保护		媒体监督	

　　我国多层次投资者权益保护体制的构建。从宏观上来看，证券投资者的保护共有市场路径、政府路径、法律路径三种，它们各自具有不可替代的优势，也有不可避免之缺陷。市场机制能够自发地、灵活地配置资源，可以对现存问题快速做出反应，但同时无法解决内生的失灵问题；政府监管运用行政权力对证券市场进行宏观调控和监督管理，从而弥补市场失灵之缺憾，但又无法克服监管失灵的局限；法治作为证券市场的制度保障，是市场失灵、监管失效之"良药"，但又并非包治百病的"仙丹"，法治并不是万能的。因此，这三者相互制衡，不可替代，只有将各自的优势发挥到极致，同时最大限度地弥补其种种缺陷，才可以向证券市场投资者提供最大化保护。但纵观世界证券市场的既有现状和发展态势，政府监管仍处于比较强势的地位，就我国证券市场而言，行政过度监管正是投资者保护不力的重要原因。事实上，最优化的投资者保护路径应当是市场机制、政府监管、法律制度三位一体的，每一条路径都有自己独特的功能，不能被替代，也不能替代其他路径的作用，三者之间相互弥补、制衡，在我国证券市场中，政府路径不宜过度侵占市场机制、法律保护之领域。未来我国设计证券投资者保护体系应该坚

持建立和发展市场机制、政府监管、法律制度三条路径协同型投资者保护体系。（见图5—3）

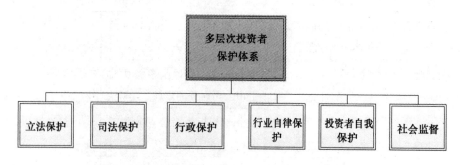

图5—3　我国多层次投资者保护体系的构成

结合上文对投资者权益保护理论依据以及投资者保护流程的分析，本书从投资者保护主体的角度出发，认为我国投资者保护体系应是以市场机制、政府监管、法律制度为基础，立法与司法保护、行政监管、社会监督与投资者自我保护、投资者保护基金制度、行业自律监管、公开信息披露共同发力的"六位一体"的投资者保护体系。这六大保护手段的互相配合本质上体现了市场机制、政府监管、法律制度三者间的辩证统一关系。

第六章

证券投资者的立法保护和司法保护

第一节　我国证券投资者权益法律保护的实践

法律保护是证券市场健康发展的基石。我国证券市场诞生至今已 20 多年，已经初步形成了以《公司法》、《证券法》以及有关行政法规、部门规章和市场业务规则等构成的证券市场法律体系，对于维护我国证券市场秩序、维护和保护证券投资者合法权益起到了积极作用。但另一方面，我国的证券市场的功能定位仍重视融资，忽视和缺乏对投资者权益的专门法律保护，维护投资人合法权益的宗旨在法律实践中体现得不够，特别是上市公司和中介机构违规、违法成本过低，直接导致我国证券市场长期处于低迷状态，建立充分的投资者保护法律体系已势在必行。

一　我国证券投资者权益的立法保护

证券投资者权益立法保护，即立法主体通过制定法律法规和部门规章等强制性规则，来保护投资者权益的方法和手段。我国当前初步形成了以法律法规、部门规章、市场业务规则构成的证券市场法律体系。

（一）法律

我国的《公司法》、《证券法》确立了投资者权益保护的基本制度，主要包括：证券发行制度方面，为了防止虚构公司资产和业绩，骗取公司股票发行和上市的行为，要求证券发行应以其内在价值作为依托，要求证券发行应保障具有一定稳定性和内在价值、一定质量的证券上市。信息披露制度方面，作为证券市场的重要组成部分，也是证券市场买卖证券决策的重要依据，因而对上市公司资产信息和经营状况等事项变动，以及证券购买者购买、持有证券相关事项等信息披露做出了明确要求。投资者资产第三方托管制度、证券市场参与主体治理、控制制度方面，指出上市公司、证券交易所、会计师事务所、证券登记结算机构、证券公司、律师事务所等证券服务机构都是证券市场的参与主体，我国《证券法》等法律对这些市场参与主体的内部治理、运行行为都有明确的要求。证券市场交易行为规范方面，我国《证券法》明确禁止证券欺诈、内幕交易等损害证券市场运行的行为，并规定了对这些行为的惩处措施和对投资者的相应赔偿制度。这些对市场主体违规行为的限制、禁止与惩处措施，对于维护市场健康运行、保护投资者合法权益具有重要的作用。

（二）部门规章

这是指国务院各部、证监会等具有行政管理职能的直属机构根据法律和国务院的行政法规、决定、命令，在本部门的职权范围内制定的规定、办法。主要有《证券公司监督管理条例》、《证券公司风险处置条例》、《上市公司监督管理条例》、《上市公司独立董事条例》、《上市公司信息披露管理办法》、《律师事务所从事证券法律业务管理办法》、《境外证券交易所驻华代表机构管理办法》、《中国证券监督管理委员会限制证券买卖实施办法》、《合格境内机构投资者境外证券投资管理试行办法》、《证券投资者保护基金申请使用管理办法（试行）》、《中国证券投资者保护基金有限责任公司受偿债权管理办法（试行）》和《关于缴纳证券投资者保护基金有关问题的通知》等规范性文件，规范基金的管理、使用，切实保护证券投资者的合法权益。

二　证券投资者权益司法保护

证券投资者权益的司法保护，就是指公安、法院等司法部门通过依法履行职责，对证券投资者权益遭受侵害所实施的一种保护和追责手段。当前我国司法保护的主要方式是人民法院通过对证券侵权案件进行公正裁判等一系列的诉讼机制。司法机制是保护证券投资者权益最重要也是最后一个环节。

证券侵权诉讼，是指因证券侵权行为引起的个人、法人与其他组织间因财产关系提起的民事诉讼。由于证券市场中证券和证券交易行为的特殊性，群体诉讼往往成为证券侵权民事诉讼的典型特征。具体来看，证券侵权民事诉讼的突出特征有以下几点：

一是被侵害的投资者人数多、分布广且多处在证券市场交易的弱势地位。梳理已有证券侵权案件，可发现经济实力有限的中小投资者通常成为受害者。其中，部分个人投资者处于无业、离退休、自由职业状态，知识水平相对有限，投资者之间联系较少，呈现出一盘散沙的状态，当投资者权益被侵害时，维权的成本与能力相对较弱。近年来进入司法程序的侵权案件中，杭萧钢构案件原告达到127人，东方电子涉及原告多达6989人。[①] 在这样的司法诉讼中，当事人散布在全国各地、人数众多，不可能一一到庭应诉，很难通过传统单独诉讼或共同诉讼进行审理，只能通过选派代表的方式进行。由此，具有共同或同种类法律利益的一方当事人人数众多，且不能进行共同诉讼时，由其代表人进行诉讼的群体诉讼成为证券侵权案件最典型的一个特征。

二是证券侵权涉案金额单笔数量少但总额较大。不同于其他民事诉讼，证券侵权民事诉讼的一个突出特点是从单一受害者角度看，投资者被侵害的金额往往比较小，只有千把万余元，个别只有几百元，但由于受害者人数很多，因而整体加总起来数额就十分巨大。

---

① 上海证券报网站（http://paper.cnstock.com）。

恰恰是因为受害者相对分散，单一受害者损失相对较小，很容易忽视对自身权益的保护，客观上纵容了上市公司大股东以及内部人不法侵害行为的发生。特别是我国股市内部交易、"坐庄"等问题仍没有根本转变，而对损害投资者行为处罚相对不足，投资者赢得官司获得赔偿的案例更是少之又少，更使得这些违法行为长期不能受到制止，破坏了正常的市场交易和运行秩序。

三是受害人因为同一侵权行为导致合法利益受到损害，众多受害人有着相同的利害关系。在证券市场中，受到信息不对称等因素影响，证券侵权行为通常极为隐蔽，很难被投资者发现。特别是在市场波动的过程中，中小投资者通常认为这些损失是由于自己水平不高、操作决策能力不好造成的，但一旦投资者认识到是由于非法内幕交易等因素引起的，一致的利害关系也能把众多受害者聚集到一起。

四是侵权行为造成的社会影响面较大。我国证券市场参与者数量多，证券市场波动对社会公众影响大、受社会关注度高，一些重大制度、举措出台往往受到很大的舆论关注，甚至可能造成重大的社会影响，有的甚至影响到社会稳定。在德隆案件中，新疆德隆使用2万多股民账号，长期买卖合金投资、新疆屯河等股票，从股票波动价格变动中非法获利28.6亿元，在亿安科技案件中，通过上万股民账户，将股价从40多元提高到120多元，黑庄非法盈利近4.5亿元。① 在银广厦、杭萧钢构等案件中，违反证券市场规则，严重损害了中小投资者对证券市场的投资信心，使证券市场融资功能受到严重影响，给国家和社会造成巨大的经济损失，经济"晴雨表"作用无法体现。

五是证券侵权民事诉讼案件专业性强，审理取证要求高，审理难度较高，随着现代网络技术的发展，我国证券市场交易已经实现了实时电子网络交易，这样的交易在几秒钟内就可完成，证券违规、

---

① 中国证券报网站（http://www.cs.com.cn）。

违法的取证难度日益加大。证券侵权民事诉讼具有的专业性、技术性特点，市场频繁波动，很难证明股价波动是哪些信息造成的，股价波动与投资者损失之间因果关系也很难取证，使证券侵权案件审理难度大，对审理案件的法官在经济、法律方面的知识素质要求很高。

三　证券投资者权益司法保护的优势

（一）公开性

证券诉讼的发动意味着将证券市场存在的问题，如大股东掏空、内幕交易、证券价格操纵等行为推到阳光下，在证券监管中存在的问题也将公之于众，对于提高证券监管水平、完善证券监管制度、提高证券市场保护投资者权益水平都有很大好处。

（二）适当性

金融创新与监管约束之间如何定位，是各国证券投资者保护必须面对的问题。在金融活动日趋复杂、经济行为日益多样的背景下，各国立法步伐与金融市场发展之间如何协调成为一个普遍性问题。通过诉讼机制来进行个案分析、界定成为一种必需。因为如果让监管者进行规制，就会产生过度干预问题。但对于新兴世界市场来讲，证券市场法律制度不健全、监管不严格，造成小股东利益被侵犯，通过法院诉讼机制可以遏制这些行为的发生。

（三）补充性

法律是社会纠纷的重要保障，法院承担着法律模糊地代做决断功能。在不存在政策阻碍法院受理案件的情况下，一切其他途径不能获得解决的纠纷都会流向法院。普通证券投资者能够通过诉讼解决由于证券监管不足产生的违规违法行为，让这些行为得到惩罚，获得更多的法律救济机会，并弥补其所遭受到的损失。

（四）威慑性

证券诉讼实现损害赔偿的机制在国外被称为"私人执法"，由于执法发动权力掌握在当事人手中，因而，虽然证券市场上公众投资者数量众多，容易产生"搭便车"、理性冷漠等问题，但只要有一个股东愿意出头诉讼，就能够触发对公司行为的质疑和责任追究。可以说，每个股东都是一颗地雷。这样的分散式地雷触发模式，能够发挥单个投资者的积极性，也有利于利用民间资本对公司大股东和内部人行为进行监督，可以节约监督成本，形成对证券违法行为的潜在震慑，扩大证券诉讼威力，从而遏制不法行为。

第二节　我国证券投资者权益立法、司法保护的现状和缺陷

一　我国证券投资者立法的现状

我国是一个新兴证券市场，在由计划经济向市场经济转轨的过程中，政府在其产生和发展中起到了重要作用。但在行政力量推动的过程中，许多非市场化、非经济性的因素也客观制约了投资者法律保护的局限性。特别是行政干预过多、上市股权结构不合理、国有股一股独大等，都直接影响了我国证券投资者保护法律体系建立历程的曲折性。我国证券侵权立法、司法制度实践经历诸多坎坷，具体来看经过了以下阶段：

（一）法律没有明确规定阶段

由于证券交易具有高度的复杂性、技术性，导致民事赔偿制度问题的复杂性。不同于普通商品，证券产品设计复杂，市场投资者人数众多，影响证券价格、投资者判断的因素多样，市场瞬息多变，当违法行为发生后，通常无法判断行为人在主观过错与市场波动之间的详细区别，也很难证明其余违法行为是否存在因果关系，对受害人所受损害的数额等问题判断也有难度。即使在美国这样一个证券发展历史悠久、法制健全的发达国家，对此也很难给予确切的回答，经济界与司法界长期争论不休。作为我国这样一个新兴市场国家，立法保护投资者权益也就成为发展初期必然经历的阶段。20世

纪末，虽然我国证券市场有大量侵权事实，但受害的投资者向法院提起诉讼的却很少，即使有个别受害者提起诉讼，法院也以证据不足驳回诉讼或者干脆不予受理。例如，1996 年在渤海集团侵权诉讼事件中，个人投资者刘中民起诉上市公司渤海集团。原告认为被告的虚假陈述给自己的投资行为造成严重误导，要求被告赔偿原告股票损失。法院则认为原告在证明被告的虚假陈述与其股票损失之间因果关系上证据不充分，故驳回原告起诉。这样，我国第一例证券侵权案件胎死腹中。

（二）法院不予受理阶段

随着证券市场发展，证券市场法律侵权案件数量也不断增加，各地法院面临着很大的证券诉讼压力。在没有法律明确规定的情况下，各地法院往往根据自身理解对案件进行判决，造成同类案件在不同法院的不同判决结果，司法政策、司法权威受到很大质疑。在这样的背景下，2001 年 9 月，最高人民法院《关于证券侵权诉讼案件暂不予受理的通知》提出，目前证券市场的确大量存在对投资者合法权益的侵害行为，如内幕交易、证券欺诈等，必须对这些不法行为逐步规范纳入法律约束的轨道，但这些证券领域的不法行为属于新生事物，技术性强、审理难度大，目前法院不具备审理这类案件的条件，所以对证券侵权行为民事案件暂时不予受理。我国证券投资者权益的法律保护之门被关闭，投资者损失进入了索赔无门的尴尬局面。

（三）法院有条件受理阶段

在证券侵权引起的纠纷日益引起广大社会舆论高度关注的背景下，如何对投资者权益进行保护，对违规者予以惩罚，按照"有权利必有救济"的原则，通过司法救济机制来补偿投资者的损失就成为社会各界的共识。2002 年，最高人民法院在停止证券侵权案件受理 4 个月后，发布了《关于受理证券民事诉讼案件的通知》，对法院受理因虚假陈述行为引发的民事诉讼做出了原则性规定，我国投资者权益保护再次正式有了法律保护的通道。但在这一过程中，对于证券民事诉讼案件设置了一定前提，就是侵权案件必须是中国证监会做出行政处罚决定的，人民法院方可受理。2002 年12 月，最高人民法院《关于受理证券市场因虚假陈述引发的民事赔偿案件的若干规定》，对诉讼中的程序问题如受案范围、管辖、诉讼方式和实体问题如因果关系、损失计算等做出明确规定，证券市场民事诉讼机制初步建立，证券市场投资者有了一个新的司法救济途径。在最高人民法院《受理通知》发出后，上海嘉宝实业由于年报中的虚假信息，证监会对此进行了行政处罚。由此，投资者彭淼秋等人向上海法院提起诉讼，认为嘉宝实业不实信息披露，陈述虚假，导致原告听信虚假信息进行投资造成巨大经济损失，要求嘉宝实业赔偿损失合计100 多万元。经过上海市第二中级人民法院调解，最终原告彭淼秋与被告上海嘉宝实业达成和解，原告获得补偿款800 元，成为我国第一件证券投资者权益诉讼并获得赔偿的案件。

二　当前我国证券投资者司法保护机制的缺陷

（一）法院适用证券侵权民事诉讼方式不合理

新世纪初的 2002 年，最高人民法院《关于审理证券市场因虚假陈述引发的民事赔偿案件的若干规定》正式发布，我国证券民事诉讼制度正式建立，对维护证券投资者合法权益有着重要意义。但在诉讼方式一项明确规定，法院审理证券侵权案件的诉讼方式只能采取单独诉讼和共同诉讼两种诉讼方式，显示法院在处理证券侵权诉讼方面态度是消极的。突出表现为以下几点：一是法院受理案件范围过窄。按照规定，目前我国法院受理案件仅限于受到虚假陈述侵害的案件提起的民事诉讼，而把内幕交易、市场操纵等恶性违法行为排斥在诉讼之外。二是诉讼前提进行了严格限定，要求提起诉讼的案件必须是中国证监会已经做出行政处罚的案件。三是诉讼方式有缺陷，没有采用被学界广泛好评的代表人诉讼方式或群体诉讼的诉讼方式。从 2003 年至今的证券侵权案件中，审理完毕的数量寥寥无几，能够赔偿执行到位的案件几乎没有。① 造成证券侵权纠纷案件结案率低的原因，除了案件自身的复杂性、专业性强，取证、审理难外，与案件只能采取单独诉讼、共同诉讼的方式也有很大关系。

（二）证券侵权案件中单独诉讼与集体诉讼的缺陷

证券投资者权益受损案件中，受案人数量多、分布广泛，如果采取传统的诉讼方式审理势必造成诉讼效率低下，诉讼成本高昂。基于政策和利益权衡下的单独诉讼解决证券侵权民事赔偿案件，是特定历史背景下的合理选择，但单独诉讼的方式也是有明显缺陷的：一是采取单独诉讼模式，对法院来讲意味着可能有更加繁重的工作压力、诉讼时间和成本很高，客观上纵容了侵权案件的发生。在大连联谊案件中，原告起诉人达到 679 人，被告 12 人，如果单独诉讼，需要递交的起诉状近 9000 份，合计 8 万多页起诉材料，每一名被告需要签署答辩书 679 份，每个人还需要分别进行答辩。如果按照法院每天起诉审理 3 起案件计算，本案仅法院审理的时间就需要一年半多。而在代表人起诉制的情况下，大连联谊案件中，只需要 2 人就可以代表 381 人进行应诉，不仅节约了大量人力、时间，还可以节约大量的诉讼成本。如果按照单独诉讼，381 人需要累计缴纳诉讼费约为 46 万元；以两个代表人诉讼立案，诉讼标的分别为 325 万元和 697 万元，则诉讼费合计为 7.1 万元。同样的案件，诉讼费节省近 40 万元，代表人诉讼制度节约了原告大量的诉讼成本。② 二是采取单独诉讼案件，由于证券侵权诉讼受害人数众多，分布于全国各地，受法院对法律理解不同以及利益相关程度不同影响，可能造成若干个案判决的不统一，对相关当事人的利益保护造成不均衡的情形。因而，从实际效果来看，在证券侵权案件中采取单独诉讼的诉讼方式是有很大难度甚至不切实际的，最高法院的有关人士也

---

① 韩丽伟：《论证券民事赔偿的集团诉讼》，对外经济贸易大学学位论文，2003年。

② 《完善代表人诉讼制度，还有多少大庆联谊案可以胜诉?》，中国证券报网站（http://www.cs.com.cn）。

在不同场合多次指出我国法院目前不能主要依靠单独诉讼来审理证券市场侵权民事赔偿有关纠纷。

从共同诉讼的实践看，法院在审理证券投资者侵权案件中也面临诸多难题：一是诉讼效率低。共同诉讼一般要求案件当事人全程参加诉讼，而在证券侵权诉讼中，原告一方人数很多，有的甚至有成百上千人，法院要花费大量人力、物力安排诉讼，诉讼效率非常低。二是权益维护程度不高。为了提高诉讼效率，保证众多当事人行使诉讼权利，各地法院通常会对共同诉讼进行合并或拆分，这样不但侵犯了当事人自主选择诉讼形式的权利，也会有损诉讼公正，使得同样的案件得不到同样的判决。① 特别是我国司法还不能做到完全独立，群体性纠纷案件审理容易受多种因素干扰，法院经常使用这种"诉讼的合并与拆分"来应对有关方面的压力。正是因为适用了不适宜的诉讼方式，证券侵权诉讼的诉讼结果和社会效果并不能令人满意，一些案件诉讼周期漫长、费用高昂，中小投资者面临着漫长等待、久拖不决的维权之路，不少人撤诉、被迫接受侵害结果，证券市场公信力受到严重破坏，法律最后屏障作用几乎丧失，证券市场长远发展受到影响。

第三节　美国证券投资者权益保护的立法及司法借鉴

一　美国保护证券投资者权益的主要法律精神

（一）确立信息披露制度，保障投资者公平获取证券信息

20 世纪 30 年代，美国《证券法》明确指出公司有发行信息披露义务，要求公司注册登记时公正、全面披露对投资者可能产生影响的信息，包括公司财务、经营管理、证券发行目的等相关信息，

---

① 任自力等：《证券集团诉讼——国际经验、中国道路》，法律出版社 2008 年版。

用以保障投资者根据信息了解和判断风险，做出投资决定，以防止
上市公司发布虚假信息、对投资者进行欺诈。

（二）禁止内幕交易等行为，保障市场公平交易

内幕交易直接损害投资者利益，影响证券市场稳定，甚至会引
发经济动荡，但内幕交易的监管难，发生频率相对较高。20世纪30
年代，内幕交易成为引发美国股市大动荡、蔓延成经济危机的直接
原因。因而，美国《证券交易法》对证券交易有严格管制措施，明
确规定在买卖证券时，任何人不得有与交易相关的欺骗行为或者
在公司重大信息发布上虚假陈述或者隐瞒信息，否则构成证券欺
诈，须承担法律责任。美国对内幕交易的判定主要美国对内幕交
易的判定主要采取概括式立法，而不是像其他国家采取的列举式
立法。美国对证券交易中的操纵没有明确定义，一些法律对各种
操纵做了列举，但由于法律规定非常具有原则性，认定操纵行为
还要靠法院判例。通过美国梳理立法与判例囊括的操纵行为有：
对倒、对敲等虚拟交易；涉及真实交易的操纵，诱使他人买卖为
目的的交易行为，集中买卖、分销中买入或邀请买入证券，稳定
价格、锁定价格等；对操作的虚假陈述、传言；散布虚假信息操
纵市场；其他行为，如订购却无意买入、公司不当管理、限制证
券供给等。

（三）设立证券投资者保护基金，降低投资风险

美国是建立投资者保护基金公司最早的国家。1970年，美国证
券业的非营利性会员组织美国证券投资者保护基金公司成立了，目
的是维护投资者信心，帮助投资者降低风险。基金公司的资金来源
有四个方面：一是国会拨付的发起基金；二是联邦储备银行和财政
部各自的10亿元无担保贷款；三是会员公司缴纳的年费；四是投资
者保护基金公司的利息收入等。建立证券投资者保护基金的宗旨是
为了防范证券公司破产造成的非交易性损失，让券商面临破产或者
出现危机时，投资者能够得到应有的赔偿。美国要求所有按照《证
券交易法》规定注册的证券经济商、自营商、证券交易所会员等都

要成为投资者保护基金的会员，并按照经营毛利润的5‰交纳会费。证券投资者保护基金的保护范围广泛，包括因券商周转不灵、破产等变卖资产导致的股票、债券损失，共同基金、股权、期权、货币市场基金、可转让存单、无抵押债券、认股权证等损失。

（四）弥补投资人损失，建立证券民事赔偿机制

美国证券法有一套完善的民事赔偿诉讼机制，以确保在投资者利益受到侵害时，有相应的司法救济措施。这一机制包括：一是按照美国《证券交易法》与《证券法》，上市公司有违反信息披露义务，导致虚假陈述、操纵市场行为、内幕交易等行为发生时，需要承担民事赔偿责任，并规定了赔偿损失计算方法。赔偿的义务人包括上市公司、会计师事务所、律师事务所等中介组织，公司高管、董事、证券承销商等。二是从程序法角度退订了投资者诉讼权利。美国《联邦诉讼法》、《证券诉讼修改法》、《证券交易法》等赋予了投资者具有集团诉讼、股东代表诉讼的权利，被告可以是公司、高层管理者、董事、会计师、律师等。

（五）打击证券犯罪行为，发挥刑罚的震慑作用

美国证券法对证券犯罪处罚严厉，在1933年的《证券法》、1934年《证券交易法》中都对内幕交易、操纵价格、虚假陈述等有严厉的制裁措施。在21世纪初安然事件发生后，指定的《萨班斯法案》，对证券犯罪的打击惩处再次加大，体现为以下方面：一是对上市公司要求首席执行官与财务总监签字宣誓报表真实性，违反规定的将判处50万美元罚金，或入狱5年。二是要求公司首席执行官、财务总监等高管对公司财务报表真实性负责，如果出现财务报表不合实际，将按照证券欺诈追究刑事责任，最高判25年。

二　美国保护证券投资者权益的诉讼机制

（一）集团诉讼

美国证券侵权案件中，集团诉讼成为非常重要而有效的诉讼方式。通常情况下，高度分散的上市公司股权结构是导致证券维权难

的主要原因。例如，上市公司 A 的侵权给股东造成 1000 万元损失时，成功提起针对 A 的诉讼需要花费 100 万元，律师费在这个旷日持久的诉讼中花费高昂。假设公司最大持股者也仅仅持有 1% 的股权，则该股东即使赢了诉讼也只能获得 1% 即 10 万元赔偿。而诉讼费用却高达 100 万元，显然成本收益角度考虑下没有股东愿意独自承担 100 万元诉讼费用，因而导致证券侵权案件很少被起诉。但如果从群体受害者角度看，这样的官司是值得的，因为他们只需要支付 100 万元就能够获得 1000 万元的赔偿。在这样的情况下，少部分股东代表所有股东提起诉讼，共享诉讼成功收益，共担诉讼费用，多数股东形成的信息、资源优势就可以对抗庞大的上市公司。

美国法院从 20 世纪 40 年代开始使用集团诉讼模式审理证券侵权案件。进入 90 年代，美国大量高科技公司进入上市公司的行列。当这些公司的证券出现大幅度非预期性波动时，针对他们的集团诉讼纷至沓来。以山登公司集团诉讼案为例，在纽交所上市的山登公司在年报中虚增利润，投资者发现后每股股价从 35 美元下跌到 10 美元，投资者开始对山登公司提起诉讼。法院通过招标确定原告的首席律师，对山登公司提起诉讼，经过多次开庭，原、被告双方达成和解，原告获得 28 亿美元赔偿，代理律师获得赔偿金 8% 的诉讼金额。[①] 高额的赔偿使大量集团诉讼进入法院，形成集团诉讼危机。美国政府也出台了《私人证券改革法》（1995）和《证券诉讼统一标准法》（1998）防止投资者滥用诉讼权利。虽然如此，集团诉讼仍然是美国证券侵权诉讼的主要诉讼模式。

（二）美国集团诉讼的特点和功能

美国集团诉讼模式呈现如下特征：首先，集团拟制性。受害股东组成的诉讼集团是临时、松散的团体，只是法律上的拟制主体，不是固定组织。其次，具有对该集团共同适用的事实和法律问题。再次，诉讼主张具有同类性。集团诉讼代表当事人的主张，集团成

---

① 陈志武：《证券集体诉讼在美国的应用》，《证券法律评论》2002 年第 2 期。

员相同或有相似的利益诉求。最后，集团诉讼结果具有扩张性。集团诉讼判决对集团全体成员以及潜在的成员都有法律效力。因而，集团诉讼的判决效力具有明显的扩张性。此外，美国集团诉讼中制定了诉讼当事人加入制度。在集团诉讼中，美国提出的原则是默示参加、明示退出，如果相关的证券投资者没有明确申请退出诉讼，则视为参加诉讼，诉讼结果对其产生效力。在诉讼过程中，集团诉讼中律师费与诉讼结果直接挂钩，律师按比例提成，吸引一批专业素质很高的律师参与到诉讼中，一定程度上减轻了原告诉讼，成为美国防止债券侵权的有力武器。

集团诉讼在美国市场经济发展中起到了重要作用，有以下方面的重大功能：一是有利于维护弱势群体利益。虽然民事活动参加者的法律地位平等，但现实生活的情况常常是出现个人与公司双方当事人地位悬殊，如工业污染方面，造成污染的通常是大企业；在商品消费纠纷中，消费者与商家实力悬殊；在证券侵权领域，中小投资者与上市公司相比属于明显的弱势群体，在财力、信息、时间、资源等方面不能与大公司相提并论。为此，投资者在纠纷中多选择自认倒霉，即使偶有诉讼，也因为消耗不起而撤诉。集团诉讼制度的出现，将权益受损的个人联合起来成为整体，改变了众多散户投资者单打独斗的局面，最大限度地实现了诉讼双方的实质性平等。二是提高了诉讼效率。传统侵权行为发生的时候，单独诉讼的处理纠纷方式让法官厌烦，虽然法官可用合并诉讼方式审理，但其作用仍然很有限。[1] 特别是对证券侵权等涉及多个地区、多个个体的群体性纠纷，合并诉讼审理是很不现实的。集团诉讼的出现大幅度提高了诉讼效率。三是惩罚了违规违法行为。集团诉讼旨在保护众多分散投资者的合法权益，通过追究上市公司、公司高管、证券中介等侵权行为人的法律责任，最大限度地维护了经济社会的秩序，在单个人追求自己利益最大化的过程中，推动了社会公共福利的增长。

---

[1]　陈刚等译：《集团诉讼改革的法理与实证》，法律出版社 2001 年版。

第四节　完善我国证券投资者权益法律保护的思路

我国证券投资者权益得不到切实有效维护，其主要症结就在于投资者保护没有专门立法，也没有切实可行的集体诉讼等司法机制。本质上看，这是由我国在证券市场监管体制上行政权力过度扩张，过多地约束和压抑了市场机制导致的，而现行法律则过多地把行政裁定作为前置条件。解决"政策市"的矛盾，切实保护投资者权益，就是要弱化行政权力，尊重市场规则，尊重法律规则。

一　完善我国证券投资者立法保护的思路

（一）抓紧完善并出台证券投资者保护法

市场秩序的维护，需要法律发挥惩戒违法行为的作用。目前我国已经出台了《公司法》、《证券法》、《证券公司缴纳证券投资者保护基金实施办法（试行）》等法律和行政法规，初步建立起证券投资者保护的法律体系。但现行的法律法规不同程度地存在问题，对损害投资者权益的违法违规行为缺少有力的惩罚措施。同时，现有投资者保护的相关政策仍不完善，投资者保护的相关规定太过原则，还缺少相应细则，可操作性不强，因而有必要将投资者保护提到立法的高度。我国应尽快制定《证券期货投资者保护法》，积极借鉴国外投资者保护的相关立法经验，建立有力的投资者保护的法律制度。在相关立法中，要结合我国证券市场发展实际，也应吸收国际证券投资者保护经验，综合考虑经济全球化、信息化背景下投资者保护面临的新情况、新问题，突出投资者保护立法的前瞻性、实用性和可操作性，对证券投资者权利的保护和法律救济方式的规定尽可能详细、具体，解决好投资者诉讼、维权中面临的具体问题。

（二）证券投资者保护法应明确的问题

从法律协调性、统一性角度讲，证券投资者保护法不应是面面俱到的法律汇编，也不应是事无巨细的操作细则，它应是对投资者保护面临问题的纲领性和特别性的规定，即应是其他法律法规未涉及的内容，或者是其他法律法规虽有所涉及但缺乏纲领性的内容，是就投资者保护特定问题的特别规定。

1. 证券投资者保护法中投资者的范围界定

证券投资者保护对象包括从事证券买卖的投资人、证券实际持有人，还有准备进行证券买卖的投资人。在实际立法中，往往是根据个人投资者、机构投资者等不同种类的证券投资者特点，予以不同的法律权益保护。如在证券公司破产和清算中只对个人债权进行收购，对机构投资者的债权并不进行收购，这样的安排虽存在一定争议，但也不乏可取之处。上市公司股权分置改革法人股股东对流通股股东补偿，也恰恰是维护中小投资者权益差别化保护的具体体现。中小投资者与实力雄厚的证券公司自营业务之间的能力的差异，也恰恰是做出个人投资者债券差别化保护的原因所在。

2. 证券投资者权利的界定

在证券交易行为中，不同证券投资者享有相应的法律权利，但当前在证券投资者的整体性权利和个体权利方面，还没有相关法律予以具体的体现和落实。在《证券法》中明确规定，上市公司有信息披露的义务，但有关事项的信息是否披露，披露的信息是否及时、完整、具体，证券投资者的知情权如何从法律上保障，如何督促其完成信息披露义务，则没有可操作性措施。虽然证监部门可直接责令其完成相关义务，但按照现行法律条文，投资者是否可以直接以信息披露为由提起诉讼并不明确。因此，应该在法律中明确表述投资者知情权，使每个投资者或准投资者有法律后盾，保障上市公司及时履行信息披露义务。

从证券投资者侵权事件和监管部门的经验看，主要应明确证券投资者的以下方面权利：一是知情权。主要是证券投资者对证券发行人和作为受托人的证券公司直接行使的民事权利；这样的知情权，证券投资者既可单独行使，也能共同行使。二是财产所有权。对证券投资者在证券公司或其他机构托管的财产，投资者有制止挪用、转移的权利，对受到的损失投资者有追索的权利。三是制止证券违法行为的权利。证券投资者在发现证券公司、上市公司存在违法行为或即将实施时，投资者有权利通过诉讼或者向行政监管部门申请要求行为实施人停止证券违法行为。四是有要求对证券违法、违规行为进行调查的权利。投资者在发现证券违法行为或者怀疑有关证券违法行为存在，但没有明确证据的情况下，有权利向证券监管部门举报并请求进行调查。五是损失索赔权。证券违法行为特别是内幕交易、虚假陈述等往往会给投资者造成很大的损失，对此法律应保障投资者的赔偿权利。

二　完善我国证券投资者司法保护的举措

（一）逐步采取代表人诉讼方式审理证券侵权案件

当前，我国法院很少适用代表人诉讼方式处理证券侵权等涉及人数众多的群体性纠纷。但法院忽视代表人诉讼的理由值得商榷。首先，我国代表人诉讼存在制度设计上的缺陷，应从法律方面逐步修改完善。其次，在法院工作中，应转变考核指标体系，不能过分追求结案率、当庭宣判率等显性指标，从根本上转变目前的业绩考核办法。最后，群体性诉讼涉及人数众多，处理不好可能成为社会的不安定因素，总的来看，公平公正的审理才是处理群体性案件的关键所在。因而，代表人诉讼制度的社会效果如何应从根本上进行认识。从某种意义上讲，群体性诉讼制度的设计，是对传统诉讼制度的制度创新，是适应经济社会发展实际，对中小投资者权益保护的有效司法救济。对于众多中小投资者来讲，如果众多被侵害主体都有效地通过群体诉讼来维护自己的合法权益，对于维护法律尊严、维护证券市场的长远发展将十分有利。从证券侵权诉讼时间看，长期以来，广大中小投资者权益受到侵害后面临着投诉无门、诉讼周期超长、诉讼成本高昂等问题，维权困难，导致对司法公正形象的损害和对法律法规权威的损害。侵害主体的不法行为不能受到法律的制裁，上市公司违法成本极低，也不利于建立诚实竞争的市场经济运行环境，不利于证券市场的长远发展。据相关媒体报道，很多企业在国外遵纪守法，但到了我国却出现了违反法律规定、随意污染、违规排放等问题，从一个侧面反映了由于相关法律不健全、诉讼追责机制缺失带来的问题。

党的十八届三中全会明确提出要深化市场经济制度，加快发展社会主义民主政治，建设法治国家。在政府对民主政治日益关注的背景下，应从司法的高度，对代表人制度进行适当调整，让我国的证券投资者不再沉默，不再选择默默忍受或放弃。要通过完善群体性诉讼制度，及时对诉讼制度进行调整，让代表人诉讼制度不再"沉默"。证券侵权纠纷具有专业性、技术性强等特点，案情相对简单，并不涉及复杂的社会利益背景，因而在证券投资者权益保护案件中，首先适用群体性诉讼纠纷机制。

（二）借鉴美国集团诉讼经验，逐步改革和完善代表人诉讼制度

第一，改变诉讼代表人的产生方式。美国集团诉讼原告是采取默示制度，消极认可首先提起诉讼的原告当事人。我国诉讼代表人的产生是基于法院、当事人授权代表人的方式。这种授权极容易导致代表人滥用权力，造成全体被代表人受损。建议我国诉讼代表人采取明示、默示授权相结合的方式，允许代表人资格通过默示授权取得原告资格，如需变更代表人时，可以通过法院或当事人明示授权的方式。第二，扩大诉讼代表人的权限。我国诉讼代表人的权限范围小、诉讼当事人多，变更诉讼请求必须经被代表的当事人同意，诉讼时间精力耗费大、成本高。在美国证券侵权案件中诉讼代表的权力较大，除了撤诉、和解等重大决定外，无须征得被代表人的同意。建议除撤诉与和解两项权力，对诉讼代表人赋予更充分的权力，提高普通投资者维权自觉性。第三，采用"明示退出，默示参加"的规则。我国诉讼采取的是当事人明示参加制度，需要逐一到法院进行权利登记，不利于大规模、群体性、分散性证券诉讼案件的办理。建议借鉴美国"明示退出，默示参加"的登记办法，只要不明确申请退出诉讼，就默认为同意诉讼，审理结果对所有成员有效。这样，一方面能增大诉讼概率，更容易使违法者受到惩罚，从而保护投资者利益；另一方面，能解决中小投资者众多背景下多数人不愿起诉而企图"搭便车"的问题。第四，建立"风险诉讼"机制。就是允许律师在证券侵权案件中，案件胜诉后按比例获得诉讼酬金，让律师更有积极性地工作。目前我国普通民事诉讼中已经出现了胜诉酬金的做法，但在证券投资者权益案件中，相关做法还比较少。由于证券投资者权益维护案件的专业性、技术性非常强，在案件审理中不仅需要有更高的文化素质，还需要有丰富的金融证券知识和法律知识，因而，让律师能够按照百分比获得收益，对于提高律师参与维权积极性，提高投资者权益有着十分积极的意义。第五，由律师参与群体成员资格确定。我国民事诉讼法规定，当事人一方人数众多，在起诉时人数尚未确定的，人民法院可以发出公告要求权利人在一定期间内向法院进行登记，通过登记使群体成员人数从不确定变为确定状态。但在法院资源有限的情况下，当事人确认成为一个工作量大、负担重的任务。而美国集团诉讼中，法院不具体承担人数确认，而是由律师承担群体成员确定工作。目前，我国已经具备律师参与确认的基础条件。为方便当事人诉讼、节约有限的司法资源，建议我国允许律师参与群体诉讼并承担群体成员的确认、联系工作，使群体成员人数实现从不确定向确定转变。

（三）条件成熟制定证券侵权群体诉讼制度

证券市场的投资性、投机性并存，使市场交易波动与价值发现功能得到充分挖掘。但众多的投资者与投机性的存在，以及证券交易对象的不确定性与交易行为的复杂性，使投资者权益受损的认定与民事侵权责任划分难度较大，突出表现为侵权行为认定标准、赔偿范围、损失计算等的判断标准，侵权行为与证券投资者保护法律的协调，侵权责任与行为的因果关系等。[①] 只有证券市场公平公正、公开透明、令人充满信心，市场交易才能得到维护、发展壮大，虚拟经济与实体经济的互动才能形成，支撑证券市场存在和发展的重要基础才能进一步得到巩固。当前发达的国家均相应地设立了解决众多人数争议的诉讼制度。证券群体诉讼制度的巨大优势是传统的单独诉讼和共同诉讼所不能比拟的。目前，我国直接引入美国集体诉讼制度在技术上并不存在问题，核心问题是我国法院的定位问题。随着中小投资者权利意识的提高，建立群体性诉讼制度只是时间问题。

---

① 李响、陆文婷：《美国集团诉讼制度与文化》，武汉大学出版社 2005 年版。

第七章

证券投资者权益的行政保护

第一节 证券投资者权益行政保护概述

一 证券投资者权益行政保护的产生基础

在证券市场中，存在诸如内幕交易、证券欺诈、股价操纵等损害投资者利益的行为，这就需要证券监管机构发挥其干预与管制的积极作用。通过法律等手段对这些侵害投资者权益的行为进行监管，以保护投资者的权益，这就是证券投资者权益的行政保护。

相对政府管制而言，证券行政监管保护弱势群体与人文关怀的色彩浓重。无论是发达国家还是发展中国家，证券监管的目标都是打击违法违规交易，保护外部投资者合法权益，保护投资者对市场的信心。相对而言，投资者保护的涉及主体更多，市场更加开放，由上市公司、证券公司、会计师事务所、律师事务所、资产评估公司等多个部门、多种利益群体组成的证券市场，变动牵动经济、社会、政治等各个角落，对国民经济发展的影响远超过任何普通产品市场的影响。证券市场是一个多方博弈的世界，政府在制约垄断、防范非公平竞争的同时，还要应对因为信息不对称所引起的市场失灵，避免内幕交易、虚假陈述造成的投资者利益受损。对我国而言，证券市场行政管制还包括培育和完善整个证券市场发展机制。

二　证券投资者行政保护的法律基础

行政保护的法律基础就是按照依法治国的原则，通过立法、执法将法律规范融入规范证券市场行为的轨道，按照法律的要求管理证券市场活动的过程。法律手段管理证券市场目的是消除内幕交易、证券欺诈、关联交易中的利益输送、投资炒作、垄断等。当前证券市场法律主要有两类，一是直接监管法律，如证券法、证券交易法等方面的法律，还有一些是专门性的法律，如会计准则、证券买卖托管方面的专门法律。二是证券市场上市公司相关法律，如公司法、破产法、票据法等。两者共同构成证券法律体系。

三　证券投资者行政保护的原则

（一）公平原则

公平原则的内容涉及地位公平、税负公平，还涉及权利公平、利益公平。即证券市场上，市场规则统一，市场机会均等，主体地位、待遇平等，市场交易公平。这些对象与主体具备均等的机会和平等竞争是证券市场正常运行的基础。市场公平体现了商品交换的等价有偿性。证券市场上的参与者在市场、交易、竞争等方面都拥有均等的机会，不存在特殊待遇或其他歧视。信息的完全性和对称性是公平原则的首要要求，所有投资者拥有的信息都是同质的、及时的。

（二）公正原则

公正是政府监管权威树立的关键。在证券监管中首先要立法公正、执法公正、仲裁公正，以公正取信于市场、以公正取信于投资者，让法律在投资者、市场中介、上市公司之间找到平衡秩序的最大公约数，构成有效的法律监管约束。

（三）公开原则

要求证券市场上任何参与者不得利用内幕信息从事市场活动，

各种相关信息应当及时、准确地向所有市场参与者披露。凡是可能影响市场波动的各种信息如财务数据信息、经营制度变动、重大合同、行业政策、公司管理层变动、关联交易等各种信息都应及时披露。要想实现市场公平和公正，公开原则是必然要遵循的，这也是证券法律的精髓所在。证券市场监管与证券市场效率之间通过公开性与信息的透明度有机结合起来。

（四）树立投资者信心原则

信心比任何东西都更加宝贵、更加重要。对于证券市场而言，投资者信心更是高大上的位置。证券市场上参与者的主体是中小投资者，信息、资金的劣势让这些中小投资者也常常成为内幕交易、欺诈、操作等的受害者，克服市场竞争中的不对称性，才能保证投资者利益免受侵害，进而确保投资者对证券市场充满信心。政府行政监管、树立投资者信心、保障证券市场稳定健康发展是核心，也是重任。

（五）诚实信用原则

诚信是市场经济发展的基础，也是证券市场信息披露的基本要求。诚信发展就是要上市公司 IPO 中披露真实信息、描绘真实发展愿景，证券中介诚信审计、诚信评估、诚信描述公司客观状况，证券市场信息披露真实、客观、全面，不发布虚假信息、不伪造虚假交易、不违法交易，尊重股东权益、尊重社会认知，保护市场秩序。

（六）依法管理原则

政府宏观调控与管制在市场经济条件下作用重大，但并不能否认证券市场的法制原则。证券监管者应当提供一个有法可依、有法必依、执法必严、违法必究的良好法治环境。一方面要求证券法律、法规、制度的完善与具体；另一方面执行严格、公正，创造市场发展的良好环境。

四　证券行政监管的对象与保护

（一）证券行政监管的对象

证券市场主体多样，利益群体众多，参与市场运行的所有主体都是证券行政保护的监管对象：一是上市工商企业。既包括已经上市交易的企业，也包括即将 IPO 融资的企业。二是基金。是重要的市场参与者。三是个人。包括证券投资者和证券从业人员。四是证券市场中介机构。包括证券公司，也有商业银行、其他金融机构。五是证券交易所。证券交易所是指提供证券交易的场所，它是承担自律管理职能的特殊主体，包括有形市场、无形市场两类。六是其他证券市场中介机构。如会计师事务所，资产评估机构，证券资产评估机构，律师事务所，登记、托管、清算机构，证券咨询机构等。

（二）证券行政监管的主要手段

一是经济手段，该手段在证券行政监管中起着不容忽视的作用。经济手段是指政府以调控证券市场为目的，间接影响证券市场运行和参与主体的行为的手段。以下两种经济调控手段，在证券市场监管过程中是比较常见的：第一种是金融信贷手段。通过金融货币政策的运用，影响证券市场发展。如在股市暴涨的时候，中央银行提高存款准备金率，缩小市场货币供应量，来抑制股市暴涨；而在相反的情况使用相反的政策，则可以刺激股市回升。第二种是税收政策。在股市低迷之时，降低证券所得税和印花税的税率，降低投资者的交易成本，从而刺激投资主体的交易行为，推动股市稳步回升；在股市暴涨之时，又可通过提高税率，来抑制股市的非理性波动。

二是行政手段。行政手段指的是政府监管部门对证券市场直接的干预。相较于经济手段，行政手段具有强制性和直接性的特点。早期证券市场中，法律制度不健全，经济手段的效率又比较低，行政手段则作为一种有力的补充手段应运而生。行政手段是在市场发育早期发挥了至关重要的作用，但随着市场经济的成熟，过多的行政干预容易造成监管过度，行政手段也就随之减少了。

第二节　我国目前证券投资者权益行政保护的现状和问题

经过近 30 年的发展，我国证券法律制度逐步建立起来，如《公司法》、《证券法》等一系列证券法律法规均已颁布执行。特别是《证券法》的出台实施，明确了我国证券市场的法制框架。以沪深交易所设立为标志，中国证券市场已经走过了国外证券市场上百年的自然演进的发展过程。然而我国证券市场在快速成长的过程中还存在这个问题：只解决了具有特殊性的具体问题，而没有建立具有普遍性的根本制度。当前我国证券投资者权益行政保护的主要缺陷与不足有：

一　证券市场行政监管的滞后性、弱效性

为避免证券市场自身缺陷，我国证监机构加大了对证券市场违规违法行为的打击力度，但行政监管由于是事后监管，滞后性、弱效性明显。证券市场中各种急需解决的问题，使政府监管部门陷入大量烦琐的日常事务性工作中，往往只能采取政府命令来强行调控市场，并没有从根本上解决问题。长期如此，便为证券市场日后的发展和行政监管理下了难以想象的隐患。由于缺乏相关制度的建设，无法做到事前控制，一些违规违法行为从发生到监管部门做出处罚相隔时间较长，监管行为的滞后性缺陷得不到有效控制。

另一方面，监管部门力量有限，人员、精力、资金不足使得不可能将每家公司、每个事件进行专门调查，导致有的市场欺诈行为未能及时发现，违法者存在侥幸心理，铤而走险。同时，对违规行为处罚显得过轻。博时基金"老鼠仓"案件中，10.5 亿元的交易金额让此案成为史上最大一桩"老鼠仓"案件。其间，马乐利用掌管

博时精选的便利，利用未公开信息操作自己控制的三个账户，先于、同期或稍晚于其管理的"博时精选"基金账户买入相同股票76只，累计成交金额10.5亿余元，从中非法获利1883.3万元。但深圳市中级人民法院一审仅以"利用未公开信息交易罪"判处有期徒刑3年，缓刑5年，并处罚金人民币1884万元；违法所得1883万余元依法予以追缴，上缴国库。这样的判决结果明显量刑不当。实际上，即使对违规公司进行了处罚，也并没有起到较好的监管效果。这主要是因为，对高管人员处罚相对较轻，而没有过错的中小股东却成了替罪羊，最终成了受害者。

二　证券监管决策缺乏科学性

证监会是我国证券市场主要监管机构，但证监会管理与决策也受到了社会质疑。主要原因：一方面证监会代表政府行使证券监督管理职能，具有决策实施的权威性；另一方面证监会承担着培育完善证券市场的职能，如何处理与金融创新的关系，如何在金融体系改革与证券市场监管、法制完善之间找到平衡点需要高度的智慧，绝不是仅仅证监会一个部门能够做到的。目前证监会出台的政策可能符合监管目标最大化的原则，但是否能够达到国家整体金融与经济发展的最佳状态是值得商榷的。

三　证券监管理念需改进和重塑

证券市场的发展与繁荣关键是投资者参与、投资者信心。美国证券市场的繁荣与投资者对市场的信心有极大关系。当前我国证券市场持续低迷，一个关键原因是对投资者权益的关心不够。虽然各种投资者保护的法律也在出台，措施也不断完善，但真正起到作用的制度很少，严重制约了证券市场的发展。要想摆脱目前持续低迷的证券市场状态，让证券市场真正成为实体经济的晴雨表，成为广大投资者分享发展成果的重要平台，就必须转变以往将证券市场作为企业改革、企业融资平台的观念，真正将投资者的权益放在最重要的位置，真正构建起具有长效机制的投资者保护措施和市场监管措施。[①]

四　部门间的协调配合不够

证监会是行政监管的主要部门，但证券市场监管的一些关键问题如责任与处罚的认定、监管纠纷的仲裁、受害人救济等离不开法院的参与。[②] 但从法律地位上看，司法机关的地位高于证监会，独立性也更强。特别是法院在判定案件中，常常利用成文法来做出相关决定。但证券市场的发展、创新很快，一些法律制度难以跟上证券市场发展速度，造成司法判定与证监会处罚之间存在着矛盾。一些案件证监会做出处罚决定后，法院诉讼有可能证监会面临败诉，或者出现证监会与法院意见不一的问题，造成实际处罚执行难。社会公众在维权中缺少股东代表诉讼和集体诉讼制度，造成证券投资者维权难，需要证监机构与法院之间的进一步沟通协调。

第三节　构建证券投资者权益行政保护长效机制

在我国证券市场中，中小投资者的权益非常容易受到损害，如何保障投资者的合法权益，改变中小投资者相对比较弱势的地位，成为我国股权文化缺失、资本约束不健全背景下的一大难题。证券行政监管部门应从根本上想办法，从制度上去努力，逐步推动建立健全《证券投资基金法》、《证券法》等相关法律制度，同时健全完善监管规章，协同司法部门出台有关证券市场的民事赔偿等司法解释，为广大投资者维护自己的权益建立制度基础，真正做到有法可

---

① 李东方：《证券监管法律制度研究》，北京大学出版社2002年版。

② 张烁：《中国证监会转变监管职能限制监管权力》，《人民日报》2010年10月9日。

依。另一方面，要有法必依，不断加强监管，按照法律惩罚各种违法违规行为，促使上市公司提升自身质量、更加关注投资者权益，督促各类中介机构尽职尽责，健康发展。

一 树立以投资者权益保护为中心的监管理念

先进理念是建立先进机制的前提条件，因此，监管理念是证券市场发展的灵魂，它制约着证券市场的定位、发展的方向，对证券市场的未来有一定的预见性和前瞻性。树立正确的监管理念，能够帮助监管者对证券市场功能和作用进行识别，有助于完善证券市场制度，建立随之采用的监管政策。树立以投资者权益保护为中心的监管理念，是做好保护中小投资者权益的基础，其意义非常重大。一方面，证券市场的资金来源于证券市场投资者，投资者对市场的信心直接影响到证券市场的发展。如果没有保护投资者的合法权益，就会使投资者对市场丧失信心，这必然影响证券市场的资金，证券市场筹资和资源配置的功能也会受到影响。只有保护投资者的合法权益，让投资者对未来充满信心，才能发挥市场对资源配置的作用，推动整个国民经济的健康稳步发展。另一方面，中小投资者在市场中处于弱势地位，大股东、机构投资者、中介机构都有可能对中小投资者的合法权益造成侵害，遇到失灵或失控，中小投资者往往是市场中最大的受害者。而一个国家证券市场稳定发展离不开对中小投资者的保护程度，国外的研究表明各国资本市场的健康发展与对中小投资者的保护密不可分，所以说保护投资者的合法权益应当作为监管的主要目的和最终目标。目前，我国证券监管机关对保护投资者利益的重要性已有明确的认识，在以后的工作中，进一步完善我国证券市场的法律体系建设，从法律的角度规范市场的行为，给予投资者适当的法律地位，将会推动证券市场的健康有序发展。

二　深化证券发行监管体制改革：立足核准制，走向注册制

要想保护投资者的合法权益，就要从源头上进行控制，因此深化证券发行体制改革势在必行。在证券发行准入制度方面，我国证券市场经历了审批制、核准制。可以说，从审批制到核准制，我国证券的发行制度进步显著。目前的保荐制，在我国新兴的证券市场环境下，还是比较符合实际的。但随着我国市场经济的发展，带有浓厚的行政审批色彩的审批制、核准制正在经历着时代的历史考验。选择走向市场化的发行机制，与时俱进，才能符合广大投资者的利益。考虑到我国当前的情况，证券的发行监管发展应分两步走：第一步，立足核准制，健全保荐制。我国的证券市场既是新兴证券市场，又是转轨经济中的市场处在由计划经济向市场经济转轨的时期，因此政府对市场的干预有其必要性。在现阶段，我国的证券可以从以下几个方面进行完善：一是执行尽职调查。严格执行尽职调查，避免一些造假企业蒙混过关，减少投资者投资风险。二是加大保荐人违规处罚力度。证券行政监管机构应当定期或不定期地对保荐人进行审核，严惩未认真执行监督责任的保荐机构和保荐人，让诚信的保荐机构、保荐人获得更多市场份额，形成良性机制。三是提高保荐代理人素质，防止保荐代理人道德风险的发生。第二步，实行证券发行注册制。长期看，我国证券市场应主要发挥市场机制，在证券发行、定价中完全由市场供求决定，政府只是起到监督作用，不直接决定是否融资、融资数量等。企业 IPO 仅仅需要向证监机构注册备案即可。

三　探索建立有效的退市机制

长远看，建立退市机制是改进上市公司经营管理能力、实现股东利益最大化的有效手段。对上市公司而言，退市机制有助于提高对上市地位的重要性认识，意识到必须努力改善经营才能有效保持公司长久活力，才能保住在沪深的上市公司地位。对投资者而言，

退市机制的建立有助于实现公司的优胜劣汰，降低证券市场投资风险。对国家而言，证券市场上市公司质量良莠不齐的状况会从根本上得到改观，上市公司的整体水平会提高，证券市场活力有望激活。目前我国虽有相关退市的标准，但这些标准过度重视营利性指标，造成一些公司利用利润表中非经常性损益的变化操纵利润，逃避退市约束。因此，我国证券市场要积极参考发达国家证券市场经验，取消以亏损年限作为退市的评判标准，而以历年累计实际亏损总额作为标准。因为亏损年限对于亏损总额只是表面现象，不能真实反映公司实质亏损程度。可以采取一些数量化的指标，如公众持股人数、持股数量、股票价格、持续经营能力、信息披露、内幕交易等违法违规次数等标准。此外，可以以累计亏损总额作为退市标准。当上市公司亏损达到净资产一定比例即暂停上市。如果公司想要恢复上市，就必须改善公司治理结构、提高经营质量，将亏损降低到一定比例。同时，要为退市公司提供后续交易市场，一些公司退市后不能满足主板市场交易条件，但仍有部分投资者愿意投资交易。因而需要建立后续的多层次的交易市场，如三板市场。在具体退市程序上，要细化并增加操作性。一是在整改宽限期内，交易所定期对暂停上市公司落实整改情况核查，督促按照整改计划来执行。如公司没有执行原定计划，交易所有权根据情节轻重，做出是否终止上市决定。二是整改宽限期结束后，如暂停上市公司未能达到上市标准，交易所通知其股票终止上市，告知公司可要求对摘牌决定进行听证，体现决定的公正性。

四　加大市场违法违规行为的打击力度

要加大证券市场违法违规行为查处力度，始终保持高压打击态势。对内幕交易、虚假信息披露、操纵市场等案件，必须从严惩处、震慑打击一批，提高监管警示的影响力。一是要加大打击力度，让虚构事实、欺诈上市者直接退市，不仅赔偿投资者损失，还追究相关责任人刑事、民事责任，让失信者、欺诈者倾家荡产。二是加强市场监管与执法，维护市场交易秩序；探索推动证券期货行政执法和解试点。三是用好投资者举报线索，建立证券违规举报奖励制度。将行政罚款用于投资者损失赔偿，以制度的创新改善给投资者带来切实的好处。

第八章

证券投资者权益的行业自律保护

第一节　证券投资者权益行业自律保护的理论基础

一　证券行业自律保护的基本概念

行业自律是由同行业内组织、从业人员共同制定规则，约束自身行为，实现自我监管，维护自我利益的行为。行业自律要素主要有两个：一是规则由行业内组织或从业人员制定，自律规则制定者也是实践者；二是行业共同利益是自律的源泉。

证券行业自律保护是通过证券交易所、证券业协会等自律引导以及证券经营机构、证券投资服务机构等规范运作、严格自律、认真履行法定和约定的义务等方式进行自律约束、监督和管理，实现行业自律监管，达到保护投资者合法权益的根本目的。[①] 证券监管是指以保护投资者合法权益为宗旨，以矫正和改善证券市场的内在问题（市场失灵）为目的，通过法律、经济、行政等手段对参与证券市场各类活动的各类主体的行为所进行的引导、干预和管制，[②] 包括政府监管和自律监管。证券业自律监管是指证券交易所和证券业协会等证券市场参与者相互之间的规范和制约，以自觉遵守和相互监

---

① 计小青、曹啸：《中国转轨时期的法律体系与投资者保护：一个比较的视角》，《经济经纬》2008 年第 1 期。

② 《证券监管》（http://baike.baidu.com/view/1319735.htm）。

督的方式，对会员组织和证券从业人员进行的监督和管理，使证券市场实现秩序化和规范化，是实现投资者尤其是中小投资者合法权益行业自律保护的重要渠道和方式。①

二 证券行业自律保护的目的

证券行业自律保护的目的是保护投资者权益。投资者是证券市场的支柱，真正保护投资者利益，才能给投资者以安全感和信心，证券市场才能长久发展。② 因此，投资者权益保护需要公平的市场环境、平等交易获取信息的机会，让投资者能理性、自主交易，提高资源配置效率。

证券监管旨在打击证券市场违法交易，核心是切实保护投资者的合法权益，尤其是保护中小投资者的利益不受侵害，是创造和维护良好市场环境的前提。完善的证券监督，能够为投资者提供公开透明的交易平台。其中，自律监管更加贴近市场，由市场参与者共同制定行业规章制度，进行自我约束、自我管理和相互监督，能够更加便捷、有效、灵活地维护公平、公正、公开的证券市场环境，维持投资者信心，实现公司价值最大化，促进资本积累、证券市场健康发展，达到保护投资者的合法权益的根本目的，尤其是能保护中小投资者的利益不受侵害。可以说，证券自律监管是实现行业自律保护、维护投资者权益的保障。

三 证券行业自律监管的重要性说明

自律监管是政府监管的对称。政府监管具有强制性和宏观性，

---

① 贺玲、杨柳：《我国证券市场中小投资者保护问题研究》，《金融市场》2012年第4期。

② Andreas Christofi, Petros Christofi, Seleshi Sisaye, "Corporate Sustainability: Historical Development and Reporting Practices", *Management Research Review*, Vol. 35. 2 (2012), p. 157 – 172.

政府制定法律法规，通过强制力实施到交易市场，解决交易市场面临的系统风险，破解市场失灵的问题。但由于资本市场的复杂性、专业性，仅仅依靠政府监管很难实现证券市场的完全有效监督。自律监管则是政府监管的有益补充，[1] 主要体现为以下几点：

（一）自律监管的效率高于政府监管

证券自律组织的成员是市场的直接参与者，能够更好地理解和掌握市场中的具体情况，结合这些情况共同制定符合自律管理的规则，也会乐于接受自律规则的约束，以更高的积极性去实施。只有这样才能不违背制定自律规则的初衷，创新与繁荣证券市场，为更好地追求利润创造条件。而政府监管者不能站在一线市场，不能做到事必躬亲，也就无法达到自律监管的高效率。

（二）自律组织的监管空间较大

政府监管手段具有强制约束性，对证券经营机构业务行为合法与非法鉴定的界限分明。但是，证券市场的行为并非完全黑白分明，存在无法界定的交叉领域，政府监管对此难以奏效。行业自律规则包括范围更广，涵盖行业、伦理、道德三重约束，延及政府无法监管的范围，并通过行业道德规范，填补法律、行政不能达到的监管死角。[2]

（三）自律管理的灵活性

行业自律更加贴近市场，可早期察觉、掌握复杂问题，及时采取应对措施，解决问题更灵活，反应更迅速，将危机解决在萌芽状态，避免了不必要的损失。而法律是刚性的，要求人们严格守法、依法办事，复杂烦琐的法律程序和要求决定了政府监管者不能灵活处理市场中随时出现的问题，具有很强的滞后性，无法满足瞬息万变的市场需求。

（四）自律监管的专业性

自律规则的制定者是证券行业的会员，具有丰富的专业知识和经验，对证券法规、市场运行规则熟悉，了解市场发展动态与问题，

---

[1]　齐萌：《中国证券业自律机制研究》，《上海金融学院学报》2008 年第 5 期。
[2]　赵振华：《自律是我国证券监管的有益补充》，《求是》2004 年第 11 期。

因而制定的行业规则更贴近市场，易于发挥作用。自律组织的监管者来自证券从业专业人员，具备专业素养与丰富实践经验，熟悉市场规律，在信息收集与洞察市场变化上有天然优势，了解市场漏洞，熟知违法违规行为，采取监管应对措施更有针对性、有效性。自律监管的专业优势，为自律监管奠定了基础。

第二节　证券市场自律监管机制演变与经验

一　国外证券市场自律监管的模式借鉴

纵观世界发达国家证券市场的监管模式，因政治、经济、文化、历史等方面背景不同而存在着较大差异，主要分为集中型、自律型和综合型三种监管模式。

（一）集中型监管模式

集中型监管是指以政府监管为主，国家成立证券监管机构，负责制定证券市场法规，统一对国内证券市场进行监管。美国证券监管是集中型监管的代表，也是最成熟的证券监管模式之一。但同时，美国证券市场自律监管也非常发达，在政府监管的同时，行业自律也发挥着重要作用。美国证券市场监管的主要特点，一是政府在监管中起主导作用，由政府下属部门或国家证券监管机构对证券市场统一监管；二是强调监管的法律依据，证券主管机关负责相关法律、法规制定，并建立了完整的证券法律体系；三是行业协会、证券交易所等行业组织的自律监管。[①]

美国集中监管属于多级管理体系。管理顶层是政府依法建立的证券专营机构，包括联邦证券交易委员会和州政府证券监管机构。[②]

---

① 李朝辉：《证券市场法律监管比较研究》，人民出版社2000年版。

② Securities Regulation In Low-Tier Listing Venues: The Rlse Of The Alternative Investment Market, Mendoza, Jose Migue, Fordham Journal of Corporate & Financial Law 13. 2 (2008): 257 – 328.

对联邦一级证券市场的监管主要通过美国证券交易委员会（SEC）进行统一、集中进行。美国证券交易委员会还负责制定、调整证券监管政策，制定解释证券市场规章，对国内证券发行、证券交易所、证券商、投资公司和证券交易活动进行监管。

证券自律组织的自律监管属于管理架构的中层，由八个国家证券交易所、一个全美证券交易商协会以及各种地方性的证券业协会和其他职业共同体等组成。证券交易所是美国证券市场主要的自律组织，《1934 年证券交易法》中对证券交易所自律监管职能进行明确规定。① 纽约证券交易所（NYSE）是美国证券市场中最重要的交易所，是联邦政府的指定自律组织，不仅负责监督股票交易，还要监视所有 NYSE 会员与会员券商是否遵循 SEC 等政府机构指定的规则。② 美国证券交易商协会（NASD）是另一种重要的自律监管组织，根据《1938 年期货交易法修正案》而设立，主要满足场外交易市场证券公司的自律需求。美国证券交易商协会是非营利性、会员制行会，如今会员囊括 90% 在 SEC 注册的券商。NASD 的工作人员由志愿人员组成，市场管理部门是最大部门，主要负责监管纳斯达克股票市场、柜台交易市场（OTC）。美国证券交易商协会的权力有自律规则的制定、会员注册准入、场外交易监管、调解会员纠纷、交易行为仲裁、处罚等。

美国以政府集中统一监管为主、市场自律监管为辅的集中型证券监管，不否定自律监管作用，反而让自律组织机构成长壮大，自律监管机制日益完善，推动了美国资本市场的迅速发展。

（二）自律型监管模式

自律型监管是指证券市场的监管以行业自律为主，通过证券交易所和证券业协会等自律机构进行，一般不设专门的证券监管机构。除必要立法外，政府很少干预市场。自律组织拥有对违法违规行为

---

① 张烨：《美国证券市场投资者保护立法的历史演进及对我国的启示》，《现代财经》2008 年第 5 期。

② NYSE, Constitution and Rules, New York Stock Exchange, INC, 2003.

的处罚权。自律监管的典型代表是英国，监管中强调自律管理、自我约束。[1] 主要表现为：一是让证券交易商参与制定和执行证券市场管理条例，并鼓励他们模范遵守这些条例，促使市场管理变得更有效；二是能够自行制定和执行管理条例，在操作上更具灵活性；三是证券经营机构对市场违法行为充分了解，能够未雨绸缪、迅速做出有效反应。

英国证券自律监管分两个层次：一是证券交易所的自律监管，二是证券业理事会、证券交易商协会、收购与合并委员会三大机构的监管。证券交易所负责证券市场日常监管，制定了《证券交易所管理条例和规则》、《上市规则》、《上市公司董事证券交易模范规则》等完善的自我监管规章。它的主要职能表现在对证券商等会员的管理，对证券市场的裁量，以及对诸如内幕交易及其他证券不法行为问题的解决上。证券交易商协会是英国证券市场实质上的自律监管机构，由伦敦证交所与六个地方性证券交易所的经纪商、自营商组成，主要监管其会员提供各种行为规则。协会由证券市场的会员组成，委员会由会员大会选举产生，协会拥有《会员章程》及一系列的自律规章，其中《证券交易的管理条例和规章》是协会管理业内各项业务的主要依据。收购与合并委员会由英格兰银行、证券交易理事会等伦敦主要金融机构代表构成，主要负责起草企业并购规则。证券业理事会是英格兰银行支持下成立的自律组织，主要负责制定、执行交易各项规则，目的是提高自治机制效率。

1896 年，英国"金融大爆炸"后，《金融服务法》颁布实施，政府开始全面介入证券市场，建立起了由贸工部、证券投资委员会、自律组织三级组织构成的监管体制。1997 年，原来的英国证券与投资委员会（SIB）更名为英国金融服务局（FSA）。虽然政府监管干预逐渐加强，但英国证券业自律监管没有根本改变，因为根据有关

---

① 邱盛：《浅析证券自律监管体系的完善》，《学理论》2011 年第 11 期。

法律规定，自律组织制定的规则依然具有独立性，自律监管仍然在英国证券市场上发挥着重要监管作用。

（三）综合型监管模式

综合型监管也叫欧陆模式，是集中型与自律型间的一种管理模式。综合型监管强调统一、集中的立法和监管，也强调行业自律，是集中和自律相互协调综合的产物。[①] 综合型监管的典型代表是法国。

法国证券监管机构由证券交易所管理委员会、证券交易所协会、证券经纪人协会构成。其中，财政部监管下的证券交易所管理委员会是法国证券监管的主要机构，成员由财政部任命。证券交易管理委员会的职责是监督证券市场交易，制定修改证券交易规则，审核检查证券交易公司、证券交易所的营业行为，确定佣金标准，认定交易程序，监督信息披露等。证券交易所协会、证券经纪人协会是法国证券业自律组织。其中，证券经纪人协会是由全国证券交易所的经纪人组成，负责组织实施证券市场交易的监管，监管协会成员、证券经纪人的经营活动；审查公司上市申请材料；稽核、惩处证券经纪人违规违法行为。证券交易所协会负责向证券交易所监管委员会提供咨询，监督证券经纪人活动。法国综合监管既有专门的政府监管机构，也充分发挥行业协会的自律功能，取长补短，极大地促进了证券市场发展。

借鉴学习成熟证券市场监管模式的发展经验，对我国证券市场繁荣大有裨益。通过世界发达国家的证券市场监管体制可以看出，任何一种监管模式，均无法忽视自律监管对证券市场的重要作用。同时，随着证券市场的日益国际化，各国越来越重视汲取他国监管模式的发展经验和教训，不断完善自身证券监管制度。

（一）实施自律监管要牢牢把握证券监管的根本目标

西方国家证券监管历程印证了一个事实，即证券市场监管模式

[①]　李响铃：《论新形势下的证券交易所自律监管》，博士学位论文，华东政法大学，2012 年。

的发展变革，始终围绕着保护投资者合法权益的主题。无论是自律监管或政府监管，还是综合监管模式，其目的均是为投资者创造更加公开、公平、公正的市场环境，保护投资者权益，增强投资者信心。同时，在证券监管中，自律监管始终是政府监管的有益补充，通过制定行业制度规范自身行为、进行自我约束，保护投资者合法权益，形成有效的行业自律保护机制。可以说，自律监管所有工作，都是围绕保护投资者合法权益这一根本目的而展开的。

我国证券市场的自律监管，应牢牢把握保护投资者合法权益的根本目的，通过自我约束、相互监督充分发挥出行业自律保护的重要作用，最大限度地维护证券市场的公平、公正、公开，维护投资者利益不受侵害。

（二）实施自律监管要充分考虑历史文化背景，选择合适的监管模式

西方发达国家的证券市场监管模式与国家自身的历史发展、文化传统有着密切的联系。如英国是典型的自律型国家，证券市场管理中充分体现了尊重权威、坚持传统、自我约束的文化特征，尤其是早期证券市场中，证券交易所制定的规章制度被认为是最好的安排，政府置身于证券监管之外。又如，美国的证券监管与其历史背景紧密相关，证券市场早期受自由主义经济理论影响，政府并没有主动介入，之后 1929 年美国经济危机爆发，证券市场引入政府监管，组建美国证券交易委员会，产生了世界上第一个政府证券监管机构。监管模式从自律监管过渡到集中监管。

我国应将证券市场监管放在政治文化大背景下，充分考虑我国证券市场是政府主导建立发展的历史元素，慎重选择政府监管和自律监管的权力和分界，既要扭转过度的行政管理局面，改善政府"监管失灵"，也不能完全放手，要探索建立适合我国国情的政府监管指导下的自律监管模式。

（三）监管要综合权衡利弊，充分发挥自律作用

成熟证券市场发展经验表明，自律监管贴近市场、灵活高效，

具有政府监管所不具备的优势。一是允许证券商参与制定证券市场管理条例，能够更加贴近市场管理需求，也能调动证券商自觉遵守条例的积极性；二是市场主体参与者制定修改市场管理规则，比政府法规更灵活、针对性更强；三是市场中自律组织能够对违规行为迅速反应，及时应对，提高了监管运转效率。但也要看到自律监管的弊端，自律是由证券行业利益驱动形成，很容易将监管落脚点放在保护市场运转、维护会员利益上，有可能出现过度强调自身利益，侵害投资者、社会公益；监管者非超脱地位，使证券市场的公正原则难以得到充分体现；缺少专门协调机构，区域市场间容易无序竞争，甚至出现混乱。因此，我国在加强自律监管中要注意趋利避害、扬长避短，既要发挥自律监管贴近市场的优势，与政府监管形成互补，也要防范自律监管带来的弊端和不足，正确发挥行业自律保护的作用。

二　我国证券市场自律监管机制演变

从我国证券市场监管发展看，从 20 世纪 80 年代证券市场建立至今，大致经历了三个阶段：①

第一阶段是多级分散管理阶段（20 世纪 80 年代初—1992 年）。最早在上海和深圳建立证券市场进行试点，由上海和深圳地方政府实施证券市场监管职能，颁布地方性法规，初步形成我国证券市场监管体制。1986 年，国务院《中华人民共和国银行管理条例》指定中国人民银行为全国证券主管机关，规定了职权范围。体改委、计委分别负责企业股份制改造、股票发行审批、证券发行额度编制等职能。国家税务局、财政部、工商局也参与证券市场管理。总体而言，这个阶段证券市场呈现出多头、分散管理状态，缺乏统一、专门的监管机构。

第二阶段是由分散向集中过渡阶段（1992—1998 年）。随着证

---

① 孙民仕：《证券市场自律监管研究》，硕士学位论文，山东大学，2009 年。

券市场的发展，银行、证券行业间利益冲突凸显，中央银行监管手段、人员脱离证券市场发展。1992 年 10 月，国家成立了国务院证券委和中国证券监督管理委员会，国务院证券委主要对国内证券市场进行宏观监管，中国证券监督管理委员会主要负责执行监管。

第三阶段是集中统一监管阶段（1998 年至今）。1998 年，国务院机构改革后，国务院证券委、中国证监会合并，成立新的证监会负责证券市场的管理。按照"三定"方案，地方证券监管机构上划移交中国证监会，由中国证监会垂直领导，我国初步形成了集中统一的证券监管体制。

进入 21 世纪，我国进行了资本市场国际化积极而卓有成效的探索。为了适应国际化形势，抓住机遇、应对挑战，维护证券市场健康稳定，保证保护投资者权益，我国着手在借鉴国外证券监管经验的基础上，从政府监管和自律监管两方面加强和完善国内证券监管机制。一方面，强化以中国证监会为主导的证券集中统一监管。修订后的《证券法》，无形中将中国证监会默认为"国务院证券监督管理机构"，赋予更大的权力，监管领域涉及证券的发行、交易、托管、结算等所有领域，监管对象包括证券登记结算机构、上市公司、证券投资基金公司、证券公司、证券投资咨询机构、证券交易所、证券发行人、资信评估机构等证券市场从业者，提高了证券市场运转效率。另一方面，由证券交易所自律监管、证券行业协会自律监管构成的自律监管体系，成为我国多层次证券监管体系的重要部分。但由于我国证券市场发展主要是政府行政力量推动，证券市场监管的政府管制氛围浓厚，自律监管功能有待进一步提升。我国证券市场是在政府推动下建立和发展起来的，证券监管行政色彩浓厚，虽然近年来在推动证券监管制度改革方面做了大量工作，但证券市场中的政府监管依然强势，自律监管机制薄弱，压制和降低了市场的活力和效率，也损害了投资者权益。

第三节   我国证券市场行业自律监管的
主要方式和实现形式

一   我国证券交易所的自律监管模式

（一）证券交易所自律监管理论阐释

西方证券市场的发展表明，证券市场自我衍生发展过程中，证券交易所是最早自发形成的自律监管组织，主要作用是维护市场公平，进行投资者行业自律保护。证券市场早期，当证券产品的自发买卖交易发展到一定程度，交易所应运而生，成为专门提供集中竞价交易的组织场所，并负责维护市场交易秩序，保障交易长期稳定、高效持续地进行，对此场所的交易主体、产品、行为等进行规范。

经过多年发展和完善后，证券交易所成为证券市场的重要枢纽，是证券集中交易制度下的国家授权的重要自律管理主体，在证券市场中处于一线监管地位，负责为证券交易提供场所、安排证券上市，制定交易所内交易业务规则，组织、监督证券交易，管理、公布市场信息以及对证券商、上市公司等主体进行监管。国际证监会组织（IOSCO）颁布的《证券监管的目标和原则》明确指出，证券交易所自律监管的目标是保护投资者，确保市场的公平、高效和透明，降低系统风险，从而发挥维护市场秩序、保护投资者权益的行业自律功能。

（二）我国证券交易所自律监管实践分析

1. 我国证券交易所的发展历程

目前，我国内陆证券交易所主要是上海证券交易所和深圳证券交易所，均由中国证监会监督管理。其主要职能是提供证券交易的场所和设施，制定证券交易所的业务规则，接受上市申请，安排证券上市，组织、监督证券交易，对会员、上市公司进行监督、管理和公布市场信息等。

上海证券交易所（简称上交所）于 1990 年 11 月 26 日成立，12 月 19 日正式营业，归属中国证监会直接管理，是我国内地第一家证券交易所。上交所经过多年的持续发展，已成为中国内地首屈一指的市场。截至 2012 年底，上交所共有上市公司 954 家，上市股票数 998 只。股票市价总值 15.87 万亿元；流通市值 13.43 万亿元。上市公司总股本 2.46 万亿股，流通股本 1.95 万亿股，流通股本占总股本的 79.30%。一大批国民经济支柱企业、重点企业、基础行业企业和高新科技企业通过上市，既筹集了发展资金，又转换了经营机制。[①]

深圳证券交易所（简称深交所）于 1990 年 12 月 1 日试营业，1991 年 7 月 3 日正式营业。深交所致力于中国多层次资本市场体系建设，全力支持中国中小企业发展，2004 年 5 月推出了中小企业板，2009 年 10 月启动了创业板，已成为集主板、中小企业板、创业板市场于一身的交易平台。经过多年的发展，深交所主板质量不断提升，中小企业板结构进一步优化，创业板服务创业创新能力持续增强，多层次资本市场合理配置资源、服务实体经济重点领域和薄弱环节的功能进一步发挥。截至 2012 年底，深交所上市公司 1540 家，市值 7.17 万亿元，上市基金 228 只，挂牌债券 381 只，资产证券化产品 10 只。[②]

2. 我国证券交易所自律监管特点和不足

沪深证券交易所的成立是我国改革开放的产物，市场经济起到了一定的推动作用，但政府推动是关键。之后，证券市场监管行政管理氛围浓重，交易所在中国证监会的主导下，成为执行国家有关行政法规和相关政策的机构，真正独立的自律监管权力有限。

（1）证券交易所法律地位模糊。我国证券交易所产生的特殊性，导致行政监管与交易所自律界限划分不清，交易所职能多数由证监

---

① 上海证券交易所网站（http：//www.sse.com.cn/）。

② 深圳证券交易所网站（http：//www.szse.cn/main/）。

会授权。交易所的总经理由国务院证券监督管理部门任命，并与证监会"分享监管权"，根据证监会的授权行使部分准行政管理职能。因此，它不是纯粹意义上的自律组织，而是兼而有之的组织，它的监管和自律实际上难以区分。从证券交易所的"法制、监管、自律、规范"八字方针和各种有关交易所的文件中屡屡出现"一线监管的职能"等文字表述中看出，其作为自律组织的自律作用被忽视了。

2005 年国家对《证券法》做了新的修订，但没有明确证券交易所是会员制还是公司制。在新修订的《证券法》第 105 条中规定："证券交易所可以自行支配的各项费用收入，应当首先用于保证其证券交易场所和设施的正常运行并逐步改善。实行会员制的证券交易所的财产积累归会员所有，其权益由会员共同享有，在其存续期间，不得将其财产积累分配给会员。"据此多数学者认为我国证券交易所采取的是会员制。但从国外会员制证券交易所来看，会员制证券交易所的机构一般包括会员大会、理事会、总经理和监察委员会。我国《证券法》却规定"证券交易所设理事会"、"证券交易所设总经理一人，由国务院证券监督管理机构任免"。仅提到理事会、证券交易所总经理的任免权，并没有阐述会员大会、监察委员会的构成与职责。

同时，依照《证券法》第 105 条规定："证券交易所是为证券集中交易提供场所和设施，组织和监督证券交易，实行自律监管的法人。证券交易所的设立和解散，由国务院决定"，明确了法人地位，但到底属于企业法人、机关法人、单位法人、社会团体法人中的哪一种，没有规定。"证券交易所的负责人"是总经理还是理事长？证券法也并没有明确。此外，《证券法》对证券交易所的一线监管权的行使的程序和法律救济也没有规定，由此看来，我国的证券交易所既不是公司制，也与传统的会员制不尽相同。我国的证券法律对证券交易所立法内容显得稍微粗略。

（2）证券交易所缺乏独立性。交易所是证券市场的枢纽，是证券市场的重要组织者、自律监管者。但我国证券市场是政府强制性制度变迁的产物，证券交易所独立性、自主性不够，自律监管职能不强，证券交易所缺乏独立的人事任免权。①《证券法》提出了证券交易所一线监管者的角色，但却没有赋予证券交易所独立的人事任免权，证券交易所的人事任免权完全由中国证监会控制。按照《证券法》第 107 条规定：证券交易所总经理由国务院证券监督管理机构任免。中层干部任免报经中国证监会备案，财务、人事相关负责人要报中国证监会批准，证交所任免重要部门的人事资格。按照《证券交易所管理办法》规定，"理事会是交易所的决策机构"，"证券交易所理事会由 7 至 13 人组成，其中非会员理事人数不少于理事会成员总数的 1/3，不超过理事会成员总数的 1/2。会员理事由会员大会选举产生。非会员理事由证监会委派"。证券交易所的决策机构理事会也处于证监会的控制之下，其决策的独立性将受到严重影响，限制了券商会员参与理事会和交易所管理的可能性和积极性。②

　　交易所没有实际权力拟定自律监管章程。制定自律规则和行业章程，是自律组织的一项重要职权，也是其履行自律监管职责的重要保证。《证券法》第 103 条规定："设立证券交易所必须制定章程。证券交易所章程的制定和修改，必须经国务院证券监督管理机构批准。"按照《证券交易所管理办法》规定，中国证监会有权要求证券交易所对其章程和业务规则进行修改。虽然《证券法》以及《证券交易所管理办法》等法律法规都明确地规定，证券交易所会员大会独立制定证券交易所章程和相关的自律规则，但实际上，交易所的上市、交易、会员管理等规则制定与修改是由证监会统一掌握，交易所没有独立意志和话语权。③ 交易所仅在与技术系统有关的业务规则的修订上有一定的自主性。这与西方国家政府基本上不干涉交易所章程和相关证券自律监管规则的制定形成巨大差异。

　　交易所业务开展缺乏自主性。我国《证券交易所管理办法》规

　　① 罗培新、卢文道等：《最新证券法解读》，北京大学出版社 2006 年版。

　　② 陈野华等：《证券业自律管理理论和中国实践》，中国金融出版社 2006 年版。

　　③ 徐明、卢文道：《从市场竞争到法制基础：证券交易所自律监管研究》，《华东政法学院学报》2005 年第 5 期。

定"证券交易所上市新的证券交易品种，应当报证监会批准；证券交易所以联网等方式为非本所上市的证券交易品种提供证券交易服务，应当报证监会批准"，可知，证券交易所新业务的开展受到证监会的严格制约，证券交易所不能自行推出新产品、新业务，市场发展的每个举措都必须由证监会统一决策部署。然而，西方发达国家的证券交易所拥有相当大的自治空间和独立的自治地位。与国外的证券监管相比，我国在新业务的开展上拥有独立的自主创新的权利太弱，亟待提高和改善。

（3）对违规会员制裁权不够。在我国，证券交易所对违规会员和上市公司的处罚权受到证监会的制约。对交易所发现的证券市场违规行为，多数情况下是由证监会调查完毕后才交由证券交易所依照相关的规定处理。证券交易所很少独立处理，即使处理也要报告证监会批准后实施。目前，《证券法》将证券交易所的处罚权仅限于纪律处分，缺乏法律的强制性，也降低了证券交易所自律监管的能力。一些自律机构的监管职能被监管部门行使，制约自律组织的发展，影响了证券监管效率。

二　我国证券业协会的自律监管模式

（一）证券业协会自律监管理论阐释

证券业协会是证券交易所、证券公司、基金公司、投资咨询公司等证券市场参与者组成的社会团体组织。自律性质体现在证券商拥有参加协会的自由选择权，而且成为协会成员后，可以充分表达自己的利益诉求。其作用是通过自律规则约束会员及其从业人员的市场行为；收集整理证券市场信息，开展业务培训，促进相互交流，为成员提供服务；向社会相关方如证券监管机构反映本行业成员的建议和要求，维护其合法权益；引导组织成员接受有关国家法律的教育。

完善的证券业协会自律监管包括自治、管理、激励、监督、保障五种运行机制。其中自治机制要求证券业协会与政府的证券监管部门完全脱钩，有独立承担民事法律责任的能力，特别是经费上要做到自筹自给，要在组织结构、管理人员任免、工作人员聘任、行业内部惩罚等方面自主决定，不受政府证券管理部门的过多干涉，并且在内部决策、日常工作管理等方面实行民主，在法律允许的范围内对行业内部事务由证券协会按一定程序自行研究制定，不受政府影响。管理机制要求加强两个层面的管理：一是对证券行业的管理，制定本行业职业道德、行为准则、资质标准及组织与管理规范，实施市场准入制和资质认定制，对会员公司进行资格审查和从业行为的检查评估，对违规会员进行处罚等；二是对协会组织自身的约束，规定组织机构，确立经费来源、负责人和人员选聘，判定协会违规行为的标准，接受公众监督和质询，实施证券业协会的会务和财务公开等。激励机制是为根据证券市场发展需要而建立的，目的是为满足证券公司人财物需求、荣誉鼓励和相关政策的保护等。此外，证券业协会还通过监督机制建立规范的评估体系，根据收集信息依据评估体系进行行业绩和工薪评估，发布评估结果，通过保障机制对证券业协会管理制度和证券业协会自身利益提供必要保障。

（二）我国证券业协会自律监管实践分析

1. 我国证券业协会的发展历程

1991 年 8 月我国证券业协会成立。证券业协会是证券业的自律性组织，属非营利性社会团体法人，接受证监会和民政部业务指导、监督管理。[①] 成立 20 多年来，证券业协会贯彻执行"法制、监管、自律、规范"的八字方针和《中国证券业协会章程》，在行业自律、反映行业意见、改善发展环境等方面做了大量工作，积极发挥行业自律组织的应有作用。截至 2011 年 6 月，协会共有会员 239 家，其中，证券公司 107 家，证券投资咨询公司 86 家，金融资产管理公司2 家，资信评估机构 5 家，特别会员 39 家（其中地方证券业协会 36家，证券交易所 2 家，证券登记结算公司 1 家）。

---

① 中国证券业协会网站（ttp: //www. sac. net. cn/）。

证券业协会最高权力机构是全体会员大会，理事会为其执行机构，实行会长负责制。2007年5月，国务院《关于加快推进行业协会商会改革和发展的若干意见》，要求各级人民政府及其部门要进一步转变职能，把适宜于行业协会行使的职能委托或转移给行业协会，在一定程度上推动了证券业协会的改革，提升了行业协会的自律地位。2011年6月，协会召开了第五次会员大会，会上审议通过的《中国证券业协会章程》，进一步修改明确了协会宗旨，即协会在国家对证券业实行集中统一监督管理的前提下，进行证券业自律管理；发挥政府与证券行业间的桥梁和纽带作用；为会员服务，维护会员的合法权益；维护证券业的正当竞争秩序，促进证券市场的三公开，推动证券市场的健康稳定发展。2012年，为保障中国证券业协会有效履行自律管理职责，规范协会对自律管理对象实施惩戒措施，制定了《中国证券业协会自律管理措施和纪律处分实施办法》，对原有的自律惩戒措施进行了系统梳理及归并，明确了惩戒措施的划分标准、种类、实施原则等核心问题，对提升证券执业质量和职业道德水平、提高证券行业自律管理有效性、维护证券市场各方当事人的合法权益等具有重要意义。

2. 我国证券业协会的自律监管特点和不足

我国证券业协会的自律监管日趋走向成熟，然而与西方国家完善的证券业协会自律相比，我国的证券业协会还存在诸多缺陷。

（1）独立性弱，行政色彩浓。与证券交易所类似，证券业协会也是政府主导推动，并非券商自发设立，因而，更多体现为对国外证券监管的机械模仿，缺乏协会内在自觉意识和自律精神，有浓厚的"官民二重性"特点。从主管部门看，证监会为其主管部门，各地证券业协会主管单位均为证监会在各地的派出机构，具有鲜明的"政府"烙印。同时，证券业协会人事也受证监会影响，协会历任会长都在证监会兼职，直至2007年1月第四次会员大会选举产生了第一位专职会长。会长的专职性促使证券业协会的自律监管取得了很大进步，但章程规定会长和专职副会长的提名权仍在证监会。证监会对证券业协会的活动也直接干预，协会按要求完成证监会交付的任务，如证监会发布从业人员资格考试办法，由协会组织实施；证监会制定主承销商信誉评分规则，协会具体落实等种种迹象表明，政府对证券业协会的管制过于泛滥，证券业协会尚缺乏应有的独立性。

（2）自律监管职能薄弱。证券业协会的职能是自律、服务和传导。但由于证监会权力过于宽泛，涵盖了应由协会行使的部分，加之场外交易市场尚处于起步阶段，证券业协会缺乏自律空间，制约了证券业协会自律功能的发挥。造成表面上协会自律职能被放在首位，实际上职能主要是服务、传导，自律监管薄弱。[1] 各种法律法规、章程规定中只有"对会员之间、会员与客户之间发生的证券业务纠纷进行调解"和"监督、检查会员行为，对违反法律、行政法规或者协会章程的，按照规定给予纪律处分"两项具有较为明显的自律监管性质的规定。其他证券业协会体现的是会员关系的协调机构、人员培训中心、一般信息中介。

（3）不能反映会员利益诉求。自律组织发展的生命是为会员利益代言，只有谋求会员利益，才能增强对会员的吸引力。[2] 我国《证券法》主要规定了协会维护市场的职责，忽视了其成员利益维护功能，证券业协会缺乏创造商业机会能力，使证券业协会中会员认可程度不高，影响了服务功能的发挥。会员证券业协会关系疏远，不利于证券业协会自律作用的发挥。

三　其他证券中介机构的自律监管

除了证券交易所、行业协会外，证券市场中还有许多参与机构，如证券登记结算机构、证券资产评估机构、证券资信评级机构、证券投资咨询机构、财务顾问机构、会计师事务所、律师事务所等。

---

[1]　李支：《中小投资者保护视角下的证券自律监管法律制度研究》，硕士学位论文，湖南大学，2007 年。

[2]　齐萌：《中国证券业自律机制研究》，《上海金融学报》2005 年第 5 期。

这些中介机构也需要进行自律监管，只有所有证券市场参与者对其在市场中的经济行为进行自我约束、规范，才可以更好地保障投资者的正当权益得到实现。同时，证券投资基金作为一种利益共享、风险共担的集合证券投资方式，在为中小投资者理财、减少个人投资风险、促进证券市场资本结构的调整等方面也发挥着积极作用。①

在我国，这些中介机构的自律监管机制起步较晚。为建立防范和处置证券公司风险的长效机制，维护社会经济秩序和社会公共利益，保护证券投资者的合法权益，促进证券市场有序、健康发展，2005 年 6 月 30 日，我国发布实施了《证券投资者保护基金管理办法》，作为建立证券公司风险处置长效机制的主要措施。同年 8 月 30 日登记成立了中国证券投资者保护基金有限责任公司，保证当证券公司被撤销、关闭和破产或被证监会采取行政接管、托管经营等强制性监管措施时，按照国家有关政策对债权人予以偿付。

总的说来，我国证券行业自律监管机制尚不健全，自律组织依附于政府监管机构，自律功能没有完全发挥出来。因此，如何加强市场自身调节修复能力，发挥自律组织作用，实现对投资者的有效保护，是我国证券市场培育面临的重大问题。

第四节　加强证券自律监管和行业自律保护的对策

为了达到证券投资者权益行业自律保护的目的，让投资者尤其是中小投资者的合法权益得到更有效的保护，我们在借鉴国外证券市场监管模式的基础上，针对我国证券自律监管发展中存在的问题，提出了加强我国证券自律监管体系建设的对策。

---

① The Investor Compensation Fund, Evans Alicia Davis, Journal of Corporation Law 33. 1 (Fall 2007)：223 - 296.

一　在转变观念中树立证券自律监管的权威性

我国证券市场由政府推动建立，其市场监管带着浓厚的行政色彩，需要从根本上解决这种行政监管负担过重、行业自律严重缺位的问题。2006 年重新修订实施的《证券法》充分体现了监管者市场化的改革思路，但从实际执行的效果看，工作中仍然存在着政府监管与自律监管失衡现象，自律监管还缺乏系统性和规划性，未摆脱行政监管附属的地位。因此，政府管理者应转变观念，提高认识，充分认识到自律监管在证券市场监管体系中的地位，意识到自律对保护投资者合法权益的迫切性和重要性，牢固树立自律监管理念，将自律监管视为投资者行业自律保护的重要途径，将证券自律监管的权威性和独立性落到实处。

二　明确证券市场自律监管的法律地位

国外成熟的证券市场中，不论是自律监管为主的英国，还是集中统一监管的美国，都非常重视以立法形式赋予自律组织法律地位，赋予其具体自律权，提供立法保障，拓展自律管理空间，规范自律组织权力的行使程序。我国应效仿发达国家证券自律监管的做法，赋予自律组织必要的法律地位和职权，使其承担一线监管职责。[①] 一是要加强立法。明确自律监管的法律地位，巩固自律制度的基础。二是从立法上规定自律组织权力，赋予自律监管明确的法律地位。三是明确自律监管权限，做到证券交易所、证券业协会职责明确、具体。四是划清政府监管的界限与自律监管范围，做好职能分工，维护自律监管的独立性、权威性。

[①]　宁金成：《我国证券市场监管模式的选择与创新——自律和他律监管模式的诠释与安排》，《公民与法》2011 年第 6 期。

三　完善证券交易所的自律监管

《证券法》明确了证券交易所自律监管的地位。为更好地履行交易所的一线监管职能，需要从立法、行政以及自身建设三个层面加强自律监管组织建设：

第一，奠定证券交易所自律监管的法律基础。由国外证券市场发展经验可知，交易所是独立社团法人、自律组织，必须从法律上确认保护自律组织的权利。我国已经着手界定政府行政权与交易所自律权的边界。重新修订的《证券法》第48条、第55条、第56条对证券交易所自律与证监会行政监管权力的分配进行了明确，提出证券上市交易的审核权由证券交易所行使，股票暂停及终止上市的决定权也归入交易所。这说明我国已经从立法上将市场决策权回归交易所。但随着证券市场的发展需要，还需要进一步加大改革力度，逐渐将证券上市的监督管理权，制定并实施上市规则、交易规则和会员管理规则等权限完全移交交易所。

第二，完善自律监管，制止行政的过分监管。交易所自律监管接受行政权力的监督、制约和控制，是成熟证券市场的普遍规律，目的是克服自律监管自身的局限性，避免市场失灵。国际证监会规定了政府主管机构对自律组织自律监管行为进行监管的领域和内容，即董事长、行政总裁等关键职务需要经过政府任命或同意，对自律规则的内容进行监督、审核，对自律规则执行状况进行监督检查。我国《证券法》对证券交易所的规定，如委派理事会的部分成员，批准交易所的章程和业务规则以及要求交易所修改规则等，是符合国际惯例的，是维护公益之必需。但是，在实际操作过程中，有些做法过分强化了政府监管者的权力，妨碍了交易所的独立运转规律，在实际执行过程中，证监会将交易所作为其内设部门进行管理，将监管和被监管的关系变成了领导与被领导的关系。目前，应按照新修订实施的《证券法》的基本精神，扩大交易所的自主权，修订完善《证券交易所管理办法》，回归证监会与交易所监管和被监管的正常关系。

第三，改革证券交易所自身建设，切实按照会员制自律组织的运行方式进行规范运作。政府减少对交易所人事安排干预，改变交易所理事长等直接由证监会提名，建立理事长、副理事长由理事会直接选举产生的机制，总经理由交易所的理事会挑选。同时，减少对交易所业务的干预，在符合法律法规要求情况下，允许交易所自行不断开展新的业务品种，满足投资者的需求。此外，重新修订的《证券法》在对证券交易所组织形式的规定上，删除了原有的"不以营利为目的"的表述，说明政府监管者已经意识到在交易所组织形式上的发展和创新空间，为今后证券交易所采取会员制以外的其他组织形式如公司化改制预留了法律空间。因此，在证券交易所的发展定位上，我们还需要采取与时俱进的态度，积极思考未来证券交易所的发展方向。

四　完善证券业协会的自律监管

我国证券业协会是政府的一种制度安排，无法自发形成自律管理，同时场外交易市场处于刚起步阶段，也制约了协会自律监管功能的有效发挥，因此，现阶段要发挥证券业协会的行业自律功能，需要从三个方面着手：

第一，结合我国历史文化背景和现实国情，明确证券业协会的定位和改革方向。我国证券市场监管中的政府主导力量较强，缺乏自我管理的历史背景和文化氛围，无法像英美等证券自律监管体系完善的发达国家一样，做到证券业协会对于政府的监督制约。我国应将证券业协会定位在自律监管与政府监管职能的分工合作上。而改革的方向应坚持还原我国证券业协会作为证券公司共同利益代表的行业协会本质，并保障其作为自律组织的法人地位，使证券业协会成为中国证监会的得力助手，辅助进行证券市场自律管理。

第二，明确证券业协会的设立宗旨，调整机构人事组成。一是修订《证券法》时，明确将维护证券市场秩序与保护投资者权益作为证券业协会宗旨，保持协会自律、证券监管目标一致。二是还原协会作为证券商利益代表的民间性。重点是完善证券业协会组织机构人事制度，取消政府官员兼职，明确会长、副会长、理事会由会员大会选举。三是借鉴美国立法规定，增加一定比例的发行人、上市公司、投资者代表作为理事会成员，防止证券商操纵协会，维护投资者利益。

第三，立法赋予证券业协会自律权力。证券业协会自身不断完善自律规章制度，2013 年又发布了《中国证券业协会自律管理措施和纪律处分实施办法》、《中国证券业协会自律监察案件办理规则》和《中国证券业协会自律监察专业委员会组织规则》三项自律规则，建立了协会自律监察工作基础性制度，但作为法定的行业自律组织，我国证券业协会在立法上还有欠缺。[①] 要保证证券业协会的自律职能真正落实并正确行使，需要修订《证券法》对协会自律权力的规定，明确树立协会应有的权威，强化其作为《证券法》规定的自律法人地位；应进一步补充《证券法》第 176 条中有关证券业协会职责的规定，对协会规章制定、调查管理、行业惩罚、争端解决等问题的处理权限细化明确。

---

① 蔡宗琦：《证券业协会健全自律管理机制》，《中国证券报》2011 年第 8 卷第 14 期，第 1 页。

第九章

证券投资者保护的社会监督与自我保护

第一节　证券投资者保护的社会监督

一　证券投资者保护社会监督的内涵

社会监督主要是指政府和法律层面之外对证券投资者的保护，主要通过五个方面对投资者保护发挥作用：证券新闻媒体、网络舆论、中介组织、社会团体及投资者群体（见图9—1）。

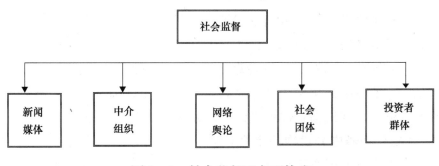

图9—1　社会监督五方面构成

二　证券投资者保护社会监督的重要性

法律制度、行政监管、公司产权安排为投资者保护建立起较为完善的制度框架。但对于处在转型发展期的中国而言，这些制度多少存在着缺陷。主要是当前我国法律制度不完备，侵害投资者权益行为未明显违反法律而无法追究。一些违反法律的行为，由于审理周期长，处罚量刑宽松，投资者获得补偿有限。行政监管中利益集团寻租、政府腐败等问题突出，在法律不健全的情况下，行政监管本身难以发挥有效作用。对上市公司违规处罚不能给投资者带来收益，反而受累蒙受损失。虽然研究认为股权集中可以解决控股股东的代理问题，但在公司治理机制不完善的情况下，一股独大带来的危害要远大于对管理层的约束，反而利于掩盖上市公司的违规行为。

制度的不完备促使人们寻找法律以外的保护和监管措施，社会监督作为中国传统伦理、规范的重要手段逐渐进入人们的视野。作为兼具监管效率和效果的载体，社会监督具有吸引社会关注、通过声誉约束市场行为，强化投资者利益保护的作用。同时，社会监督监管成本低、介入早，相比法律、行政监督的高成本、重举证责任、监管滞后具有独特优势。

三　证券中介机构的诚信建设

（一）证券中介机构内涵与分类

证券中介机构是指依法取得证券市场主体商品交换活动提供服务、监管资格的媒介组织。作为证券市场的重要组成部分，证券中介机构对证券市场发展举足轻重，对实现市场监管、投资者保护意义重大。证券中介机构主要包括证券公司、会计师事务所、律师事务所、资产评估机构、评级机构、证券登记结算机构等等。

（二）证券中介机构的信用问题

资本市场发展离不开证券中介机构的发育。成熟的证券中介组织直接规范证券交易、保护投资者权益，促进市场健康发展，影响市场乃至社会诚信体系建设。尽责、诚信的中介组织是投资者权益保护的重要屏障。证券中介的信用有机构执业信用和从业人员个人职业信用两个方面。其中个人职业信用属于个人信用，在发达国家，个人职业信用是对从业者自身价值、优势的评定，也是保障从业人员权益、制约责任的重要手段。

证券中介机构是发行公司和投资者的中介，上市企业与监管机构的中介。证券中介机构对上市公司发展、投资者利益有直接影响，要对投资者负责，对上市公司负责，因而不能偏袒任何一方。在上市过程中，会计师事务所、保荐机构、律师事务所对上市企业有深入的了解，知晓公司经营业绩、资产质量。在公司发生关联交易、重大并购等事项时，会计师有责任和义务对关系投资者利益、影响股价的信息进行披露、报告，发挥监督作用。

一个国家证券市场的成熟程度与投资者保护机制的完善程度是密切相关的。保护投资者合法权益，维护证券市场的"三公"，要处理好证券市场参与各方的关系，其中证券中介机构与投资者之间的关系尤为重要。①维护投资者合法权益是证券中介机构的核心任务。证券中介机构要恪守独立、客观、公正的原则，建立行业诚信观、道德观，在注册会计师和注册资产评估师行业等中介行业中弘扬社会主义诚信文化，以维护投资者的合法权益。②加强相关行业自律组织的自律制度建设。行业自律组织应该逐步建立起一套事前预警、事中检查、事后跟踪处理三者有机统一的较为系统的监管体系，提高对风险的预警、防范与处理能力，加强对投资者权益的保护。③加强投资者教育，提高投资者素质。投资者平时接触最多的是证券公司及其下属营业部，一旦有疑问，投资者往往总是首先向自己所开户交易的证券营业部咨询。因此，证券公司等中介机构可以通过股民学校、各种讲座、研讨会等形式开展投资者教育，提高投资者对证券市场知识的了解，加强投资者的风险防范意识，增强投资者的自我保护意识。

（三）证券中介机构的诚信建设

1. 明确中介机构的责任与职能

市场监管理论认为，政府应处于相对超脱的监管位置，因而不应亲力亲为监管事项，应将中介机构、行业自律机构推向一线。中介机构作为证券市场最重要的监管者，对上市公司信息披露发挥极其重要的作用。成熟市场上，中介机构可以为上市公司、投资者提供公司真实、及时、完整的信息，保障投资者做出正确判断。上市公司由于中介机构存在，让自身的年报、信息披露更有说服力。如果中介机构失信，不仅审计成本增加、企业信誉下降，投资者对中介机构的信心、自身利益都会难以保障，严重者可能造成投资者主动离场，最终损害中介机构和上市企业自身的长久利益。

2. 建立中介机构、从业人员信用评价机制

信息经济学认为，在信息不对称的市场经济中，良好的信用可大幅度降低交易者交易的成本，提高市场效率。主体信用程度越高，则破坏信用能获得的收益越大，当收益大于成本时，"经济人"就会破坏信用。制度建设是一个动态过程，需要与时俱进，不断创新。防止中介机构失信，需要由第三方独立机构建立中介机构、从业人员职业信用评价制度，对其信誉进行动态评定。要实施信用淘汰制度，让失信者出局，重典治乱，给予违法者毁灭性的打击，防止具有严重后果的不法行为的产生，从而降低整个市场和社会的监管成本。要高度重视信用体系建设，从法律上构建信用体系，加强从业者个人信息采集、监督。要加快建立指标评价体系，客观评价机构信用和从业者个人信用。

四　新闻媒体对证券投资者保护作用机理及效果[①]

西方经验表明，新闻媒体在提高公司治理水平、改善信息环境上作用显著。我国新闻媒体治理的作用也已开始显现。

（一）媒体对投资者保护的理论基础

媒体对投资者的保护源于声誉机制和信息传播机制的存在。[②] 投资者和公司实质上是一种经济契约关系，当公司管理者在有限理性

---

① 李常青、熊艳：《媒体治理：角色、作用机理及效果——基于投资者保护框架的文献述评》，《厦门大学学报》（哲学社会科学版）2012 年第 2 期。

② Dyck A. L. Zingales, 2002, "The Corporate Governance Role of the Media", *CRSP Working Paper*, No. 543.

和交易环境变动时，容易产生逆向选择与道德风险。破解问题的关键是要提供执行契约的监督机制。媒体的出现、声誉机制的存在，为解决问题提供了便利。通过借助社会规范，声誉机制为契约双方提供了一种隐性激励，保障了短期行为的长期化，避免了道德风险的发生，降低了交易成本。信息传播机制的存在则扩大了信息渠道的信息量和受众数量，使投资者对信息理解的效果提升，有效降低了契约签订、执行出现的信息不对称。声誉机制与信息传播的存在使交易双方不再受制于有限博弈还是重复博弈，机会主义者的行为可能随时为人所知，导致其自动放弃机会主义。声誉机制的存在使交易当事人重视声誉，通过非正式信息的披露，更多潜在交易对象知道了信息，前置了交易者的机会主义行为。（见图9—2）

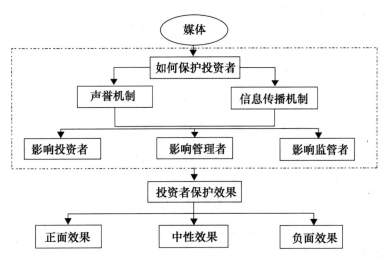

图9—2　媒体治理的投资者保护分析框架

（二）媒体保护投资者的实现路径

　　声誉机制与信息传播机制的融合，让我们更好地理解了媒体对投资者保护的实现途径。首先，媒体是信息中介，通过资本市场信息收集、加工、传播，改善了市场存量信息质量。其次，媒体扮演信用中介角色，监督、披露交易行为，为交易双方对接、降低交易成本提供了条件。从个体层面看，媒体对市场主体施加影响和实现投资者保护的具体路径。

1. 影响投资者

市场是不完善的，信息是不对称的。资本市场投资者在获取、判断信息中存在诸多困难。媒体作为信息中介，为信息弱势群体提供了免费搭车机会，解决了中小投资者信息搜集成本高、搜集渠道不易等问题。媒体在传播、包装、创造信息的过程中畅通了公司的外部信息环境，减少了信息不对称，为投资者交易提供了便利。媒体借助声誉机制为市场投资者提供了交易的外部承诺，增强了投资者信心，增加了市场吸引力和活跃度。

2. 影响管理者

媒体的出现解决了市场信息不对称问题，也对公司管理者形成了约束机制。当管理者行为与媒体传播的主流价值观违背，管理者会顾及声誉而减少其机会主义行为。主要表现为管理者在经理人市场上的声誉可能受损，导致未来就业、薪酬的降低。媒体的存在还有利于监督管理者的委托—代理问题，让上市公司管理层主动约束自己行为，因为一旦内幕交易、资产转移、操作市场等行为被别人知道，公司、控股股东都会面临巨大的道德舆论压力，让公司声誉受损，在这样的情况下，公司形象、管理者形象都会被彻底摧毁，让管理者在公众面前变得不堪，进一步强化对管理者行为约束的效果。媒体通过信息的汇总、再传播，强化了声誉的惩罚效果。

3. 影响监管者

媒体对监管者的影响体现为两方：一是增加监管者"不作为"的声誉成本，敦促监管者加强监管，甚至导致法律制度修改；[①] 二是消除行政治理层级间信息不对称问题，更高级别监管层介入违规事

---

① Besley T. A. Prat, "Handcuffs for the Grabbing Hand? Media Capture and Government Accountability", *American Economic Review*, Vol. 96, 2006.

件，保障行政措施的连续性，修正行政监管缺陷。

（三）媒体保护投资者效果

媒体可能会有三种投资者保护效果：

1. 正面的投资者保护效果

一是甄别问题公司。许多学者认为媒体最重要的功能是"看门狗"（Watchdogs）角色。媒体可以通过舆论识别上市公司会计舞弊等违规行为。研究发现，媒体揭露上市企业会计舞弊的作用，已超过会计师事务所、证监机构、股东和债权人。二是行为纠正。负面报道会增加问题公司的声誉成本、再融资成本，增加了其主动、及时改正的概率，压力还可以缩短改正时间。三是提高市场效率。通过信息的生产和传播，减少了投资者与公司信息不对称程度，提高了信息在股价中的反应速度，增加了市场有效性。需要注意的是，媒体生产信息会给投资者更大信息量，市场会随之强烈波动。传播信息则主要是吸引投资者注意力，因而市场反应较为微弱。四是提高市场定价效率。减少了抑制管理层会计操纵，为资本市场实现真实供求平衡打下了基础。

2. 中性的投资者保护效果

主要体现在环境保护政策信息上。媒体发布环境政策信息、环境问题的时候，可能引起公司支出增加，迫使公司治理的目标超越股东价值最大化目标本身，却不能带来收入。如美国自然资源保护委员会在媒体上发布"毒性污染最严重的 500 家企业"名单，上榜的 Allied 公司为此多花了 3 倍的费用改进环保设备，发布澄清信息，但支出却并未给投资者带来收益。公司环保政策改进在某种时候也具备"经济理性"，当其增加市场对公司价值的预期或降低公司经营风险时，亦可带来长远的经济利益。

3. 负面的投资者保护效果

媒体在投资者保护中有正面效果，也会出现负面效果。主要是由于媒体从自身利益出发所导致的偏差。这种偏差表现为客观、准确的报道立场被扭曲，信息出现编造、隐藏或者失真。由于媒体对公众的影响巨大，极容易对证券市场上的股价产生冲击，甚至影响证券市场的健康发展，这时候，媒体对投资者保护就可能毫无作用。

五　网络舆论监督与投资者保护

网络是现代传媒的重要工具，具有信息广泛、群众性强、时效性强等特点，是人们获取信息的重要渠道。网络真实反馈了人们的道德水准，让主流媒体的导向有的放矢。这决定了其担负投资者保护的重要使命，网络舆论不仅可以通过传递知识性信息发挥投资知识普及和教育功能，提高投资者理性思维及信息收集、理解和运用能力，还可以通过实施网络舆论监督规范管理层、大股东及中介结构的行为，从源头上保护投资者利益。

监督规范网络舆论，引导促进投资者利益保护。互联网具有传播知识信息、弘扬道德的神圣职责。政府监管部门要加强网络监管，加强正面引导，"去粗取精、去伪存真"，推动形成网络规范和道德，引导网络舆论理性化。要加强公民互联网诚信教育，培育网络道德，建立网络声誉制度，引导形成积极的道德风尚，净化网络舆论。处理好网络舆论监督与司法独立的关系，司法应主动接受网络舆论监督。网络舆论监督要合规、合法，不能影响司法独立、公正。要积极推动司法改革作用，处理好网络舆论监督与司法监督的关系。

六　社会团体——行业协会、学会、研究会等的监督

证券行业协会是证券业的自律性组织，属社会团体，其权力机构为全体会员组成的会员大会。按我国《证券法》规定，证券公司应当加入证券业协会。证券业协会的职责为：协助证券监管机构组织会员执行有关法律，维护会员的合法权益，为会员提供信息服务，制定规则，组织培训和开展业务交流，调解纠纷，就证券业的发展开展研究，监督检查会员行为以及证券监督管理机构赋予

的其他职责。

第二节　证券投资者的自我保护

一　证券投资者自我保护的内涵

证券市场本质上是信息市场。我国证券市场信息不对称问题突出，投资者的自我保护意识和能力薄弱。证券投资者自我保护是指投资者应对自己的投资决策行为负责，主要的目的是在正常法律框架和监管制度下，以风险损失最小的主动行为获得投资收益最大。这种保护是一种主动性的保护措施。投资者自我保护的根本目的是借助完善的法律法规和有效证券监管确保自己股利分配权与剩余财产分配权的正常行使，通过投资理念与投资技巧提高确保投资资本最大限度获得预期利润。[①]

积极的投资者自我保护对投资者自身和上市公司、证券管理部门都有着十分重要的意义，主要体现为：一是投资者自我保护能力提升，有助于掌握证券法律知识，学会法律救助手段，提高对公司表决权、知情权等权力的理解能力与参与能力。二是投资者自我保护能力提升，有助于提高参与公司经营管理的积极性，建立投资者与公司有效沟通的渠道，促进公司价值提升。三是投资者自我保护提升，有利于形成投资者与证监部门的互动，促进证监部门主动作为，提高法律监管与行政监管效能。四是投资者自我保护提升，有助于减少投资非理性行为，减小市场波动，保障维护证券市场运行。五是有助于掌握金融证券知识，提高智慧投资能力。六是有助于投资者了解市场运行规律，学会控制投资风险。

---

① 吕振隆：《台湾证券市场投资者保护机制》，《证券市场导报》2001 年第 6 期。

二　证券投资者自我保护的必要性

（一）证券投资风险存在的客观性和特殊性要求投资者进行自我保护

股市投资风险是指股票的预期收益变动或遭受各种损失的可能性，即股票投资者收益的不确定性。在股票投资中，风险总是客观存在的。股市风险根据其能否通过投资组合的方法加以规避及消除，可分为系统性风险和非系统性风险。系统性风险是指由于某种全局性的共同因素引进的投资收益的可能变动，这种因素以同样的方式对所有股票的收益产生影响。系统性风险主要包括政策风险、市场风险、利率风险和购买力风险等。非系统性风险是指对某个行业或个别公司的股票产生影响的风险，它通常是由某特殊的因素引起，与整个股票市场的价格不存在系统、全面的联系。而只对个别或少数股票的价格产生影响。非系统性风险是可以回避的。非系统性风险主要包括行业风险、经营风险、企业违约风险和财务风险等。

对投资者来说，还有来自投资者自身的风险。这是投资者的主观行为因素风险，常常被投资者所忽视。所谓投资者自身风险，是指股票投资者因其错误投资决策和行为而使其蒙受损失的风险。从实践来看，股票投资的风险往往出自投资者本身的错误决策和错误的投资行为。这些错误和不足主要表现在：错误地判断股票的质地和投资收益率；在进行股票买卖时盲目跟风；错误地判断和选择股票买卖的时期而错过股票买卖的最佳时点；缺乏自我制衡的投资心理和投资行为，不能量力而行，适可而止；缺乏智慧性的投资决策和投资技巧；等等。错误的投资决策和错误的投资行为，可以使股票投资客观存在的风险变成既成事实，使投资者出现经济损失，使投资者陷入困境。

证券交易中的风险，有很大一部分是由于公司重大内幕交易、违反法律规定和程序进行投资、欺骗上市、大股东侵占公司资产等违法违规行为而导致的，普通投资者既无法了解公司的真实情况，也无法对公司决策形成影响，仅凭公司公告的信息进行投资决策，因而不但不应承担责任，反而应得到相应的法律救助来补偿其损失。但是，我们必须看到，如果上市公司的信息披露和其他经营行为没有违规违法，仅仅是由于市场原因或经营者水平拙劣而导致投资者的风险和损失，则应由投资者自己承担。由于投资者自身风险所造成的损失，更应该由投资者承担。投资者学会自我保护尤为重要。

（二）法律的不完备性要求投资者进行自我保护

理论上一个完备的法律体系应符合以下条件：一是法律不自相矛盾；二是适用所有公民；三是永远适用。但现实的环境使"完备的法律"不存在。如法律不可能写尽世界万物，立法机关也不能够"一刀切"一律禁止或一律放开。证券市场中法律更是如此。金融创新的存在使法律不可能永远适用，甚至可以说法律制定速度永远难以跟上金融创新速度。这就促成了金融监管、证券监管的出现，来弥补法律不完备的缺陷。但监管的过度会抑制金融创新，影响资本市场发展，导致证券和金融创新不足。反过来如果监管不足则会造成市场波动加大，带来资本市场甚至实体经济的风险，最终损害投资者利益。因而，投资者不能仅仅企盼政府、法律对自己进行保护，或者说完全遏制证券市场欺诈行为，法律也不可能完全杜绝上市公司内幕交易、虚假陈述、虚构业绩等行为发生。因而，有必要将投资者自我保护作为法律、行政监管、社会舆论监管的补充，让投资者拥有自我保护能力，促进市场健康发展。

（三）投资者自我保护是投资者履行责任的直接体现

义务与责任属于同一概念，都是指权力所保障的必须且应该付出的利益。我国证券法律法规赋予投资者权利，明确要求公司章程载明股东权利、义务。深沪证券交易所明文规定了投资者的责任：首先作为股东，投资者要积极参加股东大会，行使股东权利，参与公司治理，并承担不正确履行义务的责任，要承担由于公司经营、收益变动造成的投资风险。每个投资者都应当了解作为公司的股东和证券市场参与者自己应承担的责任，了解证券市场各方的责任。

证监会《证券市场各方责任教育纲要》提出要遵守上市公司章程的规定，在投资股票过程中，要承担如下责任：阅读发行人股票发行、上市的公开披露信息，对发行公司股票投资价值做出分析；承担因上市公司摘牌/破产的投资收益风险；承担市场股价波动所导致的投资收益风险；承担股份缺乏流动性的风险；履行与所开户证券营业部签订的《证券委托买卖协议》；承担违反合法开户、合法交易的责任；承担因参与非法金融业务活动受到的损失；承担因自身交易操作不规范造成的损失；承担因故意参与非法证券期货交易的处罚；承担因不可抗力因素导致的交易风险；对非法交易活动和其他违法违规行为有举报义务。可以看出，投资者自我保护和投资者责任之间存在以下关系，即投资者必须认真履行投资者责任，才能有效实现自我保护的目的。

（四）投资者自我保护与公司内外部治理的互动性要求加强投资者自我保护

积极的投资者自我保护，有助于建立投资者与公司之间的有效沟通，提升公司价值，扭转公司在市场上的被动局面。还可以有效抑制大股东的操纵行为和管理层的机会主义行为。同时，积极的投资者自我保护，也有助于在投资者与证券管理部门形成良性互动，推动证券管理部门的工作，使证券市场监管的法律制度供给更具实效性。比如，中小投资者履责参加股东大会，行使股东权利，参与公司治理，会对大股东或管理层形成强大的威慑作用。在当事人正常的法律关系中，责任的威慑作用是必不可少的，法律正是借助责任这一有力武器才使当事人在违反法律之前对由此将要造成的后果加以认真考虑，从而迫于责任的存在而依法行事。

（五）以往的投资教训呼唤投资者增强自我保护意识

在调查中发现，大多数投资者将失误归咎于国家政策变化、上市公司造假以及庄家操纵股价等外界因素，很少认为自己投资失误造成了投资失败。这种对自身弱点认识不足、知识缺陷、认知偏差很容易导致利益受损。提高投资者自我意识必须加强对投资者的教育。具体来看，投资者不仅应学习证券投资基本知识，还要有财务、法律方面的相关知识，要了解自身存在的心理弱点，在投资中克服。投资者应将投资视野放得更宽广，将更多精力集中到工作、学习上，意识到在股市一夜暴富虽然不无可能，但多数人美好的生活需要自己的辛勤劳动，而不是依靠股市黑马股票的出现。要教育投资者树立自我保护意识，对蓄意违规的上市企业、中介机构、券商要善于发现，勇于揭露，用法律武器维护自身权益。

第三节　加强社会监督和投资者自我保护的措施

一　健全社会传媒与投资者利益保护机制

（一）推动传统媒体、网络技术互动融合

传统媒体与网络传媒的融合是当前信息技术发展的必然趋势。要实现两者的互动主要有以下三个层次：一是初级互动，网络媒体将传统媒体信息搬到网站，由于电子报道的特征，实现了媒体信息的快速传递。二是逐步合作，网络媒体为传统媒体提供网络平台，传统媒体为网络媒体提供信息资源共享。作为彼此合作的基础，一些媒体会为传统媒体建立网站链接。三是高度融合，网络与传统媒体在资源共享上，创建一种全新的全面深度合作。

（二）加强传媒与上市企业、投资者的沟通

1. 社会传媒与上市公司的沟通①

上市公司动向报道是媒体的重要内容，可以通过大众专版、网站专栏、跟踪报道等形式进行信息沟通，也可以通过对沪、深两市企业进行专业化分类，尽量细化，然后由各媒体进行任务划分，确定不同类型的公司采访任务，确保重要公司、重要信息不遗漏。媒

---

① 何旭强、郑江淮、刘海鹏：《投资者保护与证券市场发展——理论、经验与政策的探讨》，深圳证券交易所第七届会员单位与基金公司研究成果，2005 年。

体与公司之间可以确定固定协作关系，对公司消息进行独家披露，也可以鼓励公司积极提供最新信息。从而提高信息披露质量，减少媒体与上市公司沟通障碍。

2. 社会传媒与投资者的双向沟通

社会媒体要通过多种途径获得高质量的信息监督，提高自身公信力。具体来讲，可以开设电子邮箱、电话热线、网络论坛等互动形式，也可以由面对面恳谈会、投资者交流会等改进工作方式，更好地为投资者服务。

（三）加强法律在社会传媒制约保护中的作用

1. 防止传媒腐败行为要用好法律制约

社会传媒的规范离不开法律的规范。要将外在的道德规范内化、格式化为固定的法律约束，从国家机器的角度进行治理。建议颁布社会传媒监督方面的法律，在充分保障媒体采访、批评、评论和新闻自由，发挥媒体在证券监督方面积极作用的基础上，积极规范舆论导向，防止媒体对证券市场的误导与不良影响。对发布虚假信息造成投资者损失、造成市场秩序不正常波动、影响市场健康发展的媒体与人员，要追究民事乃至刑事责任。

2. 社会传媒正常工作离不开法律保障

媒体发挥投资者利益保护作用必须有足够的言论自由和法律保障的监督权，特别是要从法律上予以保护。在《新闻法》中需要有专门的立法，确保媒体在采访、保护投资者权益和探访内幕交易等过程中有法可依、有足够的言论自由，避免上市公司对媒体行为的滥诉。要完善司法程序，保护媒体言论自由，减轻媒体在诉讼中的举证压力，保护媒体监督证券市场违法行为的积极性。

二　不断提高个人投资者自我保护水平

（一）加强个人投资者自我保护的制度设计

减少投资者自我保护成本需要完善的制度安排，制度安排的核心在于从制度供给上形成对上市企业适度的监管，促成其完整、及时的信息披露，提高公司运作透明度，最大限度降低信息不对称造成的道德风险，在代理人与委托人利益上取得最大公约数，降低投资者自我保护的成本。[1] 国际上市场比较发达的国家和地区的投资者自我保护体制有许多值得借鉴的地方。如建立投资者保护公司、股东代表诉讼制度、独立董事制度和设立赔偿基金等。当前，我国投资者自我保护制度正逐步建立，但还有需要完善的地方。特别是最高人民法院发布的证券市场民事侵权纠纷案件审理方面的规定，存在明显缺陷：排除了集团诉讼这种有效追究违法者责任、降低投资者诉讼维权成本的诉讼形式。在审理证券民事赔偿案件的问题，诸如被告资格、损失范围规定、诉讼时效、赔偿标准、举证责任、偿付方式等技术性问题上缺少司法解释，给投资者在法律维权上带来诸多不便；投资者关系管理也没有引起上市公司足够重视，投资者与公司缺乏双向沟通机制；场外交易市场的退市后续机制缺少，增加了投资者因上市企业退市造成的风险；公司独立董事形式化，事中监督作用发挥不够；等等。

（二）培养智慧型投资者

培养合格股东是投资者自我保护的内在要求。投资者自我保护水平关键在于投资者自身投资能力、风险控制能力和自我法律保护意识的提高。[2]

1. 提升投资理念进行自我保护

我国投资者整体素质不高、受教育程度低、专业知识渠道有限、金融证券知识贫乏、非理性投资特征突出。众多投资者应加强学习，抑制过度投机行为，树立理性投资观念。建议政府或中介机构加强培训，增加投资者知识量，减少非理性投资和从众心理，构建市场理性微观基础。投资者自身要加强学习，增强市场信息分析判断能

---

[1]　郭锋：《投资者权益与公司治理——为投资者的权利而斗争》，经济科学出版社 2003 年版。

[2]　何旭强、郑江淮、刘海鹏：《投资者保护与证券市场发展——理论、经验与政策的探讨》，深圳证券交易所第七届会员单位与基金公司研究成果，2005 年。

力，提升决策水平。要通过提升素质，识别欺诈等不法行为，懂得向证券监管机构举报违法违规行为，使证监会及时发现并查处违规者。

2. 提高投资技巧，提倡"智慧型"投资

风险管理是企业发展的重要课程，也是个人投资的重要学科。虽然风险管理具有很高的技术要求，多数投资者难以达到专业化的投资要求，但其基本思路值得投资者广泛借鉴：一是风险回避。[①] 要求投资者研究公司披露的各种信息，尽量做到在充分"知情"的情况下，运用自己的分析和判断能力做出恰当的投资决策。例如，在我国公司预亏时会至少发布三次风险提示公告。这些公告提醒投资者，要注意上市企业亏损可能的风险。对风险厌恶型投资者来讲，就会考虑退市风险，尽可能选择回避，或者放弃投入或再投入。二是风险分散。我国证券市场白发一族、下岗职工较多，虽然倾其所有，但投资规模有限，风险承受能力不高。智慧型投资者会将资金控制在合理水平。对于股票炒作的杠杆控制严格确保不影响正常生活，不影响正常企业运转。即使看好公司前景，也不会把所有资金都投到"问题公司"上，而是选择合适的投资组合，将一部分投到风险较小、成长性好、盈利能力强的公司，或者将损失与获利平分。

---

① 赵涛、郑祖玄、何旭强：《股权分置背景下的隧道效应与过度融资》，深圳证券交易所第七届会员单位与基金公司研究成果，2005年。

第十章

证券投资者保护基金制度

第一节　我国证券投资者保护基金制度现状

一　证券投资者保护基金概念及特征

证券投资者保护基金起源于欧美证券市场，被国际证监会组织列为资本市场三大监管目标之一。作为民法赔偿的有效补充，在提高证券投资者抵抗风险的能力、降低交易所信用风险和恢复市场信心等环节起到重要作用。

证券投资者保护基金是证券投资者保护制度的重要组成部分。《证券法》明确规定："国家设立证券投资者保护基金。"为建立防范和处置证券公司风险的长效机制，保护证券投资者的合法权益，我国于2005年建立了证券投资者保护基金制度。证券投资者保护基金主要是由证券公司缴费组成，并交特定的证券投资者保护机构进行管理，当发生证券公司被托管、撤销或者进入破产程序等风险，不能赔偿客户证券交易结算资金及其他资产时，由证券投资者保护基金先行向证券投资者赔偿，然后保护基金获得投资者对被处理证券公司的债权，最后由基金参与到该证券公司清算或其他相关风险处理的程序。[①]　证

---

① 顾明：《我国证券投资者基金保护制度的完善》，《法制与社会》2010年第8期。

券投资者保护基金制度的建立为我国证券市场投资者保护提供了重要屏障。

证券投资者保护基金的特征主要是：第一，事前防范性。建立基金的目的是建立一种证券市场风险防范的长效机制，在风险发生之前未雨绸缪，做好风险发生后的资金储备，因而具有事前防范特点。基金事前预防性，还表现为按时披露相关信息、预估市场风险、提高投资者素质等。第二，事后补偿性。证券投资者保护基金最主要的特征就是，在处置证券公司风险过程中，通过对证券投资者特别是中小投资者对证券公司的债权或交易结算金进行收购或对其损失部分进行补偿，来对证券投资者的合法利益进行保护。第三，信托财产性。基金运作具有信托财产特点。基金所有权与使用权分离，投资者保护机构拥有管理权，却没有所有权，因而有信托财产典型特点。这主要是因为投资者保护基金是由证券投资者保护机构的会员，即会员证券公司缴纳会费而来，因而，所有权应归属各会员证券公司。证券公司通过会员费的形式将信托资产交给证券投资者保护机构进行管理，并将客户作为受益人。在证券公司发生风险、物理交付客户资金或证券时，投资者保护机构动用基金对客户进行赔偿，在平时证券投资者保护机构主要承担信托经营、保值增值的责任，从而保障客户享有信托权益。[①] 第四，风险共担。在证券投资者保护基金的制度设计中，所有证券公司会员都应向投资者保护机构缴纳会费，作为证券公司被处理时，先行向该公司客户支付的缺口资金。在这样的情况下，原本由少数证券公司产生的风险，不是由单个券商主体承担，也不是由政府进行救济，而由整个证券行业的券商承担，从而表现为风险共担的特点。从这一点来讲，投资者保护基金类似于保险制度。[②]

---

① 林兴：《设立证券投资者保护基金的法理分析》，《引进与咨询》2006年第3期。

② 杨佳佳：《论我国证券投资者保护基金及其制度完善》，硕士学位论文，中国政法大学，2009年。

二 证券投资者保护基金作用

与一般意义上的基金不同，证券投资者保护基金名为基金，但却是一种非投资性基金，专门用于证券公司发生破产、被撤销以及关闭时对投资者进行赔付。证券投资者保护基金的资金来源最初是政府拨款，此后，随着证券法规的完善，政府为防范金融风险，会鼓励证券公司缴纳会费作为投资基金的资金来源，因而具有保障国家资金安全、稳定投资者信心的政策性保险的性质。具体看，证券投资者保护基金主要作用有：

（一）稳定投资者信心，保障投资者权益

证券公司违规、投资侵权事件频发，导致投资者信心丧失，证券市场长期低迷。证券投资者保护基金设立就是为了稳定投资者信心，提高投资者权益保护水平。在各国的证券投资者保护中，都明确将赔偿投资者的损失作为重要内容。如在美国《证券投资者保护》中规定，保护投资者权益的过程中，特别是当事前、事中保护措施不能有效发挥作用，应加强对投资者的事后赔偿。在我国，证券投资者保护基金也将赔付功能作为最主要的职责，明确要求当证监机构对证券公司撤销、关闭、破产、托管时，基金应按法定程序对投资者损失进行赔偿。

（二）帮助防范风险，指导规范运行

证券投资者保护基金对于所辖的会员证券公司能有一定的风险防范功能，主要表现为能够通过系统检测证券公司风险控制情况。在证券公司管理经营中，如果发现存在相关系统性风险或者危及投资者权益的风险，投资者保护基金会向证监机构提出监管意见，并提出相关监管建议。在监管建议中，投资者保护基金会与证券机构研究解决具体的风险应对方案，以及相应的纠纷解决措施。

（三）实施投资者教育，提高风险防范能力

在我国，证券投资者交易主要是中小投资者。相对于大投资者、证券公司而言，我国证券投资者往往处于信息、资金、技术、投资

经验等方面的弱势地位。投资者保护基金很重要的一个作用就是对投资者进行相应的风险、技术水平的教育，以提高其风险防范和自我保护的能力，从而保护投资者的权益。证券投资者保护的教育过程实质上也是推动证券市场主体能力提升的过程。

（四）投资权益维护代理，填补权利救济空白

通常而言，证券投资者保护、赔偿制度诉讼程序复杂、费用高，审理周期长，普通中小投资者维权成本较高。但按照国外投资者权益保护的规定，证券投资者保护基金具有代表处于弱势地位的中小投资者维权的作用。在投资者权益受到上市公司、证券公司、中介机构及其他市场主体侵害时，投资者保护基金可以受证券投资者委托，对相关责任主体进行法律维权诉讼。投资者保护基金可以代表中小投资者组织律师团进行维权诉讼，对于解决投资者维权难、难维权问题，解决好证券投资者权利救济具有重要意义。[1]

三　我国证券投资者保护基金制度发展现状

21世纪初，我国股市经历了短暂的繁荣，但随着2001年6月14日国务院《减持国有股筹集社会保障资金管理暂行办法》发布，投资者对股票市场股权分置的担忧引发股市持续下跌。加之，证券市场法律法规不健全、不完善，证券公司挪用客户资金、违规操作等违规违法行为严重，股市系统性风险凸显，直接导致14家问题类证券公司或破产、或被托管、或被行政关闭。[2] 大规模出现问题券商的现象，不仅引发社会公众对投资者权益保护的反思，更加剧了投资者对证券市场信心的丧失。如何正确处理问题券商成为有效保护投资者权益、挽回投资者信心的重要举措。按照最初中央银行贷款的设计方案，虽然可以暂时缓解券商的资金缺口，但却不能从根本

---

① 张巍：《我国证券投资保护基金制度研究》，硕士学位论文，中央民族大学，2011年。

② 王长江：《问题类证券公司破产原因及处置方式研究》，《经济管理》2005年第6期。

上解决券商违规以及投资者权益保护的问题，甚至可能引发严重的道德风险。同时，央行再贷款规模的扩大也会给经济社会的通货膨胀埋下隐患。在这样的背景下，为了从根本上解决保护小额投资者利益对券商违规操作而导致的客户证券交易结算资金的损失问题，改变证监会侧重管制忽视日常检查，侧重国有企业、机构投资者利益保护，忽视中小投资者权益的问题，在参照国外经验的基础上，2005 年 7 月 1 日我国正式颁布《证券投资者保护基金管理办法》，并制定修改了相关的法律法规，形成目前证券投资者保护基金的法律体系。根据我国相关规定，证券投资者保护基金法律制度主要包括以下具体内容：

（一）证券投资者保护基金公司的组织结构和职责

根据我国《证券投资者保护基金管理办法》的规定，证券投资者保护基金公司下设董事会，董事会由 9 名董事构成，基金内设人力资源部、财务部、应用中心、资产管理部、投资者教育与服务中心、投资者调查中心、法律事务部等 9 个部门，下设安信证券股份有限公司和北京华证普惠信息股份有限公司两个控股子公司。其中，北京华证普惠信息公司，负责管理中国证券投资者保护网，向投资者提供证券市场的信息和技术服务。基金董事长由证监会推荐，并报国务院批准。作为保护基金公司的决策机构，董事会的主要职责包括：制定基金的管理制度，决定内部管理机构设置，安排保护基金的筹集、管理和使用等重大事项，决定基金重要管理人员的任免，以及基金公司章程规定的其他职权。董事会按季召开例会。当 1/3以上的董事联名或者董事长提议时，可以召开临时董事会会议。董事会会议由全体董事 2/3 以上出席方可举行。董事会会议决议经全体董事 1/2 以上表决通过方为有效。

我国证券投资者保护基金公司职责主要有：筹集、管理和运作基金；监测证券公司风险，参与证券公司风险处置工作；证券公司被撤销、关闭和破产或被证监会采取行政接管、托管经营等强制性监管措施时，按照国家有关政策规定对债权人予以偿付；组织、参与被撤销、关闭或破产证券公司的清算工作；管理和处分受偿资产，维护基金权益；发现证券公司经营管理中出现可能危及投资者利益和证券市场安全的重大风险时，向证监会提出监管、处置建议；对证券公司运营中存在的风险隐患会同有关部门建立纠正机制；以及国务院批准的其他职责。

（二）保护基金的筹集、管理和使用

我国证券投资者保护基金来源主要有：一是沪、深两市证券交易所在风险基金分别达到规定上限后，交易经手费的20%纳入基金。二是所有在中国境内注册的证券公司，按其营业收入的0.5%—5%缴纳基金；具体缴纳比例由基金公司根据风险状况确定，证监会批准，按年调整。对于经营水平较差、风险较高的证券公司，按较高比例缴纳基金。三是发行股票、可转债等证券时，申购冻结资金的利息收入。四是依法向有关责任方追偿所得和从证券公司破产清算中受偿收入。五是国内外机构、组织及个人的捐赠；此外还有其他合法收入。按照规定，基金公司为满足和防范处理问题证券公司需要，可以通过多种方式进行融资，必要时可报经国务院批准发行债券等获得特别融资。

从管理与投资方向看，我国证券投资者保护基金的投资方向主要是银行存款、国债、中央银行债券投资等风险水平低、相对安全的金融产品。同时，对证券保护基金要求建立信息月报、季报制度，定期汇报保护基金的筹资、管理、使用情况，并由基金的监督机构进行审查，从而实现日常管理的制度化、公开化、透明化。

从用途看，我国证券投资者保护基金主要用于对证券投资者损失的偿付，即在证券公司出现关闭、破产或被撤销等情况时，根据相关法律规定由保护基金公司对投资者予以偿付。

（三）证券投资者保护基金的赔偿制度设计

赔付范围。按照2004年中国人民银行等部门《个人债权及客户证券交易结算资金收购意见》规定，证券投资者保护基金补偿范围为：个人资金账户被证券公司挪用的所享有的个人债权；持有证券

公司的有效债权凭证的个人债券；客户交易结算资金；个人委托证券公司运营其财产，而委托理财后权属不清所享有的个人债权；其他相关规定。

赔付程序。按照规定，证券投资者保护基金的赔付程序具体如下：由相关清算组织审查客户交易结算资金，确定符合条件的对象，报相关部门批准、收购，证券投资保护基金公司支付投资者收购款。

个人债权赔付程序分四个步骤：发出公告、进行登记、审查确认和支付收购款。证券公司被处理后，应在被处置证券公司总部、分支机构等对公众发出相关信息披露公告，发布客户交易结算资金和个人债权收购公告。自证券公司被处理之日起，相关处理机构应对个人债权、机构债权分别进行登记，登记期满后，债权登记材料交由当地政府主管部门成立的审查确认小组进行真实性审查，同时，当地政府部门组织其他部门筹备好收购资金。相关处理机构在地方政府审查确认完成后，对符合条件的个人债权发出收购确认书，并与其签订个人债权让渡书。个人所持有的债权由收购方所有，并参与证券公司的相关清算工作。[①]

（四）证券投资者保护基金的监管制度

与国际监管相比，我国证券投资者保护基金监管不同于国际通行监管方式。我国证券投资者保护基金公司受证监会、中国人民银行和财政部三方的监管。根据《证券投资者保护基金管理办法》规定，由证监会负责对投资者保护基金的业务进行全面监督。财政部负责对其财务收支及预、决算执行情况进行监督审查。

第二节　证券投资者保护基金制度存在的问题

我国证券市场发轫于 20 世纪 80 年代，证券投资者保护基金制

---

① 张晓露：《论我国证券投资者保护基金赔偿制度的完善》，《经济法论坛》2006年。

度设立已经是 A 股市场成立 13 年后，投资者保护基金运作、管理、操作、补偿等方面还存在诸多不完善的地方，主要表现为三个方面的问题：公司治理结构问题、补偿制度问题和市场定位问题。

一　证券投资者保护基金公司治理问题

我国《证券投资者保护基金管理办法》规定，证券投资者保护基金公司为国有独资公司，公司董事会由 9 名股东组成，其中，董事长由证监会推荐，报国务院批准。但从企业实际登记资料来看，证券投资者保护基金公司的董事会成员由来自中国证监会、央行、财政部及上海证券交易所、中国证券登记公司的 8 名董事构成。[①] 虽然这种配置可能是出于各方力量均衡的因素，但如果董事会表决中出现票数相同情况时，偶数的董事会配置很可能发生议而不决的结果。理论上董事长可以多投一票，但是这样的做法与公司法的基本原理相背，因为从公司法的角度看，董事长只是董事会的召集人和法定代表人，其表决权应与其他董事相同。[②] 这样的董事会人事结构安排，其行政色彩大于企业色彩，基金公司运作的独立性，以及其是否能对投资者利益进行合理保护，受到专业人士的普遍质疑。《公司法》明确规定，"国有独资公司设立董事会，董事成员中应有职工代表"，但在证券投资者保护基金公司没有相应的职工代表，与公司法规定是相冲突的。[③] 在证券投资者保护基金公司，没有独立董事制度，也没有在公司内部设立监事会，只有证监会的外部监督，公司治理结构并不完善。因而，在证券投资者保护基金的决策机构设计中，有必要通过增加基金公司的话语权提高基金的独立性。并应考虑在证监会外部监督的同时，设立独立董事、监事会，来规范约束

---

①　郭民：《买单证券商：证券投资者保护基金接力》，《中国新闻周刊》2005 年第 9 期。

②　罗培新：《解读证券投资者保护基金公司》，《南方周末》2005 年 9 月 15 日。

③　邹爱华：《证券投资者保护基金运作模式研究》，《法学杂志》2006 年第 2 期。

董事会职权。[①] 保护基金虽然与证券公司有着直接利益关系，但《证券投资者保护基金管理办法》对我国投资者保护基金公司职能的规定仍然比较模糊，更多是扮演辅助建议和被动善后的角色，不能参与对证券公司的风险预警和监管，削弱了保护基金的作用。

二　证券投资者保护基金资金来源面临的问题

（一）筹资渠道少，对政府依赖较大

现阶段我国保护基金既要满足对问题证券公司风险进行处置的要求，又要维持保护基金的持续经营，还要为日后基金保护范围的扩展留下空间。在发达国家证券市场中，证券投资者保护基金主要以投资收益为基金来源，相比之下，我国证券投资者保护基金的来源仍需完善。虽然《证券投资者保护基金管理办法》对投资者保护基金的资金来源做了明确规定，要求证券公司按照风险程度缴纳基金，将证券交易所部分交易经手费、申购资金利息收入、责任方追偿所得、证券公司破产清算受偿收入、捐赠资产等作为基金的资金来源，但实际运行中仍面临着资金不足的问题。统计显示，我国证券投资者保护基金成立以来，处理风险证券公司偿付的资金多达几百亿元，而投资者保护基金的收入只有几十亿元，虽然国务院为投资者保护基金确定中国人民银行垫付 600 亿元额度资金，但该资金最终是要由证券投资者保护基金以基金公司自己的资产进行偿付，对于证券投资者保护基金是一个较大的负担。[②]

（二）缴费项目不明确

我国《证券投资者保护基金管理办法》第 12 条第 2 款规定："所有在中国境内注册的证券公司按其营业收入的 0.5%—5% 缴纳基金。"但第 15 条又规定，证券投资者保护基金以证券公司的佣金

---

　　① 卢国聪：《论我国证券投资者保护基金法律制度》，硕士学位论文，西南政法大学，2006 年。

　　② 陈向聪：《我国证券投资者保护基金制度面临的挑战及应对》，《商业研究》2006 年第 24 期。

收入为基准缴纳会费。出现了证券公司佣金收入与营业收入之间规定的矛盾，如果确定证券公司会费缴纳基点仅考虑证券公司营业收入，对自营业务占较大比重的证券公司是否公平？如果按照佣金收入缴纳会费，那么证券投资者保护基金的缴费基数将明显偏低，必然导致一部分资金难以覆盖自营性证券公司经营导致的风险。①

（三）　费率缺乏操作性

为保障我国证券投资者保护基金的正常运行，我国证券投资者保护基金对缴纳会费的比例做出了弹性规定，要求按照证券公司风险、经营管理水平、运作能力采用浮动费率的办法进行征缴，这是符合证券市场发展客观规律的，值得肯定。但另一方面，我国还缺乏相应的完全风险评级体系，评级结果的准确性、客观性难以有效保障，导致一些有形的标准变成无法操作的虚设门槛。因此，在风险评估体系建立前，有必要对现行弹性缴费标准进一步细化，以便形成更加合理、有效的缴费标准比例。

三　证券投资者保护基金制度补偿存在的问题

（一）　补偿范围问题

《证券投资者保护基金管理办法》规定，当证券公司出现风险，基金公司负责制定基金使用方案，证监会评估证券公司风险状况，并制定处置方案。证券投资者保护基金公司负责基金发放。按照《个人债权及客户证券交易结算资金收购意见》、《个人债权及客户证券交易结算资金收购实施办法》规定，问题证券公司处理方案需要央行、财政部、证监会联合会签。虽然一事一议有其自身的好处，但也容易导致基金的救助被滥用，不利于保护基金制度价值的实现。对于具体补偿范围的限定，《证券投资者保护基金管理办法》只将"因证券市场波动"和"产品价值本身变化"而造成的损失排除在外，但投资市场瞬息万变，潜在的风险远不止这两项，如因通货膨

---

① 袁剑：《中国证券市场批判》，中国社会科学出版社 2004 年版。

胀、金融中介内幕交易或欺诈以及错误投资建议等情况所造成的损失,① 不是一句"股市有风险,投资需谨慎"就能包括的。按现行法规,保护基金的赔偿范围的排除情形规定得过少,无疑与通行的国际实践及证券投资者必要的风险自负原则相背离。

(二)　补偿对象问题

《证券投资者保护基金管理办法》规定,证券投资者保护基金的补偿对象为"债权人",债权人范围却没有明确界定。在随后颁布的《个人债权及客户证券交易结算资金收购实施办法》中,证券投资者保护基金的补偿对象成为"客户证券交易结算资金的所有者及居民",管理办法没有对作为证券公司普通债权人与证券公司客户的投资者进行区别,混淆和扩大了证券投资者保护基金的偿付范围。同时,对于现行证券投资者保护基金补偿对象的规定中,对个人投资者和机构投资者债券的处理也存在一定的问题。如在对个人债券和机构债券区分时,容易导致投资者没有任何过错的情况下,因证券公司期债形成的以机构名义出现的个人债券不予收购,以及机构背后的众多中小投资者权益难以保障的问题。特别是对于社保基金、住房公积金等涉及公众切身利益的机构投资者权益如何保障,成为影响公平、效率的重要因素。

与此同时,受到证券投资者保护基金规定保护对象较为宽泛的影响,我国证券投资者保护基金面临着道德风险问题。在证券公司被关闭、撤销或者破产时,证券公司的债权人一概被纳入了投资者保护基金的赔偿范围,容易使投资者因为有保护基金制度而减少在选择代理人时应尽的对证券公司信用程度的调查,使谨慎义务被忽略,导致具有风险的证券公司也会受到保护,影响到市场对证券公司约束作用的发挥。

(三)　证券投资者保护基金补偿的标准问题

我国《证券投资者保护基金管理办法》出于对投资者保护和社

---

① 金昱茜:《中欧证券投资者保护基金制度比较及其完善》,硕士学位论文,中国政法大学,2011 年。

会安定的需要，规定保护基金的补偿范围是客户证券交易结算资金和个人债权。其中，投资者保护基金对客户证券交易结算资金本息予以全额弥补，对个人债券分段进行不同比例补偿。但不可避免地会造成一些证券公司从事违规经营，而个人或机构投资者为追求高额利益，违规参与到这些风险性高的活动中。在这样的情况下，对投资者的债券补偿应根据投资者参与金融风险程度、回报率，制定不同的投资性债务的补偿标准，对高风险、高回报形成的债务应适当减少补偿额。而对于金融债权人持有的股票、债券被证券公司非法挪用形成的债权，投资者保护基金应将其等同客户交易结算资金进行处理。[①] 因为从法律性质看，证券公司挪用投资者证券产生的个人债权与客户证券交易结算资金应属于同一类，而投资者持有证券公司债券产生的债权与违规委托理财产生的债权属于同一类。目前的标准将它们笼统归于一类，容易出现对市场的超额补偿。

（四）保护基金补偿程序问题

证券投资者保护基金设立的目的是保障投资者利益，给投资者损失合理补偿。补偿程序是赔偿制度能否实施的关键。当前我国《证券法》、《证券投资者保护基金管理办法》都没有关于补偿程序的系统规定，就一些零散规定而言存在以下问题：一是赔偿程序启动问题。按照规定，当证监会对证券公司进行强制措施，如撤销、关闭等时，才能启动相关程序。换而言之，如果证券公司出现违规违法导致投资者损失，却没有被证监机构采取强制措施，赔偿基金是无法启动的，对于投资者而言显失公平。二是过程参与问题。我国证券投资者保护基金公司带有强烈的行政色彩，在赔偿清算过程中，除了作为赔偿机关，并没有任何参与审查的权力。三是责任、费用分担问题。投资者保护基金公司参与证券公司清算中，它的作用是什么，与一般破产清算区别在哪里，基金公司与主管部门职权如何划分，清算费用分担问题怎么解决，这些都是没有解决的问题。

---

① 廖凡：《证券客户资产风险法律问题研究》，北京大学出版社 2005 年版。

四　证券投资者保护基金的市场定位问题

（一）投资者保护基金的多头监管

我国证券投资者保护基金由证监会、财政部、人民银行共同监管，其中，财政部主要负责财务状况监督监察，央行负责再贷款资金的使用情况督查，证监会则负责其他方面的考核。联合监管虽然看起来职责分工明确，但事实上却存在部门间协调、问责的困难。三家监管容易出现考核流于形式、书面报告多于实质考核，外部监督不能有效渗透到内部等问题。一些难题则出现了互相推诿、拖延不管的现象，造成基金公司治理与运作效率较低，违背基金设立初衷。[①]

（二）投资者保护基金与相关主体协作问题

目前，我国在投资者保护的外部监管中，证监会等各监管主体各有各的职能，但在制定相关保护规定时，是根据当时的法律所制定，缺少对证券投资者保护基金公司的定位与职能的界定。我国《证券投资者保护基金管理办法》虽然对投资者保护基金的管理、运行做了规定，但对投资者保护基金公司与相关主体的关系协调没有具体规定，导致目前投资者保护基金公司无法完全发挥其职能，从而不利于投资者权益的保护。

（三）证券投资者保护基金职能缺失的问题

我国保护基金制度旨在保护投资者利益。我国证券市场个人投资者数量众多，相对机构投资者及专业投资者来说，在专业知识水平、风险判断能力等很多方面存在欠缺。证券投资者保护基金作为一种事后保护机制，虽不能从根本上防止证券公司违法挪用客户资产等违规行为，对投资者所起的保护作用有限，但对于证券市场上充斥的虚假信息、操纵股价等违规行为，完全可以从预防的角度入手，通过对投资者专业知识、风险意识、自我防范等的教育，提高

---

① 金昱茜：《中欧证券投资者保护基金制度比较及其完善》，硕士学位论文，中国政法大学，2011 年。

投资者的风险防范水平。我国投资者保护基金虽然有一定的保护教育职能定位，但其对投资者保护的宣传教育力度不够，投资者对投资者网站的认知程度不高，针对投资者开展的教育培训不多，投资者保护基金的教育功能没有充分发挥出来。

第三节　我国证券投资者保护基金制度的完善

针对上述问题，我国证券投资者保护基金制度完善可以从理顺关系、开源节流、明确角色入手。理顺关系即是完善公司董事会，保持其灵活性；开源节流即是拓展资金来源和合理限定赔偿范围；明确角色即赋予保护基金应有的职权，充分发挥其事前监督和事后补偿的职能。

一　完善证券投资者保护基金公司的治理结构

针对我国投资者保护基金公司治理结构中存在的问题，可借鉴美国的做法对保护基金公司的董事会进行"平民化"改造。可以通过设立非官方董事完善董事会治理结构，如可以从 9 名董事中设立 5 名非官方董事，实现社会公众的话语权。其中，3 名从证券公司或证券行业自律组织选出，2 名从公众投资者中选出。同时，其余的 4 名官方董事名额的分配为：中国人民银行 2 名，证监会、财政部各 1 名。由于这种新董事会格局可能导致政府对证券投资者保护基金公司监督的削弱，为了避免这种情况发生，可依据《公司法》规定，设立独立董事。独立董事由其派出部门管理，享有充分的知情权，应明确规定独立董事有权了解保护基金公司管理、运作以及投资者保护基金的使用情况。

二　拓宽保护基金资金来源

当前我国的证券投资者保护基金范围还仅限于在证券公司发生

风险给投资者权益造成损害时的赔偿，不能称之为真正有效的投资者维权基金，建议将其他证券市场主体侵害证券投资者权益的情形纳入投资基金的保护范围。为实现更广泛意义上的投资者保护，必须扩大证券投资者基金收入来源，壮大规模实力，增强基金风险抵御能力。具体来看，除了传统投资基金的资金来源，我国证券投资者保护基金资金还可以从以下渠道筹集：

（一）完善中国人民银行的专项再贷款制度，建立共有资金池

我国证券市场发展前期，受到证券市场制度不完善、法律不健全的制约，券商违规违法事件不断。由政府对违规券商进行处理，保护证券市场的运行秩序，维护投资者的权益是符合证券市场发展需要，也是有利于证券市场长期健康发展的。但在政府对违规券商处理，由人民银行向保护基金发放专项贷款补偿投资者损失以后，这部分贷款应通过适当方式进行处理。如可以采取市场方式支付利息归还本金，或者由中央政府出面对这些专项贷款予以核销。同时，随着我国金融体系相关法律法规的完善，银行存款保障基金、保险基金等也都会相继建立，届时可以通过设立"共有资金池"的办法，将多个基金达到上限的资金注入资金池，视情况采取支付利息的办法，解决资金在各基金间互相拆借难题，保障基金运行资金链条的充足、稳定。

（二）用基金进行投资获取投资收益，促进基金的保值增值

国外的经验表明，一个正常、良好运行的证券投资者保护基金资金筹集的主要来源是已有资金的投资收益。如美国 SIPC 的主要资金来源就是投资收益。2010 年，美国 SIPC 会员缴纳会费仅占总收入的 9.6%，而其运用自身资本获得的投资收益占当年全部收入的 90%。我国的《证券投资者保护基金管理办法》规定，投资者保护基金公司按照安全、稳健的原则，可以依法对基金的资金进行管理和利用，并进行合规运作，同时保障资金安全。结合当前我国证券市场对投资者保护基金实际需求情况，可以通过以下两种方式实现基金保值增值：首先，选择投资货币市场基金，利用货币市场基金

风险相对较低，但相对活期存款高收益的特征，在不改变资金安全性、流动性的情况下，使资金收益率提高。其次，对优质股票进行战略投资。通过专业评估方法，选择沪、深两市优质股票进行投资，提高保护基金的收益。需要注意的是，为了保障投资者保护基金的安全性，应科学设定用于长期投资的资金比例，并要求投资者保护基金将用于投资的资金比例严格限制在这一比例以下。

（三）违法违规处罚收入

对违规会员中介机构进行处罚，是证券投资者保护基金具有的权利。在国际上，证券投资者保护基金对违规会员中介机构的罚金通常归入投资者保护基金。[①] 因为按照"谁损害、谁赔偿"的民事赔偿原则，包括证券中介机构、证券从业人员、上市公司以及其他主体，出现因内幕交易、证券欺诈、虚假陈述等给投资者造成损害而被处罚时，所有的处罚资金都应纳入投资者保护基金。但目前我国这些罚金全部上缴国库，国家并没有将这些资金用于补偿受损失的投资者。这样的制度目前看是不甚合理的，因为证券市场的各项处罚是由于违反了投资者保护的基本法规，侵犯了投资者利益，损害了证券市场的长远发展，只要投资者有充分的证据证明自己是这些违法违规行为的受害者，就有资格从罚款中获得相应的补偿。如果难以证明准确的受害者，则可将罚金纳入补偿基金，从而增强证券市场抗风险能力。[②]

（四）提取风险准备金提交投资者保护基金

证券市场中介机构通常有职业风险准备金，为充实投资者保护基金，可以从中提取一定的比例上缴到投资者保护基金。对新发行股票的公司，也可以按照资本的一定比例上缴投资者保护基金，将其作为侵害投资者权益的保障基金。对于机构投资者、其他投资者，可以结合在证券交易所中缴纳税款提取一定比例缴纳到投资者保护

---

① 陈红：《设立我国证券投资者保护基金的法律制度的思考》，《法学》2005 年第 7 期。

② 皮海洲：《股市罚没收入应补偿投资者》，《京华时报》2009 年 11 月 23 日。

基金，在机构投资者出现侵权行为时作为补偿基金。

（五）将印花税收入交付投资者保护基金

可以从印花税收入中拨付部分资金，或者从上市公司的募集资金中按比例征收一定的费用，作为投资者保护基金的资金来源。为了保障投资者和上市公司权益，该项费用只在上市公司首次发行股票时收取，此后交易和再融资时不再收取。[①]

（六）证券公司每年缴纳一定的费用

当前，我国的投资者保护基金实质是券商风险处置基金。因而，券商应每年缴纳一定的费用作为投资者保护基金的资金来源。但按照什么标准对证券公司进行会费征收，始终是我国保护基金制度立法和学界研究的重要问题。对证券公司会费缴纳的比例范围，《证券投资者保护基金管理办法》第12条规定："所有在中国境内注册的证券公司，按其营业收入的0.5%—5%缴纳基金；经营管理、运作水平较差、风险较高的证券公司，应当按较高比例缴纳基金。各证券公司的具体缴纳比例由基金公司根据证券公司风险状况确定后，报证监会批准，并按年进行调整。"这种权利、义务相匹配，高风险券商承担高缴费比例的原则，有利于防范道德风险，防止平均征收带来优质券商为劣质券商埋单现象。[②] 但由于《管理办法》只是原则性的规定，没有可操作细则，在缺乏完善风险评估体系和监管制度的情况下，以典型风险行为划分费率并不能从根本上解决。目前，主要应通过立法明确规定和评估证券公司的真实风险状况，完善征管制度体系。同时，考虑到证券公司经营状况差异，建议将费用分为两部分：一是固定金额费用，无论券商规模大小都要按照规定金额缴纳；二是浮动费用，按照公司盈利状况收取，对于亏损公司暂免征收。

[①]　张敏聪：《投资者保护基金制度安排需更加明确》，《中国发展观察》2006年第3期。

[②]　张育军、隆武华：《投资者赔偿金的国际经验及在我国的构建》，《证券法律评论》2003年第3期。

三　健全投资者保护基金的补偿制度

（一）完善保护基金补偿范围

我国证券投资者保护基金对赔偿对象的确定存在着赔偿对象不确定，以及没有把一些特殊的群体排除等问题，违反了管理基金的公平原则。针对我国保护基金赔偿范围存在的问题，可从以下几个方面完善：一是明确保护基金补偿对象及补偿范围。《证券投资者保护基金管理办法》第 3 条规定"对发生问题的证券公司债权人，按照国家有关政策进行偿付"，但对债权人的范围如何确定，《办法》并没有具体规定。但在我国《个人债权及客户证券交易结算资金收购意见》中，就对保护基金的收购对象进行了具体的细化规定。因而，应总结《收购办法》的相关规定，借鉴国外补偿例外的规定，及时制定基本的指导细则。二是增加赔偿对象的例外规定。建议按照国外投资者保护的经验，将公司董事、公司高管等相关责任人对因其自身原因被采取强制措施的责任主体排除出赔偿范围，并将这些特殊情况作为案例进行广泛宣传。三是对个人债权与机构债权进行区分。当前，我国的一些机构投资者如社保基金、住房公积金等机构代表的实质是众多中小投资者，但其投资的专业性、风险识别能力又相对较强，因而，可以考虑将这些机构纳入证券投资者保护基金的保护范围，但可以适当降低投资者保护基金的赔付比例，以便更好维护社会公共利益。

（二）规范投资者保护基金补偿对象

证券投资者保护基金的偿付对象，可以进行适度限制：一是排除对证券公司破产清算有直接责任的主体，如公司高管、董事、直接责任人等。二是对客户进行甄别，对拥有专业投资能力、信息资源优势的客户进行排除，如进行自营投资的券商、银行、经纪公司等。将这些自营部分的债券排除出赔偿范围，但对属于个人所有的证券或资金进行补偿。三是将有欺诈行为的投资者排除在外，保障证券市场公平价值。

（三）确立限额赔偿的原则完善保护基金补偿标准

当前，我国没有具体的投资者保护基金的运行标准，实践操作中主要参照《个人债权及客户证券交易资金收购意见》中的规定：以10万元为限额界限，10万以内的，进行全额补偿，10万之外的数额以90%的比例补偿。这样的补偿限额明显过低，导致对投资者保护支持不够，应当适当提高限额标准，对限额内进行全额赔偿，对超出部分按照一定比例赔偿。对一些公益类基金也应适用该赔偿标准。同时，在对投资者损失分为客户交易结算资金和个人债权具体赔偿标准上，目前对前者的本息全额补偿，而对个人债权则分段予以不同比例补偿，这种对个人债权分段补偿的办法，主要是为防止投资者违规购买高利率金融产品，提高投资者风险意识。但个人债权中包括证券公司挪用股票债权而形成的债权，对该部分债权投资者不可能预计到高风险，因而应将其划入与客户交易结算资金一样的全额赔付的范围，而不是打折赔偿。①

（四）完善保护基金赔偿与证券公司破产程序的衔接机制

投资者保护基金的赔偿程序与证券公司破产之间还存在着程序衔接不畅、主体责任不清、协调机制不健全、费用分担不明确的问题，因此有必要通过立法完善相关衔接机制，将基金启动清算程序权利纳入法律条款，建立破产过程中法院、主管机关、证券投资者保护基金的协调机制和费用分担机制。将我国证券投资者保护基金的赔付程序与破产程序相结合的具体方式如下：第一，投资者保护基金启动或介入清算程序；第二，及时公告、申报债权；第三，由投资者保护基金、证券公司与地方政府联合甄别债权；第四，依法按照相关规定清偿客户债权，从而让投资者保护基金更好地参与破产程序，保护投资者利益。

（五）引入投资者集体诉讼制度

证券市场侵权案突出特点是受侵害者众多，个人投资者维权成

---

① 舒细麟：《我国证券公司破产中投资者保护问题研究》，《证券市场导报》2006年第11期。

本高、取证难，牵扯个人时间、精力巨大。因而，当中小投资者受到证券市场中上市公司、中介机构、证券公司等侵害时，维护合法权益的能力往往很弱。从 20 世纪 80 年代开始，美国就在证券投资者权益维护案件中引入了集体诉讼制度，并成为使用最普遍、约束违规造假行为最有效的证券民事索赔手段。在美国的集体诉讼制度中，违规证据采取"举证责任倒置"的方法，原告提出质疑后，由被告方负责拿出反对原告质疑的证据，如果被告拿不出证据，则可认为默认事实。这样的法则有利于普通投资者的维权，因为作为证券内幕交易等行为的局外人，普通投资者很难拿出有效证据，也就很难打赢证券侵权维权官司。这样举证责任倒置对帮助弱势群体维权、提高维权积极性具有十分重要的意义。为此，我国也可以借鉴美国"集体诉讼制度"，由证券投资者保护基金先行进行损失赔偿的基础上，取得代位权，代替投资者向法院提起诉讼，从而保护广大中小投资者的权益。[①]

四　提高保护基金在市场规避风险中的地位和作用

（一）明晰监督部门职责与分工合作

我国证券基金的监管模式是证监会、财政部、中国人民银行三大监管部门联合监管。这种做法虽然可以防止某个部门的独权监管，但由于我国现阶段并未有相应的制度对三方的职责做出明确的划分，很容易出现各部门之间相互扯皮现象。为防止这种现象的出现，我国应当加快相关法律法规的制定，明确监督各方的职责，同时各部门在合理的职责划分下，制定有关三个监督部门之间的分工和合作的细则。如证监会的主要职责是对证券投资者保护基金公司业务状况进行监管，对保护基金筹集、使用、运作实施具体监督。国家财政部的主要职责为对保护基金的相关财务情况进行监督。中国人民

---

① 李响、陆文婷：《美国集团诉讼制度与文化》，武汉大学出版社 2005 年版，第41 页。

银行的主要职责为对投资者保护基金再贷款资金的使用情况进行监督。同时，我国《证券投资者保护基金管理办法》第26条中仅规定"证券公司、托管清算机构应按规定使用基金，不得将基金挪作他用"，但没有对证券投资者保护基金可能发生挪用或贪污保护基金行为的具体防范措施，因此，应明确赋予证券监督部门对投资者保护基金的审计权力，将投资者保护基金运作纳入会计监督，更好规范和提高基金公司内部人员的职业行为。

（二）加强保护基金与监管主体间的协作

正确处理好基金公司与参与主体之间的关系，关键是平衡好各方的利益与关切。根据相关证券市场立法规定，我国证券投资者保护基金的运行涉及证监会、人民银行、财政部及投资者保护基金公司多个主体。如果证监会等相关主体对权利限制过多，则证券投资者保护基金公司的职能发挥势必受限，因而，可以适当将部分证监会的职能下放到保护基金公司。对投资者保护基金公司在证券公司投资者补偿上也可以适度扩权，将与投资者补偿相关性强、程序性和事务性强的职权划归投资者保护基金公司。同时，监管者、证券投资者都要认识到，证券市场是一种信息不对称的虚拟经济，任何监管都不可能将所有损害投资者行为杜绝，保护投资者权益过程中，行政干预十分重要，但市场自律、法制建设都是投资者保护制度完善的重要基础，多方监管下的投资者保护必须是充分自觉基础上的投资者保护基金公司的市场化运作。

（三）完善证券投资者保护基金对证券公司的事前监督

国际经验表明，证券投资者保护的事前防范要远远胜过事后的防范。我国《证券投资者保护基金管理办法》虽然规定要建立证监会、保护基金公司之间信息共享机制，但现实的情况是，证券投资者保护基金公司获得证券公司信息的主渠道是证监会对证券公司的定期通报，其中涉及的经营管理、财务信息等统计资料相对滞后，数据分析不全面。只有当证监会认定存在风险隐患的证券公司，证券投资者保护基金才能按照"按照规定直接向保护基金公司报送业务、财务等经营管理信息和资料的义务"① 的要求，获得第一手的经营管理资料信息。证券投资者保护基金公司监测证券公司风险，向证监会提出监管处置意见由于缺少具体操作细则被迫搁浅。证券投资者保护基金公司获取证券公司信息的被动，很难实现对证券公司的事前监督。在美国证券投资者保护公司运作30多年中，理赔总额仅为43亿美元，如果能够赋予证券投资者保护基金公司风险信息获得的主动权，对于及早发现证券公司隐患、及早防范和妥善解决危机、减轻证券投资者保护基金负担、将证券公司违规造成的损失降低到最低具有重要意义。

（四）提高证券投资者保护基金公司的法律地位

按照我国现行法律规定，在证券公司被清算破产过程中证券投资者保护基金公司往往处于被动偿付地位，在清算中的地位甚至劣于普通债权人。为此，在保护基金发放的整个决策过程证券投资者保护基金公司都应积极参与。托管清算机构提出申请保护基金时，应向证监会授权机构和投资者保护基金公司同时递交相关申请文件，投资者保护基金对证监会授权机构的决定有权提出异议，并具有相关的重申、否决权。对于证监会授权机构同意，但保护基金公司否决的情况，可以双方协商解决，如不能协商，可以提交证监会进行协调解决。对由证监会批准的决定，投资者保护基金认为不符合条件的，可以建议证监会对申请进行重新审查。提高投资者保护基金公司在证券公司清算中的参与度。建议将《受偿债权管理办法》中查阅财务保护、财务账簿、委派人员监督经营管理等权利制度化。要保护证券投资者保护基金公司参与证监会对证券公司托管人的制定程序、对证券公司破产的启动等方面的深度参与权，以便更加有

---

① 《证券投资者保护基金管理办法》第8条规定："基金公司应当与证监会建立证券公司信息共享机制，证监会定期向基金公司通报关于证券公司财务、业务等经营管理信息的统计资料"，证监会认定存在风险隐患的证券公司，应按照规定直接向基金公司报送财务、业务等经营管理信息和资料。

效地保护投资者保护基金的合法、合理使用。①

（五）加强投资者的教育

投资者教育是证券投资者保护基金的责任，也是投资者权益保护的重要途径和关键内容。中小投资者在收入水平、资金实力、专业知识、投资方面缺乏经验，信息获取渠道狭窄，辨识信息、处理信息能力不强，处于市场的弱势地位。按照规定，投资者保护基金公司有专门机构——证券投资者投资再教育中心，专门负责组织投资者的教育。保护基金公司还可以通过证券监管部门（比如中国证监会）对投资者进行教育。监管部门开展投资者教育有很多优势：一是监管部门处于比较超脱的地位，又是制定各种市场规则的部门，具有权威性，开展投资者教育容易取得投资者的信任。二是由于监管部门拥有查处违规违法行为的职权，可以直接处理投资者的举报、投诉，使投资者教育中的权益保护教育更容易落到实处。三是采取更多的方式对投资者进行风险教育。部分中小投资者在投资理念上存在问题，无形中增加了心理压力和投资风险，有时他们不仅使自己的投机行为远超过投资，而且即便在投机中也往往存在误区。根据工作经验和实地调研了解到，大多散户做投机时会选在开盘的前半个小时，虽然能在某些程度上抓住当天的波动，但却要被动承受一天的风险。而且这种被动性容易被大投资者利用，套取利益。因此，保护基金应帮助散户理解证券市场的运作模式。更进一步，引导投机者理解投资理念，更多地通过投资来获得长远稳定的收益。通过召开投资者见面会、投资者知识信箱、投资知识工具箱等多种方式对投资者进行教育，提高投资者自身防范风险和抗风险的能力，做一个理性的、成熟的、高素质的投资者。

① 杨佳佳：《论我国证券投资者保护基金及其制度的完善》，硕士学位论文，中国政法大学，2009 年。

第十一章

证券投资者保护信息披露制度

第一节 信息披露制度及其作用和原则

一 信息披露及其作用

信息披露制度，是上市公司依照法律规定，将公司的经营管理信息、财务信息、重大人事信息、资产信息等向证监会、证券交易所报告，向社会公告，接受社会公众监督，使投资者能及时、充分掌握公司经营情况，保护投资者利益的制度。信息披露制度是证券市场发展的基石，也是维护投资者利益、保障证券市场可持续发展的基础。世界各国都将证券市场信息披露制度作为推动证券市场发展的重要任务，也是证券市场监管的重要内容。信息披露制度对证券市场发展的主要意义在于以下三点：

（一）信息披露制度有利于证券市场资源配置功能发挥

市场机制是证券市场进行资源配置的基本手段。证券的发行与投资过程实质上就是社会资源配置的过程。公司发行证券的数量、金额、种类主要取决于证券市场的供求关系。公众投资证券的过程实质上是按照公司信息进行理性选择的过程。信息披露制度就是要将发行证券、交易证券公司的全部真实信息展现在投资者面前，作为投资者进行投资选择的决策依据。从公司的信息披露中，投资者可以鉴别发行证券的公司资金实力、管理情况、技术水平、财务状况，如果公司管理良好、技术实力雄厚、盈利状况良好、市场前景广阔，其发行的证券必然受到投资者青睐，市场资源就会流向这些高效益、高回报的公司，证券市场配置资源的功能就可以得到体现。

（二）信息披露制度有利于保护投资者合法权益

证券市场上信息不对称是常态，这种不对称存在于公司内管理层、经营者等内部人与外部人之间，也存在于上市公司与券商之间、专业投资者与中小投资者之间，上市公司、券商在信息上的占优与普通投资者信息获取渠道的匮乏，使证券市场上信息操纵、内幕交易等行为时有发生，很容易造成证券市场交易的不公平。信息披露制度要求上市公司准确、及时、充分地披露相关信息，使每个投资者都有机会公平地获得信息，为防止证券欺诈、内幕交易，保护投资者权益奠定基础。作为证券市场而言，如果没有信息披露制度，很容易造成上市公司、券商、大股东等利用内幕信息操纵市场，攫取非法利益，并直接威胁到公众对证券市场的信心，导致证券市场长远发展受到制约甚至萎缩。

（三）信息披露制度有利于督促企业改善经营管理

在上市公司信息披露制度下，上市公司必须定期或不定期公开经营状况、财务报告，对内部人员交易、股权变化等重要事项必须及时公布，这样的压力会促使公司努力加强内部管理，积极提高经济效益，维护公司在证券市场的良好信息。公开内部人员的交易信息还可以有效遏制上市公司内部人员的不当竞业，即公司董事为自己或第三方从事属于公司经营范围的交易时，利用职务上的便利获得交易机会，或者利用掌握的内部信息、公司机密从事营业行为对公司造成损害。为此，很多国家为了维护公司、股东权益，通过法律（如《公司法》）对公司董事具有竞业禁止义务的规定，要求在公司董事未能履行竞业禁止义务、为自己或者他人从事营业行为时，必须通过股东大会表决，并将行为所得作为公司收入。但实际执行中，中小股东很难进行有效监督。《证券法》要求信息披露后，公司董事与公司利益冲突的行为就会从公司内部监督转为社会监督，公司的信息更加透明，从而避免内部人损害公司利益、营私舞弊行为的发生，更有效维护股东的合法权益。[1]

二　信息披露的原则

《证券法》规定，披露信息是信息披露义务人的法定义务，并确定了信息披露的具体原则，作为应披露信息与信息披露活动的合法性的判断标准。《证券法》在第 63 条明确规定："发行人、上市公司依法披露的信息。必须真实、准确、完整，不得有虚假记载，误导性陈述或者重大遗漏。"即证券信息披露应遵守真实、准确、完整、及时的原则。

真实性，即信息披露的义务人对公司经营状况、会计信息、投资事项、公司内部人交易等信息的披露要客观，能够显示信息的本来面目，不能有虚假、误导、欺骗性的信息。完整性就是要满足投资者对信息重要性、相关性判断的需要，充分、完整地披露具有重大性、法定性的特征，如在重大股权、资产变动信息的过程中，要保障信息的完整性，也要保障信息披露按照法定程序、形式进行披露。及时性就是对信息披露与信息实际发生之间的时间间隔要尽可能缩短，保障投资者能够根据最新信息进行投资判断，减小内部交易发生的可能性。如《证券法》要求，对投资者持有上市公司股份达到 5% 时，应在事实发生 3 日内书面报告证监会、证券交易所，通知该上市公司，并予以公报。在上述期间不得再行买卖该上市公司股票。

三　信息披露的影响因素

证券市场是一个资本的市场。信息是影响资本获利的重要原因，任何微小消息变化都可能带来巨额利润。市场逐利的本性以及信息

---

① 汪斟：《论欧盟证券信息披露制度及其借鉴意义》，硕士学位论文，中国政法大学，2010 年。

不对称的存在，使任何掌握内幕消息的人都可能利用证券市场的漏洞侵占弱势群体利益。内部和外部治理机制都会有效规范信息披露，否则任何环节的缺陷都会导致信息不对称。

（一）公司内部治理对信息披露的影响

公司内部治理机制的产生与公司所有权、控制权分离造成的委托—代理关系有直接关系，目的是维护投资者利益，有效约束公司管理者行为。在 20 世纪末世界经合组织《公司治理原则》指出，公司治理包括公司股东、管理层、董事会和其他利益相关者的一整套运行机制。公司治理需要解决三对矛盾，即投资者与管理层、大股东与中小股东、债权人与股权投资者之间的矛盾，与之相对应的就是针对投资者、中小股东、债权人的三大保护机制。[①]

1. 股权结构与会计信息披露

股权结构在公司治理与会计信息披露中有着重要的影响，因而也被认为是影响公司治理水平的重要产权基础，对公司治理的效率、公司管理层的约束和激励以及经营绩效有着重要影响。公司股权结构也影响到管理层在公司经营信息、财务信息披露中的行为，并直接影响到公司信息披露的质量。从传统的观点看，对股权结构有高度集中、适度分散和高度分散的分类。在高度集中和过度分散的股权结构中，公司治理与信息披露都存在很大的缺陷。如在股权高度分散的公司，股东很难达成集体行动的意见，管理层容易掌握公司的控制权，造成管理层利用自己的信息优势为达到自身利益最大化牺牲众多股东利益的事情发生。股权的过度分散也容易导致单个股东缺少足够的收益而不愿承担监督义务、监督成本的情况，造成股东"搭便车"现象的出现。而在股权高度集中的公司中，存在大股东直接控制公司，导致大股东对公司管理、经营行为的过度干预，甚至出现大股东操纵公司行为、内幕交易以及掏空公司财富等牺牲中小股东行为的发生。在公司股权过度集中的

① 方红星：《公众公司财务报告架构研究》，中国财政经济出版社 2004 年版。

公司，其会计信息的报告质量可能出现下降，也会产生上市公司财务舞弊行为。

2. 董事会对会计信息披露的影响

董事会在公司中起到股东权利代表的作用，对公司治理有着重要的影响，特别是在重大事项的决定中，董事会更是起到核心、枢纽的重要作用。董事会一般不直接介入公司的日常事务管理，主要针对公司的重大财务、投资、经营、管理层选任等事项进行决策，对公司管理层提交的报告，董事会有审查其合理性、合法性、准确性的义务，并综合判断公司的管理、运营效率。因而，一个健全的董事会，应有相应的审计委员会负责审查财务报告、会计信息的真实性、合法性，对财务预算、决算方案、重大项目投资、筹资方案进行审批，对管理者薪酬进行审批，在评价管理者的绩效等方面也都应发挥其作用。但如果董事会不健全、运行不规范，则很容易出现公司运营、管理信息以及会计披露信息的失真。

3. 内部控制对会计信息披露的影响

内部控制是受到董事会、管理层以及其他相关者影响的过程，是为了实现公司经营效率和效果、财务报告可靠性、遵守法律和条例而提供的合理保障。内部控制由控制环境、风险评估、控制活动、信息和沟通以及监督五大要素组成。随着证券市场的发展，越来越多的投资者意识到一个具有投资价值的公司不仅需要良好的发展前景与业绩支撑，还必须有良好的内部控制制度。内部控制的实效比经营业绩下滑带来的投资风险更大。如果公司建立了完善的内部控制制度，并得到一以贯之的执行，公司的会计信息质量就能得到有效保障，市场也会把高质量的公司与低质量的公司分开，并做出积极回应。内部控制信息的披露也有利于将企业契约的执行信息公开，起到对代理人或者管理层的监督作用，从而健全公司内部治理制度，保证会计信息披露的质量。

（二）外部治理机制对信息披露的影响

公司管理层的行为会对信息披露产生重要影响。公司外部治理机制没有直接参与公司信息的形成，但却能够通过监督影响管理层的行为方式，进而影响会计信息披露质量。从已经披露的信息看，证券市场操作利润、盈余管理等违规行为，多数与公司管理层的直接授意或干涉有关，会计部门很难顶住管理层压力，成为会计信息造假的实施者。因而需要通过公司外部市场机制、政府治理机制和外部社会治理机制，约束公司管理层行为。[①]

1. 外部市场治理机制对会计信息披露的影响

影响公司会计信息披露的外部市场治理机制包括公司控制权市场、债券市场以及经理人市场。首先是控制权市场。在公司经营管理层考核中，会计信息对管理层的影响要远高于股票价格的影响，股东会使用会计盈余数据来证明管理层、经理人经营效率的低下和公司管理的无能。为了粉饰公司业绩，避免因失去股东支持而被解雇，控制权市场的存在会有效制约管理层行为。当控制权市场存在使管理层面临被替换、接管压力增大，管理层会更有动力通过拥有的会计政策选择权操作会计盈余数字，降低对外会计信息质量。其次是债权市场。公司债务对经理人的约束和监督不是通过直接监督、观察经理人行为实现的，主要是通过企业是否违反契约中重要会计指标实现的。为了降低债务风险，债权人会要求管理层采用稳健、一致的会计政策，从而有利于提高会计信息质量。最后是经理人市场的监督。在公司外部治理中，经理人市场的存在会影响会计信息的质量。在自由市场经济体制下，职业经理人的薪酬由经营管理能力、经营业绩决定。为了获得更高的薪酬或更高的职位，经理人会有动力粉饰会计信息。但另一方面，一旦经理人的这种行为被发现，其在人力市场中的价值会受到极大影响，因而他们在操作会计信息的过程中会考虑其行为对公司价值和自身利益的影响。

[①]　郑春美：《公司治理中的会计治理对策研究》，博士学位论文，武汉大学，2005 年。

2. 政府治理机制对会计信息披露的影响

政府治理机制，主要是通过制定法律直接影响公司信息披露行为。各国在制定上市公司会计信息披露规则中，都要求遵守法律法规，同时，要求公司信息生产过程、财务报告编制都要以会计准则为准绳。因而，政府治理的首要目的是建立会计信息披露体系，维护证券市场的有效性。这一过程表现为制定市场监管制度→执行监管制度→检查执行情况、发现问题→处罚违规行为、提出改进意见→改进完善制度。① 与之相对应的是，会计信息披露制度的运作表现为：制定会计信息披露准则、执行会计信息披露制度、监督制度执行情况、发现问题、惩罚违法违规行为。②

3. 外部社会治理机制对会计信息披露的影响

外部社会治理机制主要是指会计师事务所、证券公司、律师事务所、证券交易所、资产评估公司等中介机构的信用机制，其在公司治理结构运行中具有"防火墙"的功效。受限外部独立审计是会计信息准确性的最后关卡，上市公司聘请独立会计师进行财务审计，为会计信息可靠性增加了保险。③ 注册会计师的审计意见会成为投资者投资决策时重要的参考依据，证券分析师会通过上市企业的深入研究，把信息有偿转让给投资者，为投资者决策提供参考。律师事务所围绕信息披露要求提供法律服务，出具法律文书，保障信息合法、真实。证券交易所主要是发现会计信息披露出现的相关违规行为，特别是未按要求披露信息、披露虚假信息、隐瞒会计信息、选择性披露会计信息的公司。

一般来说，外部治理环境与会计信息披露质量呈现正相关关系。社会总结独立性越高、信用度越好，公司会计信息披露质量会越高。

---

① 乔旭东：《上市公司会计信息披露与公司治理结构的互动：一种框架分析》，《会计研究》2003 年第 5 期。

② 王佳声：《公司治理与会计信息披露互动：理论与实证分析》，硕士学位论文，山东大学，2007 年。

③ 占卫华：《资本市场中的会计研究》，中国金融出版社 2007 年版。

如果整个社会信息披露环境不佳，中介机构缺乏诚信，对中介违法违规行为的惩处不到位，就会出现严格执行监管要求的中介机构被淘汰出局，"劣币驱逐良币"会造成中介机构不仅起不到确保会计信息真实性的目的，反而可能与客户合作合谋造假，助长企业虚假会计信息的生成。①

第二节 我国上市公司信息披露制度
现状、问题及原因分析

当前，我国信息披露制度规范从法律到行政法规，再到部门规章，已经形成了一整套体系。然而，尽管中国证券市场在规模上已经达到了发达国家证券市场的水平，但中国证券市场的信息披露质量与其规模很不相称，甚至可以说信息披露质量仍未达到发达国家证券市场的平均水平。虽然中国证券市场是在充分借鉴美国等发达国家证券市场发展的基础上建立起来的，但是中国证券市场的发展是自上而下并由政府主导的，面对市场逐利特质，事前监管、事后处罚的实效性、可行性等方面仍存在不足。

一 我国证券市场信息披露遵循的制度和规范

（一）我国信息披露规范体系的层次

我国证券市场监管中明确要求加强上市公司信息披露制度建设，提高信息披露质量，增强市场透明度，维护投资者合法权益。经过20多年的努力，我国证券市场信息披露体系逐步完善，形成了以《证券法》和《公司法》为核心，相关部门规章、行政法规为补充

---

① 郑春美：《公司治理中的会计治理对策研究》，博士学位论文，武汉大学，2005年。

的全方位、多层次的上市公司信息披露制度。① 目前，我国证券市场信息披露体系可以分为四个：一是基本法律体系。主要是经过全国人民代表大会及常务委员会通过的国家法律，如《公司法》、《证券法》，主要对公司股票发行、上市交易中应履行的信息披露义务与责任做了原则性规定。此外，《刑法》对涉及刑事责任的信息披露违规违法行为的处罚进行了规定。二是国务院颁布的涉及信息披露的行政法规，如国务院发布的《股份有限公司境外募集股份及上市的特别规定》、《股票发行与交易管理暂行条例》、《股份有限公司境内上市外资股的规定》、《可转换债券管理暂行办法》等等。三是证监会制定的部门规章，主要对上市公司在招股说明书、上市公告、年报、中报、临时报告等中应披露信息进行了详细规定，包括《禁止证券欺诈行为暂行办法》、《公开发行股票公司信息披露实施细则》、《证券市场禁入暂行规定》、《股份有限公司境内上市外资股规定的实施细则》、《公开发行股票公司信息披露的内容与格式准则》第1—22号、《公开发行证券的公司信息披露编报规则》第1—19号、《公开发行证券的公司信息披露规范问答》第1—6号、《关于加强对上市公司临时报告审查的通知》、《关于上市公司发布澄清公告若干问题的通知》、《证券交易所管理办法》、《上市公司股东大会规范意见》等等。四是沪深交易所制定的自律性规范，如两个交易所各自的《上市规则》。应该说，各层次的信息披露制度都对会计信息披露做了详细的规定。

（二）我国现行会计信息披露制度的具体规范

信息披露制度的第一个规范是招股说明书。招股说明书是供社会公众了解上市发起人和将要设立公司的情况，说明公司股份发行的有关事宜，包括筹资目的、股本及股票情况、承销机构、发行对象等信息，指导公众购买公司股份的规范性文件。公司IPO必须制作招股说明书。证监会《公开发行股票公司信息披露的内容与格式

---

① 杨柏：《上市公司信息披露监控机制研究》，博士学位论文，重庆大学，2004年。

准则第 1 号》对招股说明书的格式与内容有详细规定，并要求全体
董事对招股说明书的真实性、准确性予以承诺，否则将追究个人连
带责任，并要求明确声明："中国证监会、其他政府机关对本次发行
所做出的任何决定或意见均不表明其对发行人所发行的股票的价值
或投资人的收益做出实质性的判断或保证。"

上市公告书是企业证券发行上市前向公众发行的上市信息披露
资料，包括发行企业概况、股票发行承销、公司董事和监事与高管
层人员持股状况、公司设立、关联交易、股本构成、财务会计资料、
董事会承诺、主要事项提示等内容。上市公告书与照顾说明书应对
照阅读。

年度报告书是上市企业每年规定发布公司信息的报告书，内容
包括：公司经营情况、固定资产、股东构成与数量、公司董事及监
事和高级管理人员持股与报酬、最近 3 年或成立以来的财务信息、
最近 2 年年度财务报告、会计师事务所审计意见、其他重要信息等。

半年度报告书是上市公司在会计年度前 6 个月结束后编制的中
期报告，一般在 60 天内完成披露。主要包括公司经营状况、财务会
计报告、重大诉讼事项、股票和债券变动、重大事项等。证监会
《公开发行股票公司信息披露的内容与格式准则第 3 号——中期报告
的内容与格式》对此有专门规范。2003 年又进一步修改简化了内
容，实现了摘要表格化。

季度报告书是上市公司在会计年度 3 个月、9 个月结束后的报
告，于 30 天内完成披露。具体内容包括重要提示、公司经营情况、
财务指标、管理层重大事项等。《公开发行证券的公司信息披露编报
规则第 3 号——季度报告内容与格式特别规定》对季度报告格式进
行了详细规定。

临时报告书。《证券法》第 26 条要求，对发生可能对上市公司
股票交易价格产生较大影响而投资者尚未得知的重大事件时，上市
公司应当将有关该重大事项的情况向国务院证券监督管理机构和证
券交易所提交临时报告，并予公告。

二　上市公司信息披露存在的问题

（一）信息披露虚假问题严重

虚假信息披露是我国证券市场危害最为严重的问题。主要表现为虚增利润、虚假披露信息、选择性披露信息误导投资者、虚假盈利预测、虚假报告募集资金用途等。

为达到上市目的，虚报盈利、高估资产对项目进行包装。如在桂林集琦 2000 年证券财务报告中，在所有权风险未转移的情况下，虚假确认集琦荣高的转让收入 10076.91 万元，虚增利润 516776 万元。在与漓江房地产转让中，在未收到货款、未实现所有权转移的情况下虚假确认收入 1757 万元，虚增利润 433 万元，构成对投资者的严重误导。[①]

对募集资金使用情况的信息披露不实。按照法律规定，投资者有权了解企业募集资金的使用情况。但在实际中存在控股股东擅自改变资金用途、损害投资者利益的情况。如 S*ST 光电（000150）累计多次将募集资金拆借给非关联单位，公司未履行临时披露义务，给投资者造成损失。2005 年 12 月 31 日，该公司子公司向银行短期借款 1.18 亿元，并将款项提供给 S*ST 数码控股股东——深圳市友缘控股有限公司，但在公司当年的会计报表中未如实披露。

虚假记载和利润操纵。公司管理层蓄意高估收益、低估损失来调节利润，旨在避免退市、抬高股价、增发股份等不同需要。如在 S*ST 源药（600656）的年报中存在会计数据失真、虚构收入、虚增利润等情况，导致公司净利润虚增，由于连续亏损于 2005 年被迫退市。

盈利预测失实。如 ST 派神（000779）于 2005 年 10 月 25 日刊登扭亏公告，预计全年盈利 1300 万元，但在年报中却显示实际亏损

---

① 宫妹琳：《基于中小股东利益保护的会计信息披露与公司治理结构的研究》，硕士学位论文，沈阳工业大学，2005 年。

10366 万元，公司股票被实施退市风险警示。直到当年 4 月 14 日，才刊登业绩预告修正公告。S*ST 集琦（000750）也存在业绩预告多次变更且时间滞后、未向公众提示退市风险警示。

（二）信息披露不完整

上市公司应充分披露真实、完整的信息，但我国证券市场现实的情况是一些公司"能不说就不说，能少说就少说"，有的故意隐瞒重大信息，给投资者造成损失。具体包括：

一是偿债能力披露不充分。部分公司财务信息对应收账款、债务等情况披露不全，很多公司借故商业机密不公布应收账款的账龄、结构、逾期等情况。在社会责任方面的信息一概不提，投资者难以知道上市公司在就业、职工利益、资源与环境等方面的信息。

二是交易披露不充分。体现在关联交易定价、资金被占用缘由、处理、约定协议等未能充分披露。[1] 如东盛科技（600771）控股股东占用上市公司资金 158826 万元（占上市公司上年末经审计净资产的 347.58%），但在 2005 年前，公司对这一重大关联交易没有履行必要的审批程序，没有发布公告。上市公司对外提供担保 95634.83 万元（占上市公司净资产 209.29%），没有履行必要的审批并及时披露的义务。直至 2006 年 10 月 31 日，公司才以补充公告的形式披露重大交易事项，给投资者带来很大风险。

（三）信息披露延迟

公司信息披露的一个要求是及时。公司信息披露不及时，会造成操纵市场、内幕交易，使投资者利益受损害。我国《股票发行与交易管理暂行条例》规定：对发生可能对上市公司股票市场价格产生较大影响而投资人尚未得知的重大事件时，上市公司应当立即将有关重大事件的报告提交证券交易所和证监会并向社会公布，说明事件的实质。现实中，我国上市公司对于一些临时性报告，如关联

---

[1]　陆正飞等：《我国证券市场信息披露存在的主要问题及原因分析》，《财经论丛》2002 年第 1 期。

交易、贷款、质押担保重大合同、投资等还不能及时对外披露。

未及时披露大额对外担保。2003 年，托普软件（000583）对外提供担保 88565 万元，占托普软件净资产的 63.81%，其中为关联方托普集团科技发展有限公司提供担保 38080 万元，为关联方重庆索普科技发展有限责任公司提供担保 17000 万元。但对于担保事宜，公司直到 2006 年 4 月 8 日才予以披露。荣华实业（600311）2004 年为广州市银树食品有限公司 6000 万元银行贷款提供担保，同样未能够及时披露。

未及时披露重大诉讼。2011 年 2 月 3 日，宁波富邦收到法院传票，被上海文盛投资管理有限公司起诉存在借贷合同纠纷。9 月 30 日，宁波富邦收到北京市第一中级人民法院的判决书，要求在一起金额达 5654 万元的债务中承担连带责任，但公司未在 2010 年年报、2011 年半年报中提及，直到 2011 年 10 月 17 日才公告诉讼事实，延迟公告长达 8 个月之久。

（四）被动信息披露

我国证券市场上，信息披露被当成负担，而不是对股东、社会负责的责任与义务。一方面，从近年来年报披露的实际情况来看，虽然上市公司都有相应的章节披露公司的治理情况，但内容过于形式化，大多是照搬照抄上市公司治理准则上的条文，投资者很难从增加的治理结构信息披露中发现新的、有价值的信息。公司在各报告中对经营状况的回顾上，大部分并不是对报告期生产经营状况的总结分析，而是照搬前次报告中披露的内容，言之无物，毫无投资参考价值可言。① 另一方面，一些上市公司在其经营管理方面存在着较多不愿让公众知道的暗箱操作，对信息披露抱着一种害怕和回避的心理，额外的信息能够少披露就尽量少披露、能够不披露就尽量不披露的观念，认识上的偏差使上市公司在信息披露中处于一种被

---

① 王昕、刘兴隆：《完善证券信息披露制度》，《经营与管理》2007 年第 2 期。

动应付的局面。①

三 造成我国上市公司信息披露问题的主要原因

(一) 违法成本与收益不成比例

在市场经济条件下,理性行为主体的行为取决于该行为产生的经济利益与成本的比较。与任何企业一样,上市公司会也在特定条件下选择最优的企业经营策略、最小成本,追求利益最大化。披露虚假信息实质上是上市公司追求利益最大化的方式之一。目前我国上市公司披露虚假信息严重,主要原因是虚假信息会带来巨大的利益,这种利益表现为:一是通过上市发行股票融资,在短期之内筹集到数以亿计的大量资金,巨大利益诱惑促使一些企业为上市目的而虚假交易、虚构收入、虚增利润。二是达到再融资目的。上市企业从证券市场再融资需要符合一定条件,在净资产收益率等方面有严格指标控制要求。一些上市公司经营情况不佳,达不到融资条件。为了能够再融资,一些上市公司便开始对会计收入造假、欺骗投资者。三是避免退市。一些连年亏损企业为避免披星戴帽、被退市,通过对外发布虚假盈利信息、虚增利润造假。四是操纵市场。一些上市公司配合控股股东发布虚假信息,操纵股价,牟取暴利获取股价波动收益。

但从信息披露的成本看,公司倾向于少披露、不披露信息。一是信息披露成本可能较高。信息披露的收益是由信息披露获得公众的信任、美誉度提高以及可能的融资机会。与信息披露可能获得的收益相比,信息披露的成本更为具体、实在。这种成本包括信息收集加工费用、整理费用,以及信息披露使企业面临的法律诉讼、泄露商业秘密使企业面临的竞争、发生的损失等。信息披露的收益很难内化为经济收益,影响了公司信息披露积极性。二是违法成本较低。当前我国证券市场监管手段落后,上市公司造假发现概率小、

---

① 匡燎原:《证券信息披露制度探究》,硕士学位论文,苏州大学,2009 年。

惩罚力度不够，特别是很少追究刑事责任，民事赔偿也很少，违法成本非常低。而通过虚假信息披露、造假等手段融资上市、内幕交易产生的收益却非常大。成本收益的比较使上市公司对虚假信息披露的违法趋之若鹜，直接影响到证券市场的长远发展。[①]

（二）公司股权结构不合理，治理结构存在缺陷

公司治理结构影响的重要因素是股权结构。当前多数国家公司股权呈现集中趋势，代理问题不再是主要的治理结构矛盾，外部投资者与控制性股东之间矛盾成为影响公司治理主要的冲突。我国上市企业多由国有企业改造而来，国有股、法人股处于绝对控股地位，社会个人股数量和持股比例有限，股权过分集中，形成国有股权主体虚置，所有者缺位，使"内部人控制"现象日益严重，导致了上市公司的管理权被公司的管理层所控制。对民营上市企业而言，多数企业为家族企业，大股东集中且利益一致，很容易造成大股东凭借控股地位来攫取利益，股东大会也很难发挥有效作用，导致董事会、管理层行为难以有效约束。上市公司管理层过度职务消费、过度投资和耗费资产、虚假信息披露、违规担保等问题难以约束，股东和董事会之间的制衡关系形同虚设。上市公司大股东的控股也造成企业内部自我约束、监督机制失灵，管理层就可能用自己的权力指挥企业内部会计进行违规操作，或者存在盈余操作的冲动和机会。因而，某种意义上说，目前证券市场大量会计信息失真实质上是源于公司所有权结构与治理约束机制的不合理、不健全、不规范。[②]

（三）会计制度不完善造成的"逆向选择"与"道德风险"

会计信息披露制度对公司信息如何披露、披露什么、怎样披露做出规定。合理的会计制度才有利于规范的公司信息披露。当前我国上市公司会计制度还有诸多不完善的地方。如在会计准则上，对统一事项的处理存在多种备选的会计方法，为上市公司利用会计准

---

① 匡燎原：《证券信息披露制度探究》，硕士学位论文，苏州大学，2009 年。

② 陆正飞等：《我国证券市场信息披露存在的主要问题及原因分析》，《财经论丛》2002 年第 1 期。

则进行会计操作提供了便利，一些公司利用这些"空间"，对公司经营收入确认、费用摊销等事项进行操作，"逆向选择"、"道德风险"很容易造成会计信息的失真。同时，会计准则与会计实践之间存在着一定的时滞，由于经济创新行为层出不穷，实践中经常出现会计处理无据可依的问题。如一些公司利用关联交易虚增收入，虚报利润作为公司"利好"，进行自我炒作。相关部门处罚却没有相关准则制度作为依据。在这样的背景下，我国会计关联交易准则才最终出台。①

（四）政府失灵和监管不到位

政府在上市公司财务信息披露方面存在的问题主要体现在以下方面：一是政府也是利益主体，其做出的制度安排可能会排斥真实的财务信息。二是政府内部的利益主体出于自身考虑，可能会纵容甚至参与虚假财务信息的生产。三是政府内部责任主体的软约束问题，会使在监管中创造的各种制度存在缺陷，诱发会计造假行为的发生。

政府监管的不到位主要是指本应通过监管修补市场失灵的领域，政府却没有做或做得不到位。我国政府的监管领域主要包括制定会计准则与相关法规、监督会计准则及法规执行、优化准则制定程序、追究财务信息失真法律责任、完善部门间分工协调等。② 相对而言，政府监管的任务目标是多元和难以准确测度的。例如上市公司信息披露制度，政府既是会计信息的提供者、使用者，也是会计监督者，多重身份造成政府行为多元化。政府可能做出与企业一样的行为，企业的行为也由于政府参与被扭曲。监管部门间也存在政出多门、规则不一、对接困难的问题，例如在财政部出台的企业会计准则与证监会出台的企业信息披露制度之间就存在着规定矛盾与差异。还

---

① 陆正飞等：《我国证券市场信息披露存在的主要问题及原因分析》，《财经论丛》2002 年第 1 期。

② 崔学刚：《上市公司财务信息披露：政府功能与角色定位》，《会计研究》2004年第 1 期。

有一些时候，会出现部门间权力重叠与权力真空的问题，出现了问题会互相推诿，导致证券市场虚假信息、违规行为不断。此外，我国证券监督机构与发达国家相比，在数量、质量上存在很大差距，证券监督人员不足，专业人员数量少、待遇低，跳槽现象频繁。证券监管人员常常会跳槽到上市企业、证券公司，利用熟悉规则的优势，帮助企业生产会计信息，有可能出现利用监管漏洞生产虚假会计信息、违规操作等问题。

（五）中介机构行为扭曲对信息质量的影响

上市公司财务报表都需要经过会计师事务所的注册会计师进行审计，目的是确保上市公司财务报表信息的真实性、完整性。但我国会计师事务所发展却没有真正起到确保会计信息质量、降低投资者使用会计信息风险的作用。被查处的上市公司造假违规实践中，一些事务所没有履行公允第三方监督、审计的职责，相反还帮助企业造假、粉饰财务报表，帮助造假企业上市融资，极大地损害了注册会计师和会计师事务所的第三方形象。造成这种行为扭曲的原因：一是会计师事务所缺乏独立性。由于卖方市场的存在，我国会计师事务所的独立性很差，会计审计费用由企业缴纳，会计师事务所由管理层选定，这样造成审计委托人与会计师事务所之间形成利益关系，事务所很难保持独立第三方的立场。二是风险意识较差。我国不少会计师事务所原来由财政部门或地方出资，这样很容易造成部门对会计师事务所的影响难以消除，为了地方企业的利益，政府可能要求会计师事务所对相关事项进行忽视，影响会计报表的真实性。会计师事务所自身没有很强的风险意识，大错不犯、小错不断，影响会计信息的真实性。三是处罚力度不够。虽然我国证券市场查出的上市企业造假、虚假信息等问题严重，但对造假的会计师事务所和注册会计师的处罚却很少，查处力度不够，造成会计师事务所存在侥幸心理，不能自觉遵守职业操守。

第三节 国外信息披露的经验借鉴

一 美国信息披露的经验

美国采取的是上市公司信息强行性披露与自愿性披露相结合的模式。美国在颁布一系列强制性披露措施的同时，在会计项目制定了"鼓励和激励企业，了解其环境成本并将其纳入决策"，引导企业自愿地公开发布环境信息。21 世纪初，这一比例增长到近40%。但近年来由于安然、世通、安达信和其他财务丑闻对美国立法产生重大影响，提高了对上市公司责任有关问题的关注，特别是涉及信息披露的问题，自愿性信息披露的报告或告终结。美国将通过法案创建一个新的信息披露监督委员会，促进建立更加严格、独立的核算原则，以指导上市公司的信息披露。

二 日本信息披露的经验

日本采取的是自愿性信息披露的模式。日本上市公司比较愿意向社会披露本公司信息，特别是近年来，日本上市公司披露信息无论从数量上还是质量上都有了较大的进步，也是信息自愿性披露做得最好的国家之一。除此之外，日本还建立了第三方审查制度。主要是针对信息数据编写进行提问，探讨制定的指标算定标准是否合适；评价内部管理机制和运行情况，评价指标统计与评估方法；抽样审核原始单据是否正确；实地审核内部报告书等记载是否公示，探讨企业报告书的完整性、真实性等；就指标的掌握方法和统计过程进行提问，并对其内部管理机制的完善和运用情况进行评价；通过抽样调查，对部分子公司、分公司进行实地审查，对原始单据进行核对并计算，考察是否按照会计准则制定的计算标准来掌握统计指标；通过浏览公司内部资料、提问相关人员，判断报告书审查、登录中记载的相关重要信息是否全部公示，并探讨指标的公示是否妥当；通过中介机构等第三方对报告书进行审查，确保信息真实、准确，为投资者提供可靠的信息。

第四节　完善我国信息披露制度的具体举措

一　完善信息披露制度、法规

（一）改革现行信息监管模式

我国信息监督不力的原因在于权责不统一。要进一步明确监管主体特别是证监会、证券交易所的职责，证监会应主要监管上市公司信息披露规则和上市公司首次信息披露。证券交易所，应重点监督公司持续性信息的披露是否及时、准确、全面、完整。证券交易所、证监会要加强与地方政府、第三方中介机构的沟通交流，形成政府监管、机构监管、自律规范相结合的投资者信息披露机制。①

（二）严格信息披露的法律责任，建立民事赔偿制度

信息披露中，必须严格追究信息披露的违规违法行为的法律责任，让上市公司信息披露成为法律的硬性规定、硬任务。在对信息披露法律追究中，要改变目前重刑事责任追究、轻民事责任追究的现象，突出民事赔偿追责，让实体法和程序法一致，切实保证中小股东能够得到法律救助。在信息披露中，出现违规违法问题，媒体、投资者、第三方中介机构都有责任、有义务进行监督，对虚假信息披露问题，要及时追究相关责任人的行政责任，严惩责任人和相关企业，重典治理方可树立市场发展的信心。要加大经济处罚力度，让违规者付出惨痛代价。要加强信息披露检查制度，从法律上赋予投资者倒追机构责任的权利。

---

① 王昕、刘兴隆：《完善证券信息披露制度》，《经营与管理》2007 年第 2 期。

二　完善企业内部控制的适用机制

(一) 倡导诚信文化，强化内部监督

证券市场运行风险极大，信息之间存在着很大的不对称，解决的办法就是要提倡诚信文化。要倡导企业内部的诚信，做到让投资者获得充分、全面的信息，做到及时、准确披露信息，遏制由于公司内部权力制约和诚信缺失导致的诚信监督失范。要改变我国公司董事会、监事会形同虚设、有名无实的状态，确保投资者能公平、公正地进行证券交易。

(二) 加强企业文化建设，倡导诚信理念

诚信建设是我国社会意识形态建设的短板。由于缺乏正确的诚信观念，中介公司、上市企业往往不能主动按照诚信原则披露信息，常常违规做事，加大了市场运营成本，损害了中小投资者利益。因而，必须改变目前企业缺少诚信、中介缺乏诚信的状态，将各市场利益主体的诚信建设摆在企业建设的重要领域，让诚信理念深入人心，让诚信文化成为企业长远发展的文化。

(三) 加强道德建设，营造诚实守信的社会风尚

要逐步建立社会诚信制度，加强对诚信领域的道德建设，营造良好的诚信文化。要考虑建立信用等级制度，公布个人信用档案，让不诚信者无处可去。要发挥媒体监督作用，营造良好的舆论环境。

(四) 加强监事会在人事方面的独立性

监事会是公司治理结构的重要组成部分。为保持监事会独立性，应按照《公司法》要求，不得由董事会成员、公司经理担任监事，监事会工作人员应由监事会自主聘任，上市公司管理层不得干涉。董事会无权对监事会工作人员进行调动、任免。要从法律上提高独立董事的地位，明确其监督职责，制约公司董事、管理层的不当决策，维护中小股东利益。[①]

---

① 匡燎原：《证券信息披露制度探究》，硕士学位论文，苏州大学，2009 年。

三　完善外部治理机制的适用机制

（一）加快推进企业会计信息生产社会化、商品化、专业化

分工专业化是生产力发展的必然结果。会计信息的社会化、专业化，加速了会计信息的商品化，推动了现代会计信息业的发展。当前，企业内部会计同时承担了对内对外职能。对现有企业财务会计而言，受到多种因素影响，企业内部会计所生产信息通常不能满足外部投资者需求，因而可考虑将财务会计报表生成等外部职能交由市场完成。这在专业化、信息化、商品化的背景下是完全可以实现的。另一方面，这也易于引入第三方会计事务所介入，提高会计的准确性，提升信息披露的真实性和可信性。

（二）提高社会中介机构的职能作用

充分利用中介机构的专业性来提高信息披露质量。会计师事务所、律师事务所、证券公司、资产评估事务所、财务公司等在为上市公司服务过程中，掌握了大量公司经营信息，也容易发现上市公司在信息披露上的违法违规现象，要积极发挥这些第三方中介的监督作用。如会计师事务所由于其专业性，在给上市公司提供服务的过程中，是很容易发现上市公司违法违规行为的，同时作为专业机构，其也有责任对公司的财务会计报表进行审计监督。

严格监管中介机构违法舞弊行为。受到市场中介监督机制不健全影响，一些会计师事务所、律师事务所、证券公司、评级机构、资产评估机构等很容易出现违规现象，如利用掌握的公司信息进行内幕交易、"老鼠仓"现象等等，因而必须加大对中介机构违规违法的查处力度，对于故意隐瞒重大关联交易、给投资者造成损失的，证券监管机构应给予严厉的处罚，并可鼓励投资者对其提出诉讼，追究其民事和刑事责任。同时，改革上市公司会计审计制度，规定公司财务报告不应长期由固定会计师事务所审计，应定期更换。股东可直接指定会计师事务所审计机构，保证信息披露的可靠性。

（三）推进证券公司信息披露制度

在信息披露上，规定证券公司定期披露信息。由注册会计师审计证券公司的财务报表并公布其违规行为和存在的风险。深交所成立专门机构就影响证券公司操纵股价的非市场行为进行分析，公布其确定相应证券的风险收益特征及合理的定价水平，以减少信息不对称带来的过度投机。强化证券公司的信息披露监管，加大处罚力度，以达到严肃市场纪律、打击过度投机、倡导理性投资的目的。

（四）提高证券交易所信息披露考评质量

证券交易所信息披露考评针对的是上市公司信息披露质量，具有很强的社会引导作用，但目前还存在量化程度不够、信息披露评价笼统、不能涵盖所有问题等问题，影响了引导公司改善信息披露质量的作用。建议从以下方面丰富提升考评质量体系：

细化考评层级。我国沪深证券交易所在上市公司的信息披露考评中设定了4个等级，分别为优秀、良好、合格、不合格，量化程度不够，同等级内公司可能存在较大差距，建议用层次分析法或因素分析法等计量方法，重新划分指标，设定权重，对公司进行量化考核，使得评价结果更加明确和清晰。

优化次级指标。我国沪深证券交易所的信息披露考评共设定了准确性、真实性、及时性、完整性、合法合规性以及公平性六个主要指标，但缺乏次级量化指标，导致评价的可验证性、可操作性较差，不利于公司信息披露质量改善。建议对指标评价标准进行细化，如加强股权结构、董事会、监事会以及公司治理准则等方面的披露，增加董事会责任声明、监事会责任声明等方面的信息披露，提高真实性和完整性。

丰富意见来源。我国上海、深圳证券交易所信息披露考评对于信息披露质量的考评还局限在自身的认定，建议增加独立的第三方机构，增加考评指标，如考虑加入会计师事务所审计指标、审计意见指标以及是否有违规情况等相关指标。

增加及时性。信息披露及时性直接影响到投资者投资决策效率。

目前我国证券交易所以年为单位的考核明显滞后，建议根据实际情况，对公司的半年报进行公开和评价，及时进行信息评级，提高信息对投资者决策的实用性。

完善设计角度。对于证券交易所的信息披露情况考评可借鉴投资者保护的指标体系，从投资者、使用者的角度重新设计，适当增加财务基础性数据指标，增加公司业绩年报，提高财务透明度，明确会计核算方法、会计政策、估计盈利等相关指标，从而提高上市公司的信息披露质量，为政府监管职能分担起到基础性作用。

主要结论与展望

投资者是我国证券市场发展的基石。证券投资者合法权益能否得到保障不仅关系到证券市场的发展与繁荣，更关系着我国经济发展的长久利益。保护证券投资者权益对于保护我国资本市场的发展意义重大，但与发达国家的百余年历史的证券市场发展相比，我国证券投资者权益保护的基础性制度建设明显滞后，投资者权益受损问题较多。

本书认为造成投资者权益保护不力的原因，一方面，与我国证券市场发展的特定阶段有关，由于我国证券市场是一个新兴市场，处在经济转型发展的阶段，政府对证券市场定位偏差；另一方面，投资者自身素质与保护机能还不能适应千变万化的证券市场变化。

证券投资者保护是一项系统工程，涉及企业、政府、投资者、中介机构等方方面面。我国证券投资者保护制度的设计，既不能照搬西方发达国家的投资者保护制度，也不能沿用传统思维模式下过度依赖政府的投资者保护模式。只有转变传统证券投资者保护的思维模式，总结已有成功做法，借鉴国外先进经验，从公司与社会两个层面进行制度创新和重构，建立以市场机制、政府监管、法律制度为基础，立法与司法保护、行政监管、社会监督与投资者自我保护、行业自律监管、证券投资者保护基金制度、公开信息披露共同发力的"六位一体"的投资者保护机制体系，才能从根本上解决我国证券投资者合法权益保护不足、证券市场持续低迷的问题。

　　证券投资者权益保护是一个长期而艰巨的过程。虽然对投资者权益保护已经成为各界的共识，但无论是公司外部法律制度完善，还是公司内部治理机制完善，都不可能一蹴而就，必须长远谋划、持之以恒，逐步形成投资者保护的环境氛围，才能使我国证券投资者权益保护的道路走得更加顺畅，使投资者的利益得到长久维护。

参考文献

英文文献

[1] Anonymity, "The Securities Investor Protection Act of 1970: An Early Assessment", *Columbia Law Review*, Vol. 73, No. 4, Apr. 1973.

[2] Bebchuk, Lucian Arye, "Efficient and Inefficient Sales of Corporate Control", *Quarterly Journal of Economics*, Vol. 109, 1994.

[3] Bekaert, Geert, and Campbell R. Harvey, "Time-Varying World Market Integration", *Journal of Finance*, Vol. 59, 1995.

[4] Bolton, Patrick and David Scharfstein, "Optimal Debt Structures and the Number of Creditors", *Journal of Political Economy*, Vol. 104, 1996.

[5] Brown, Stephen J. and Jerold B. Warner, "Using Daily Stock Returns: The Case of Event Studies", *Journal of Financial Economics*, Vol. 14, 1985.

[6] La Porta, Rafael, Florencio Lopez-de-Silanes, Andrei Sheifer, Robert W. Vishny, "Legal determinants of External Finance", *Journal of Finance*, Vol. 52, 1997.

[7] La Porta, Rafael, Florencio Lopez-de-Silanes, Andrei Sheifer, Robert W. Vishny, *Law and Finance*, 1999.

[8] La Porta, Rafael, Florencio Lopez-de-Silanes, Andrei Sheifer,

Robert W. Vishny, "Investor Protection: Origins, Consequences, Reform", The World Bank, *Financial Sector Discussion Paper*, No. 1, 1999.

[9] La Porta, Rafael, Florencio Lopez-de-Silanes, Andrei Sheifer, "Corporate Ownership Around the World", NBER, Working Paper 6625, 1998.

[10] La Porta, Rafael, Florencio Lopez-de-Silanes, Andrei Sheifer, Robert W. Vishny, "Investor Protection and Corporate Valuation", Harvard Institute for Economic Research, Discussion Paper 1882, 1999.

[11] Shleifer, Andrei, Daniel Wolfenzon, "Investor Protection and Equity Markets", *NBER, Working Paper 7974*, 2000.

[12] Alexander Kern, Ferran Eilís, Jackson Howell, Moloney Niamh, Transatlantic Financial Services Regulatory Dialogue, European Business Organization Law Review 7. 3, Sept. 2006.

[13] Colson, Robert H. , *In the Interest of the Investor*: An Interview with Lynn Turner, The CPA Journal 71. 11, Nov. 2001.

[14] Francis Julian, von Bulow Christoph, *Germany Tightens Securities supervision*, International Financial Law Review 13. 5, May 1994.

[15] Evans Alicia Davis, "The Investor Compensation Fund", *Journal of Corporation Law 33. 1*, Fall 2007.

[16] Wheatley, Martin, Rethinking Investor Protection, JASSA 2, 2011.

[17] Puri, Poonam. *Brigham Young University Law Review*, 2009.

[18] Wheatley, Martin, *Rethinking Investor Protection*, Jassa. 2, 2011.

[19] Mclean, R. D. , Zhang, T. and Zhao, M. , "Why Does the Law Matter? Investor Protection and Its Effects on Investment, Finance, and Growth", *The Journal of Finance*, Vol. 67, 2012.

[20] Anonymous, Investors Need Protection, *International Financial Law Review*, Jul. /Aug. 2009.

[21] Bernard Black, *The Legal and Institutional Preconditions for Strong Securities Markets*, 48 UCLA Law Review 781 (2001).

[22] La Porta, Florencio Lopez-de-Silanes, Andrei Shleifer, *What Works in Securities Laws?* 61 J. Fin. 1, 2006.

[23] Wallace Wen-Yeu Wang & Chen Jian-Lin, *Reforming China's Securities Civil Actions: Lessons From PSLRA Reform in the U. S. and Government- Sanctioned Non-Profit Enforcement In Taiwan*, 21 Colum. J. Asian L. 115, 2008.

[24] Taking Stock of Information Sharing in Securities Enforcement Matters, *Friedman, Felice; Jacobs, Elizabeth; Macel, Stanley*, Journal of Financial Crime 10. 1, Jul. 2002.

[25] Anonymous, *International Financial Law Review 18. 7*, Jul. 2009.

[26] The Challenges of Quantifying Investor Protection in a Comparative Context, *Rose Caspar*, European Business Organization Law Review 8. 3, Sept. 2007.

[27] Christofi, Andreas; Christofi, Petros; Sisaye, Seleshi. Management Research Review 35. 2, 2012: 157 – 172.

[28] Securities Regulation in Low-tier Listeng Venues: the Rise of the Alternative Investment Market, Mendoza, Jose Migue, Fordham Journal of Corporate & Financial Law 13. 2, 2008.

[29] NYSE, *Constitution and Rules, New York Stock Exchange*, INC, 2003.

[30] The Investor Compensation Fund, Evans Alicia Davis, *Journal of Corporation Law* 33. 1, Fall 2007.

[31] Dyck A., L. Zingales, 2002, "The Corporate Governance Role of the Media", *CRSP Working Paper*, No. 543.

[32] Frankel R., X. Li, "Characteristics of a Firm's Information Environment and the Information Asymmetry between Outsiders and Insiders", *Journal of Accounting and Economics*, 2004.

[33] Dyck A. , L. Zingales, "Private Benefits of Control: An International Comparison", *Journal of Finance*, 2004.

[34] Besley T. A. Prat, "Handcuffs for the Grabbing Hand? Media Capture and Government Accountability", *American Economic Review*, 96, 2006.

[35] Svitlana Vorankova & Martint. Bohl (2005), Andreas Walter & Friedrich Moritz Weber, 2006.

[36] Chase Caro Maoz, "The criminalisation of securities fraud. Nikki", *International Journal of Disclosure and Governance* 1.1, Dec. 2003.

[37] Wheatley, Martin. *Retninking Investor Protection. Jassa*2 (2011).

[38] Puri, Poonam, "Legal Origins, Investor Protection, and Canada", *Brigham Young University Law Review*. 6, 2009.

[39] Wymeersch Eddy, *The Structure of Financial Supervision in Europe: About Single Financial Supervisors*, Twin Peaks and Multiple Financial Supervisors, European Business Organization Law Review 8. 2, Jun. 2007.

[40] Evans Alicia Davis, "The Investor Compensation Fund", *Journal of Corporation Law* 33. 1, Fall 2007.

[41] Divvying Up Returns: Investors Should Pay More Attention to Dividends, Sept. 18th 2009, From The Economist Print Edition.

[42] Cheng, E. , Courtenay, M. S. , Board Composition, "Eegulatory Regime and Voluntary Disclosure," *The International Journal of Accounting*, Vol. 41, 2006.

[43] Cheung, Y. L. , Jiang, P. , Tan, W. Q. , "A Transparency Disclosure Index Measuring Disclosures: Chinese Listed Companies", *Journal of Accounting and Public Policy*, Vol. 29, 2010.

[44] Francis. J. , Nanda. D. , Olsson. P. , "Voluntary Disclosure, Earnings Quality, and Cost of Capital", *Journal of Accounting Research*,

Vol. 46, No. 1, 2008.

[45] Hermalin, E. B. , Weisbach, S. M. , "Information Disclosure and Corporate Governance", *The Journal of Finance*, Vol. 67, No. 1, 2012.

[46] Kothari, P. S. , Li, X. , Short, E. J. , "The Effect of Disclosures by Management, Analysts, and Business Press on Cost of Capital, Return Volatility, and Analyst Forecasts: A Study Using Content analysis", *The Accounting Review*, Vol. 84, No. 5, 2009

[47] Alexander Kern, Ferran Eilís, Jackson Howell, Moloney Niamh, *European Business Organization Law Review* 7. 3, Sept. 2006.

[48] Giroux, Gary, Deis, Donald, "Accounting", *Auditing & Accountability Journal* 6. 1, 1993.

[49] Young, Michael R. , "When Investors Rely on Financial Projections: Ruling Gives New Protection from Lawsuits", *Journal of Accountancy* 177. 2, Feb. 1994.

[50] Rutledge, G. Philip. , "Disclosure and Sharing of Sensitive Information: A US Securities Regulatory Perspective", *Journal of Financial Crime* 13. 3, 2006.

[51] La Porta R. , Lopez-de-Silanes F. , Shleifer A. , et al. , "Lawand Finance ", *The Journal of Political Economy*, Vol. 106, No. 6, 1998.

[52] Pistor K. , "Patterns of Legal Change: Shareholderand Creditor Rights in Transition Economies", *European Business Organization Law Review*, Vol. 1, No. 1, 2000.

[53] Djankov S. , La Porta R. , Lopez-de-Silanes F. , et al. , "The Law and Economics of Self-dealing", *Journal of Financial Economics*, Vol. 88, No. 3, 2008.

中文文献

[54] 林毅夫：《关于制度变迁的经济学理论：诱致性变迁与强制性变迁》，载 R. 科斯等《财产权利与制度变迁》，刘守英等译，上海三联书店 1991 年版。

[55] 张育军：《投资者保护法律制度研究》，人民法院出版社 2006年版。

[56] 夏勇：《权利哲学的基本问题》，《法学研究》2004 年第 3 期。

[57] 张云：《我国多层次证券市场下的投资者保护研究》，硕士学位论文，福建师范大学，2011 年。

[58] 刘俊海：《股东诸权利如何行使与保护》，北京人民法院出版社 1995 年版。

[59] 张文显：《法理学》，高等教育出版社、北京大学出版社 1999年版。

[60] 郑振龙：《各国股票市场比较研究》，中国发展出版社 1996年版。

[61] 危兆宾：《中国上市公司中小投资者权益保护制度研究》，博士学位论文，辽宁大学，2009 年。

[62] 张维迎：《企业的企业家契约理论》，上海人民出版社 1996年版。

[63] 刘俊海：《股份有限公司股东权的保护》，法律出版社 1997年版。

[64] 严武、李汉国、吴冬梅等：《证券市场管理国际比较研究》，中国财政经济出版社 1998 年版。

[65] 江晓薇：《关于证券市场监管的探索》，《中国人民大学学报》1999 年第 4 期。

[66] 胡汝银：《投资者保护与证券监管架构》，《上海证券报》2000年第 11 期。

[67] 《国外投资者利益保护理论与实践的发展》，中国证券投资者

保护基金有限责任公司证券投资者保护基金系列课题研究报告，2007 年。

［68］张晖明：《中国国有企业改革的逻辑》，经济科学出版社 1998 年版。

［69］曹凤岐：《股份制与现代企业制度》，企业管理出版社 1998 年版。

［70］卢昌崇：《企业治理结构》，东北财经大学出版社 1998 年版。

［71］洪银兴：《赢得市场——市场经济理论的新发展》，中国青年出版社 1998 年版。

［72］洪伟力：《证券市场监管：理论与实践》，上海财经大学出版社 1999 年版。

［73］江孝感、蒋尚华：《完全信息条件下股市博弈模型研究》，《数量经济技术经济研究》1999 年第 8 期。

［74］田志龙：《经营者监督与激励：公司治理的理论与实践》，中国发展出版社 1999 年版。

［75］刘波：《资本市场结构》，复旦大学出版社 1999 年版。

［76］宁智平：《美国对股票市场管理》，《世界经济研究》1992 年第 4 期。

［77］乔尔·塞利格曼：《华尔街变迁史》，经济科学出版社 2004 年版。

［78］尚福林：《证券市场监管体制比较研究》，中国金融出版社 2006 年版。

［79］王保树：《投资者利益保护》，社会科学文献出版社 2003 年版。

［80］约翰·S. 戈登：《伟大的博弈》，中信出版社 2005 年版。

［81］屠光绍、朱从玖：《公司治理：国际经验与中国实践》，人民出版社 2001 年版。

［82］方贤明：《制度变迁与金融结构调整》，中国金融出版社 1999 年版。

[83] 梁能:《公司治理结构:中国的实践与美国的经验》,中国人民大学出版社 2000 年版。

[84] 符启林:《试论我国证券监管的模式》,《政法论坛》2000 年第 2 期。

[85] 赵学军:《论证券监管》,中国人民大学出版社 2000 年版。

[86] 陈升、周升业、吴晓求:《海外证券市场》,中国财政经济出版社 2000 年版。

[87] 黄群慧:《控制权作为企业家的激励约束因素:理论分析及现实解释意义》,《经济研究》2000 年第 1 期。

[88] 夏冬林、钱苹:《"搭便车"与公司治理结构中股东行为的分析》,清华大学中国经济研究中心,2000 年。

[89] 戴园晨:《股市泡沫生成机理以及由大辩论引发的深层思考》,《经济研究》2001 年第 4 期。

[90] 段亚林:《论大股东股权滥用及实例》,经济管理出版社 2001 年版。

[91] 北京奥尔多投资研究中心:《风险、不确定性与秩序》,中国财政经济出版社 2001 年版。

[92] 柳经纬:《上市公司关联交易的法律问题研究》,厦门大学出版社 2001 年版。

[93] 庄序莹:《中国证券市场监管理论与实践》,中国财政经济出版社 2001 年版。

[94] 何诚颖:《中国股市"板块现象"分析》,《经济研究》2001 年第 12 期。

[95] 朱从玖:《投资者保护——国际经验与中国实践》,复旦大学出版社 2002 年版。

[96] 文贯中:《市场机制、政府定位和法制》,《经济社会体制比较》2002 年第 1 期。

[97] 汪洪涛:《制度经济学:制度及制度变迁性质解释》,复旦大学出版社 2003 年版。

［98］ 朱亚芬：《操纵市场行为的法律规制》，《财经问题研究》2003年第9期。

［99］ 唐彩虹：《我国证券市场投资者利益保护乏力问题探微》，《广西大学学报》（哲学社会科学版）2003年第6期。

［100］ 马胜：《规范上市公司管理，保护投资者利益——对中国上市公司推行独立董事制度的思考》，《西南民族学院学报》（哲学社会科学版）2003年第1期。

［101］ 张卫国、邱昱芳：《后安然时代》，中国财政经济出版社2003年版。

［102］ 郭锋：《投资者权益与公司治理——为投资者的权利而斗争》，经济科学出版社2003年版。

［103］ 全贤唐、张健：《经济博弈分析》，机械工业出版社2003年版。

［104］ 饶育蕾、刘达锋：《行为金融学》，上海财经大学出版社2003年版。

［105］ 夏大慰、史东辉等：《政府规制：理论、经验与中国的改革》，经济科学出版社2003年版。

［106］ 张钰新：《法律、投资者保护和金融体系的发展》，《经济评论》2004年第3期。

［107］ 曹荣湘：《风险与金融安排》，社会科学文献出版社2004年版。

［108］ 赵万一：《公司治理法律问题研究》，法律出版社2004年版。

［109］ 王国刚：《中国资本市场的深层问题》，社会科学文献出版社2004年版。

［110］ 王京、滕必焱：《证券法比较研究》，中国人民公安大学出版社2004年版。

［111］ 任明：《公司治理结构与绩效关系的经济学分析：兼论我国电信企业治理结构需解决的关键问题》，《通信企业管理》2004年第1期。

[112] 何旭强、郑江淮、刘海鹏：《投资者保护与证券市场发展——理论、经验与政策的探讨》，深圳证券交易所第七届会员单位与基金公司研究成果，2005 年。

[113] 赵涛、郑祖玄、何旭强：《股权分置背景下的隧道效应与过度融资》，深圳证券交易所第七届会员单位与基金公司研究成果，2005 年。

[114] 吴晓求：《资本市场必须进行深层次的制度调整和改革》，《证券市场周刊》2005 年 1 月 22 日。

[115] 王国刚、曹红辉：《透析影响今年股市运行的若干因素》，《中国证券报》2005 年 4 月 13 日。

[116] 刘洪：《中国上市公司业绩操纵研究》，博士学位论文，中国社会科学院研究生院，2002。

[117] 陈斌、李信民、杜要忠：《中国股市个人投资者状况调查》，深圳证券交易所综合研究所，2002 年。

[118] 《证券市场中小投资者利益保护问题系统研究》，中国证券投资者保护基金有限责任公司证券投资者保护基金系列课题研究报告，2007 年。

[119] 《监管机构与投资者保护》，《SIPF 证券投资者保护基金系列课题研究报告》，2007 年。

[120] 尚福林：《证券市场监管体制比较研究》，中国金融出版社2006 年版。

[121] 安宁：《投资者保护具有很强的现实意义》，《中国证券报》2009 年 11 月 5 日。

[122] 庄一心：《证券公司监管形成六大投资者保护制度》，《中国证券报》2008 年 8 月 3 日。

[123] 胡汝银、司徒大年：《投资者保护：理论与实践综述》，上海证券交易所投资者保护系列研究报告之一，2002 年。

[124] 朱昊：《投资者法律保护与我国证券市场发展的关系》，硕士学位论文，复旦大学，2007 年。

[125] 罗伯特·韦德:《驾驭市场》,企业管理出版社 1994 年版。

[126] 张恩众:《投资者保护理论的文化思考》,《内蒙古社会科学》
(汉文版) 2007 年第 3 期。

[127] 李胜、胡东艳:《投资者保护理论述评及展望》,《金融经济》
2010 年第 12 期。

[128] 张烨:《投资者保护理论述评》,《经济学动态》2004 年第
10 期。

[129] 胡玉英:《刍议证券市场中的投资者保护理论》,《经济研究
导刊》2009 年第 30 期。

[130] 杨贵宾、王晓芳:《投资者保护、证券市场与经济增长》,
《系统工程理论方法应用》2004 年第 6 期。

[131] 张世林、杨胜男:《投资者保护、金融发展与经济增长:基
于 216 国家(地区)和我国 27 省(市)的面板分析》,《金
融监管研究》2012 年第 4 期。

[132] 哈耶克:《通往奴役之路》,中国社会科学出版社 1997 年版。

[133] 李心印:《浅析近年投资者保护理论新发展》,《北方经济》
2006 年第 1 期。

[134] 李晓萍、江飞涛:《干预市场抑或增进与扩展市场——产业
政策研究述评及理论重构的初步尝试》,《2011 年产业组织前
沿问题国际研讨会会议文集》,2011 年。

[135] 项飞:《发展经济学视野中政府角色的演变与启示》,《复旦
大学学报》(社会科学版) 2001 年第 2 期。

[136] 张育军:《投资者权益保护的若干问题探讨》,《证券市场导
报》2006 年第 5 期。

[137] 王玉、李伟、李欣亮:《越南与新加坡证券监管体制分析》,
《合作经济与科技》2010 年第 8 期。

[138] 范勇宏:《修法应立足投资者保护》,《中国证券报》2003 年
9 月 25 日。

[139] 罗璨:《证券市场投资者保护路径研究》,硕士学位论文,西

南政法大学，2011 年。

［140］ 齐志敏：《上市公司退市制度研究》，硕士学位论文，西南政法大学，2007 年。

［141］ 皮海洲：《股市罚没收入应补偿投资者》，《京华时报》2009年 11 月 23 日。

［142］ 陈共炎等：《中国证券投资者保护基金运作模式研究》，《SIPF 证券投资者保护基金系列课题研究报告》，2007 年。

［143］ 《担心中国概念股？结果或更糟》，《华尔街日报》2011 年 6月 13 日。

［144］ 周寅、张东明：《浅析韩国证券市场》，《辽东学院学报》（社会科学版）第 13 卷。

［145］ 《日本证券市场监管体系带来的启示》，华律网，2012 年 7 月23 日。

［146］ 《全球化背景下投资者保护制度研究》，《SIPF 证券投资者保护基金系列课题研究报告》，2007 年。

［147］ 李海英：《机构投资者对中小投资者利益保护效应研究》，博士学位论文，南开大学，2009 年。

［148］ 胡汝银、司徒大年：《投资者保护：理论与实践综述》，《上海证券交易所投资者保护系列研究报告之一》2002 年第1 期。

［149］ 张芳芳：《中小投资者权益保护的理论探析》，《西部财会》2006 年第 9 期。

［150］ 程皓：《内幕交易、泄露内幕信息罪若干问题研究》，《法学评论》2006 年第 4 期。

［151］ 章武生等：《中国群体诉讼理论与案例评析》，法律出版社2009 年版。

［152］ 上海证券报网站（http：//paper. cnstock. com）。

［153］ 中国证券报网站（http：//www. cs. com. cn）。

［154］ 江伟主编：《民事诉讼法学》，复旦大学出版社 2002 年版。

[155] 刘家兴主编:《民事诉讼原理与实务》,北京大学出版社 1996 年版。

[156] 邵明:《民事诉讼法理研究》,中国人民大学出版社 2004 年版。

[157] 张晓茹主编:《民事诉讼法教程》,对外经济贸易大学出版社 2007 年版。

[158] 中国社会科学院社会形势分析与预测课题组:《2008 年中国社会形势分析与预测》,社会科学文献出版社 2008 年版。

[159] 杨严炎:《共同诉讼抑或群体诉讼——评我国代表人诉讼的性质》,《现代法学》2007 年第 2 期。

[160] 汤维建等:《群体性纠纷诉讼解决机制论》,北京大学出版社 2008 年版。

[161] 章武生、杨严炎:《我国群体诉讼的立法与司法实践》,《法学研究》2007 年第 2 期。

[162] 范愉:《集团诉讼问题研究》,北京大学出版社 2005 年版。

[163] 王志新:《证券民事赔偿兴起“考古发现”:第一案之争显示投资者维权信心》,《中华工商时报》2002 年 12 月 16 日。

[164] 傅长禄主编:《证券民事赔偿诉讼——最高人民法院证券民事赔偿司法解释的评述与展开》,法律出版社 2003 年版。

[165] 韩丽伟:《论证券民事赔偿的集团诉讼》,对外经济贸易大学学位论文,2003 年。

[166] 张炜:《大庆联谊索赔小股东民事诉讼真难》,《中国经济时报》2002 年 6 月 24 日。

[167] 牟敦国:《完善代表人诉讼制度,还有多少大庆联谊案可以胜诉?》,《上海证券报》2005 年 12 月 8 日。

[168] 任自力等:《证券集团诉讼——国际经验、中国道路》,法律出版社 2008 年版。

[169] 柯阳友:《群体诉讼的界定及法院应对的司法政策与策略》,《山东警察学院学报》2008 年第 5 期。

[170] 沈路涛：《最高人民法院副院长李国光解析证券民事侵权五大热点》，2003 年 1 月 10 日中国法院网（http：//www. chinacourt. org）。

[171] 吴泽勇：《群体性纠纷的构成与法院司法政策的选择》，《西北政法大学学报》2008 年第 5 期。

[172] 傅郁林：《分界·分层·分流·分类——我国民事诉讼制度转型的基本思路》，《江苏行政学院学报》2007 年第 1 期。

[173]《哥伦比亚法律词典》，英文版，第 511 页。

[174] ［美］Mary Kay Kane：《美国法律精要民事程序法》，法律出版社 2001 年版。

[175] 肖建华：《群体诉讼与我国代表人诉讼的比较研究》，《比较法研究》1999 年第 2 期。

[176] 陈志武：《证券集体诉讼在美国的应用》，《证券法律评论》2002 年第 2 期。

[177] ［日］小岛武司：《集团诉讼改革的法理与实证》，陈刚等译，法律出版社 2001 年版。

[178] 章武生：《论群体诉讼的表现形式》，《中外法学》2007 年第 4 期。

[179] 张卫平：《民事诉讼：关键词展开》，中国人民大学出版社 2005 年版。

[180] 汤维建等：《群体性纠纷诉讼解决机制论》，北京大学出版社 2008 年版。

[181] 杨峰：《德国团体诉讼对完善我国证券侵权诉讼制度的借鉴》，《求索》2007 年第 1 期。

[182] ［日］斋藤秀夫：《民事诉讼法释义》第 1 卷《选定当事人》，法律出版社 1981 年版。

[183] 王开定编著：《美国集团诉讼制度》，法律出版社 2008 年版。

[184] 吴晓求：《必须重视保护投资者利益》，《经济学家》1999 年第 5 期。

［185］张学政、刘磊：《关于建立我国证券投资者保护长效机制的几点思考》，《理论界》2010 年第 7 期。

［186］里查德·德尔：《金融证券市场风险及其监管》，宇航出版社2001 年版。

［187］马洪雨、康耀坤：《证券市场不同发展模式的政府证券监管》，《中南大学学报》（社会科学版）2011 年第 1 期。

［188］课题组：《美国金融消费者保护的经验教训》，《金融研究》2010 年第 1 期。

［189］张钰新：《法律、投资者保护和金融体系的发展》，《经济评论》2004 年第 3 期。

［190］李东方：《证券监管法律制度研究》，北京大学出版社 2002年版。

［191］柴瑞娟：《变革与现状：法国金融监管体制研究》，《证券法苑》2011 年第 1 期。

［192］高基生：《德国证券市场行政执法机制研究》，《证券市场导报》2005 年第 4 期。

［193］李园丁、孙涛：《金融业监管体制选择的比较研究》，《国际金融研究》2001 年第 6 期。

［194］《证监会投资者保护局对投资者关注问题的答复》，中国证券网，2012 年 7 月 13 日。

［195］赵洪军：《证券监管体制的国际演变及对我国的启示》，《经济社会体制比较》2007 年第 5 期。

［196］张烁：《中国证监会转变监管职能限制监管权力》，《人民日报》2010 年 10 月 9 日。

［197］高西庆：《论证券监管权——中国证券监管权的依法行使及其机制性制约》，《中国法学》2002 年第 5 期。

［198］柯湘：《中国证监会非行政处罚性监管措施研究》，《政法学刊》2008 年第 2 期。

［199］孙曙伟：《证券市场个人投资者权益保护制度研究》，中国金融出版社 2006 年版。

［200］计小青、曹啸：《中国转轨时期的法律体系与投资者保护：一个比较的视角》，《经济经纬》2008 年第 1 期。

［201］《证券监管》，百度百科（http：//baike. baidu. com/view/1319735. htm）。

［202］贺玲、杨柳：《我国证券市场中小投资者保护问题研究》，《金融市场》2012 年第 4 期。

［203］齐萌：《中国证券业自律机制研究》，《上海金融学院学报》2008 年第 5 期。

［204］赵振华：《自律是我国证券监管的有益补充》，《求是》2004 年第 11 期。

［205］邱盛：《浅析证券自律监管体系的完善》，《学理论》2011 年第 11 期。

［206］李朝辉：《证券市场法律监管比较研究》，人民出版社 2000 年版。

［207］张烨：《美国证券市场投资者保护立法的历史演进及对我国的启示》，《现代财经》2008 年第 5 期。

［208］李响铃：《论新形势下的证券交易所自律监管》，博士学位论文，华东政法大学，2012 年。

［209］孙民仕：《证券市场自律监管研究》，硕士学位论文，山东大学，2009。

［210］上海证券交易所网站（http：//www. sse. com. cn/）。

［211］深圳证券交易所网站（http：//www. szse. cn/main/）。

［212］罗培新、卢文道等：《最新证券法解读》，北京大学出版社 2006 年版。

［213］陈野华等：《证券业自律管理理论和中国实践》，中国金融出版社 2006 年版。

［214］徐明、卢文道：《从市场竞争到法制基础：证券交易所自律

监管研究》,《华东政法学院学报》2005 年第 5 期。

[215] 中国证券业协会网站（http：//www. sac. net. cn/）。

[216] 李支：《中小投资者保护视角下的证券自律监管法律制度研究》,硕士学位论文,湖南大学,2007 年。

[217] 齐萌：《中国证券业自律机制研究》,《上海金融学报》2005 年第 5 期。

[218] 宁金成：《我国证券市场监管模式的选择与创新——自律和他律监管模式的诠释与安排》,《公民与法》2011 年第 6 期。

[219] 蔡宗琦：《证券业协会健全自律管理机制》,《中国证券报》2012 年 8 月 14 日第 1 版。

[220] 黄小花、黄忠仁：《谢利人》,《财经理论与实践》（双月刊）2003 年第 5 期。

[221] 李常青、熊艳：《媒体治理：角色、作用机理及效果——基于投资者保护框架的文献述评》,《厦门大学学报》（哲学社会科学版）2012 年第 2 期。

[222] 王学超：《投资者群体行为规律及其影响国外研究进展》,《经济研究导刊》2011 年第 3 期。

[223] 吕振隆：《台湾证券市场投资者保护机制》,《证券市场导报》2001 年第 6 期。

[224] 朱从玖：《投资者保护——国际经验与中国实践》,复旦大学出版社 2002 年版。

[225] 高永辉、李小毛：《股权结构、公司治理与机构投资者保护的一个分析框架》,《北方经贸》2003 年第 10 期。

[226] 郭锋：《投资者权益与公司治理——为投资者的权利而斗争》,经济科学出版社 2003 年版。

[227] 何旭强、郑江淮、刘海鹏：《投资者保护与证券市场发展——理论、经验与政策的探讨》,深圳证券交易所第七届会员单位与基金公司研究成果,2005 年。

[228] 赵涛、郑祖玄、何旭强：《股权分置背景下的隧道效应与过

度融资》，深圳证券交易所第七届会员单位与基金公司研究成果，2005 年。

[229] 顾明：《我国证券投资者基金保护制度的完善》，《法制与社会》2010 年第 8 期。

[230] 林兴：《设立证券投资者保护基金的法理分析》，《引进与咨询》2006 年第 3 期。

[231] 杨佳佳：《论我国证券投资者保护基金及其制度完善》，硕士学位论文，中国政法大学，2009 年。

[232] 张秉娴：《论证券投资保护基金制度》，硕士学位论文，华东政法学院，2007 年。

[233] 张巍：《我国证券投资保护基金制度研究》，硕士学位论文，中央民族大学，2011 年。

[234] 王长江：《问题类证券公司破产原因及处置方式研究》，《经济管理》2005 年第 6 期。

[235] 刘得文：《我国证券投资保护基金的若干问题研究》，《法制与社会》2008 年第 4 期。

[236] 郭民：《买单证券商：证券投资者保护基金接力》，《中国新闻周刊》2005 年第 9 期。

[237] 罗培新：《解读证券投资者保护基金公司》，《南方周末》2005 年 9 月 15 日。

[238] 邹爱华：《证券投资者保护基金运作模式研究》，《法学杂志》2006 年第 2 期。

[239] 卢国聪：《论我国证券投资者保护基金法律制度》，硕士学位论文，西南政法大学，2006 年。

[240] 陈向聪：《我国证券投资者保护基金制度面临的挑战及应对》，《商业研究》2006 年第 24 期。

[241] 袁剑：《中国证券市场批判》，中国社会科学出版社 2004 年版。

[242] 金昱茜：《中欧证券投资者保护基金制度比较及其完善》，硕

士学位论文，中国政法大学，2011 年。

[243] 舒细麟：《证券公司风险处置的投资者保护研究》，深圳证券
交易所综合研究所报告，2007 年。

[244] 廖凡：《证券客户资产风险法律问题研究》，北京大学出版社
2005 年版。

[245] 刘蓓：《证券投资者保护的几点思考》，《江西社会科学》
2006 年第 11 期。

[246] 清华大学课题组：《证券公司推出的法律机制》，载《上证研
究》，复旦大学出版社 2004 年版。

[247] 《中国证券投资者保护基金运作模式研究》，（http：//
www. sipf. com）（2010 年）。

[248] 陈红：《设立我国证券投资者保护基金的法律制度的思考》，
《法学》2005 年第 7 期。

[249] 张敏聪：《投资者保护基金制度安排需更加明确》，《中国发
展观察》2006 年第 3 期。

[250] 张育军、隆武华：《投资者赔偿金的国际经验及在我国的构
建》，《证券法律评论》2003 年第 3 期。

[251] 黎四奇：《对我国证券投资者保护基金制度之检讨与反思》，
《现代法学》2008 年第 1 期。

[252] 李响、陆文婷：《美国集团诉讼制度与文化》，武汉大学出版
社 2005 年版。

[253] 彭真明、方妙：《论我国证券投资者保护基金赔偿程序的完
善》，《海南大学学报》（人文社会科学版）2009 年第 6 期。

[254] 王俊秋：《投资者保护与会计信息披露：一个互动的分析框
架》，《财会通讯》2005 年第 10 期。

[255] 汪斟：《论欧盟证券信息披露制度及其借鉴意义》，硕士学位
论文，中国政法大学，2010 年。

[256] 方红星：《公众公司财务报告架构研究》，中国财政经济出版
社 2004 年版。

［257］张银杰：《股权结构对公司治理结构和行为的影响》，《上海财经大学学报》2002 年第 1 期。

［258］郑春美：《公司治理中的会计治理对策研究》，博士学位论文，武汉大学，2005 年。

［259］乔旭东：《上市公司会计信息披露与公司治理结构的互动：一种框架分析》，《会计研究》2003 年第 5 期。

［260］王佳声：《公司治理与会计信息披露互动：理论与实证分析》，硕士学位论文，山东大学，2007 年。

［261］占卫华：《资本市场中的会计研究》，中国金融出版社 2007年版。

［262］杨柏：《上市公司信息披露监控机制研究》，博士学位论文，重庆大学，2004 年。

［263］宫姝琳：《基于中小股东利益保护的会计信息披露与公司治理结构的研究》，硕士学位论文，沈阳工业大学，2005 年。

［264］陆正飞等：《我国证券市场信息披露存在的主要问题及原因分析》，《财经论丛》2002 年第 1 期。

［265］徐经长：《证券市场会计与监管研究》，中国人民大学出版社2002 年版。

［266］王昕、刘兴隆：《完善证券信息披露制度》，《经营与管理》2007 年第 2 期。

［267］匡燎原：《证券信息披露制度探究》，硕士学位论文，苏州大学，2009 年。

［268］陈斌、李信民等：《中国股市个人投资者状况调查》，深圳证券交易所内部研究报告，2002 年。

［269］崔学刚：《上市公司财务信息披露：政府功能与角色定位》，《会计研究》2004 年第 1 期。

［270］王力军：《上市公司代理问题、投资者保护与公司价值》，经济科学出版社 2007 年版。

［271］周志平：《上市公司信息披露存在的问题及治理对策》，《湖

北函授大学学报》2004 年第 1 期。

[272] 刘蓓：《证券投资者保护的几点思考》，《江西社会科学》2006 年第 11 期。

[273] 丁妍、李琦等：《投资者保护文献综述》，《经济纵横》2012 年第 6 期。

[274] 胡汝银、司徒大年：《投资者保护理论与实践综述》，上海证券交易所《投资者保护系列研究报告》，2002 年。

[275] 沈艺峰、许年行、杨熠：《我国中小投资者法律保护历史实践的实证检验》，《经济研究》2004 年第 9 期。

[276] 姜付秀、支晓强、张敏：《投资者利益保护与股权融资成本——以中国上市公司为例的研究》，《管理世界》2008 年第 2 期。

[277] 沈艺峰、肖珉、林涛：《投资者保护视角与上市公司资本结构》，《经济研究》2009 年第 7 期。

[278] 徐根旺、马亮、吴建南：《投资者保护测量：一个研究综述》，《预测》2010 年第 2 期。

[279] 中国证券监督管理委员会：《中国证券期货统计年鉴2012》，学林出版社 2012 年版。

[280] 中国证券投资基金年鉴编委会：《中国证券投资基金年鉴（2003—2011）》，中国经济出版社 2004—2012 年版。

[281] 李维安：《中国公司治理与发展报告 2012》，北京大学出版社2012 年版。

[282] 谢志华：《中国上市公司会计投资者保护评价报告（2011）》，经济科学出版社 2012 年版。

[283] 迪博企业风险管理技术有限公司：《中国上市公司 2012 年内部控制白皮书》，2012 年。

[284] 甫瀚咨询、中国社会科学院：《2012 年中国上市公司 100 强公司治理评价》，2012 年。

［285］中国证券投资者保护基金有限责任公司：《中国上市公司投资者保护状况评价报告（2011 年度)》，2012 年。

［286］樊纲、王小鲁、朱恒鹏：《中国市场化指数——各地区市场化相对进程 2011 年报告》，经济科学出版社 2011 年版。

［287］高明华：《中国上市公司信息披露指数报告 2012》，经济科学出版社 2012 年版。

［288］戴西超、张庆春：《综合评价中权重系数确定方法的比较研究》，《煤炭经济研究》2003 年第 11 期。

［289］杨宇：《多指标综合评价中赋权方法评析》，《统计与决策》2006 年第 7 期。

［290］马立平：《统计数据标准化——无量纲化方法》，《北京统计》2000 年第 3 期。

［291］郭显光：《多指标综合评价中权数的确定》，《数量经济技术经济研究》1989 年第 11 期。

［292］张雪峰：《基于 SPSS 的主成分分析法在经济效益评估中的应用》，《现代商贸工业》2010 年第 11 期。

［293］吴亚非、李科：《基于 SPSS 的主成分分析法在评价体系中的应用》，《当代经济》2009 年第 2 期。

［294］刘自远、刘成福：《综合评价中指标权重系数确定方法探讨》，《中国卫生质量管理》2006 年第 2 期。

［295］陶永勇：《基于中小投资者权益保护的企业业绩评价指标体系创新》，《财会月刊》2006 年第 5 期。

［296］张银玲、王冬、张建红：《投资者保护研究综述》，《产权导刊》2008 年第 11 期。

［397］中国证券业协会：《中国证券业发展报告 2013》，中国财政经济出版社 2012 年版。

［398］辛宇、徐莉萍：《投资者保护视角下治理环境与股改对价之间的关系研究》，《经济研究》2007 年第 9 期。

［399］郭丹、窦玉前：《信息不对称视阈下的证券投资者保护》，

《黑龙江社会科学》2009 年第 6 期。

［300］ 王艳艳、于李胜：《法律环境、审计独立性与投资者保护》，
《财贸经济》2006 年第 5 期。

后　记

　　我的金融专业博士学位论文《中国证券投资者保护机制研究》，终于通过答辩，并付梓出版与读者见面了！

　　1984 年 10 月，上海发行了中国第一只股票，从此，改革开放的中国揭开了资本市场的神秘面纱。我与改革开放的中国第一只股票同龄，但让我始料未及的是，自己竟与证券资本市场结缘。

　　自己博士学位论文之所以选择这样一个论题，本源正是基于两点：一是学习经历；二是工作经历。2003 年高考，受父亲的影响，我选择了理论经济学专业，大学毕业我选择的第一份工作是券商投行部；2008 年，我考取了经济管理专业硕士研究生，毕业后我又选择了在中国证券投资者保护基金工作；2011 年，我考取了金融专业博士研究生，研究方向为金融理论与政策。10 年来的学习与工作经历，10 年来的研究与思考过程，使自己的工作职责、研究方向和探讨兴趣，逐步聚焦于中国证券投资者保护机制。我的博士生导师何德旭研究员首肯了我的选择，给我以全力支持和悉心指导，坚定了我沿着选定方向深入研究探讨的信心和决心。

　　这是一个既有意义而又艰难的选题。20 多年来，中国资本市场成为社会主义市场经济体系的重要组成部分，在国家经济社会发展中发挥着越来越重要的作用。2007 年美国次贷危机拉开了席卷全球的金融危机序幕，世界经济形势低迷对我国经济增长产生了较大的负面影响。我国股市低迷、证券市场走势与宏观经济形势严重背离，既有市场基础和产业基础薄弱、经济形势和宏观政策变化关联独特的原因，又凸显出证券投资者保护制度与机制设计存在缺陷的因素。在经济全球化、金融一体化背景下，我国投资者权益保护制度亟待完善。因此，本论题正是试图立足已有的探索与实践，进一步研究有效保护证券投资者合法权益的新理念、新途径、新机制，进而建立健全"监督、评价、服务"相结合的常态投资者保护机制。面对错综复杂的国际国内经济金融形势变幻，着手本论题的研究，无论选题立项、收集资料、综述答辩，还是调查研究、缜密思索、伏案写作，从中付出的辛劳是不言而喻的。

　　当完成这一论文时，我想到了所有关心、指导和帮助过我的人。首先，感谢导师精心指导并为本书出版作序；其次，感谢父母和爱人无微不至的关爱，也感谢宝贝女儿降生为我临近毕业增加一份无比喜悦；再次，感谢我司领导和同事大力关怀支持；最后，感谢对论文写作给予多方面支持和帮助的所有人。特别感谢中国社会科学出版社的领导和编辑为本书出版给予的大力支持。

　　本书只是一个阶段性的学习研究成果，不足之处恳切期望得到老师、学友、领导、同事及关心关注这一论题的朋友们批评指正。

周　宇

2014 年 7 月 12 日